堀部安嗣

建築を気持ちで考える

堀部安嗣

建築を気持ちで考える

TOTO出版

はじめに

思い返すだけで気持ちが整理され、シンプルな心身になれるもの。
風土や自然が美しく浮かび上がってくるもの。
訪れるたびに新たな発見があり、自分の存在や成長を肯定してくれるもの。
人の存在、人の営みは美しくすばらしいものだと感じられる気品あるもの。
特別なことではなく身近で等身大の生活に呼応する寛容なもの。

高貴にして寛容な建築に出合い、自分の正直な気持ちで向き合うと、尊敬の気持ちとともに、今新しく建築をつくる仕事に携わっていることを誇りに思うことができます。〝ああ、建築とはいいものだな〟と。

このような建築のエッセンスを感じさせることのできるものを、どうしたら自分がつくることができるのだろう。そんな果てしない自問の旅が始まるのですが、その長い旅は自分の人生を豊かで充実したものにしてくれているとの実感があります。

しかし、楽しいことばかりではありません。時には進むべき道がわからず、迷い苦しむこともあります。さまざまな情報の渦に足をすくわれることもあります。

そんなときに道標として現れて、自分の進むべき道を教えてくれるのもまた、それらの高貴にして寛容な建築であるのです。

〝自分のコントロールがおよばない難しいことは考えずに、自分のやれることを良心に照らし合わせて一歩一歩、進みなさい。人生や建築にとって重要で大切なことはそんなに種類があるわけではないのだから〟と。

そのような旅を続けながら、未だ自身の方程式は築けないまま建築の設計に取り組んできました。本の後半ではそんな私の試行錯誤の軌跡を書きました。それらは偉大な建築、建築家に大きな影響を受けながら、見守られながら、励まされながらつくってきたものと言えるでしょう。けれどもそんな偉大な建築家と私は、生きている場所も時代も、そして自身の肉体も能力も異なります。表層を物理的に真似てもなんにもならないことは明白です。今生きている私という心身を通して、私なりの表現をすることがどんなときでも求められるのが建築なのです。

そして学ぶべき大事なことは建築に向き合う精神の正直さ、逞しさ、気高さです。拙作は未熟ですが、偉大な先人から学ぶべきところはそんなに間違っていないと思っています。なぜなら私が感銘を受け、この本に紹介した偉大な建築は、なにも私だけがすばらしいと言っているわけではなく、時代や国境を越えて建築関係者に限らず多くの人びとが、そのすばらしさを語り、価値を認め合っているものだからです。

その価値とは専門的なこと、技術的なことではなく、つくり上げた人の精神そのものでなければ、このような広がりを得ることは決してできないのです。

建築はそれを設計した人そのものだ、と信じて疑いません。その建築空間に身を委ね、リラックスした温かい雰囲気に包まれているときは、その空間を設計した建築家と自分が向き合って、楽しく充実した会話をしているようなものだと思います。本当に楽しい会話というのは知識の話ではなく、ありのままの個人と個人の気持ちと気持ちの触れ合いにあることは言うまでもないでしょう。

この本で書いた内容は、そんな自分と偉大な建築家との一対一の楽しい対話のようなものかもしれません。私の書いたことは、ひとりよがりの妄想にすぎず、ある人にとっては間違っていると捉えられるかもしれません。けれども実際の空間から人が確かに感じ取れるものは言葉や文献以上の信憑性をもっていると信じています。まっすぐに透明な気持ちで向き合い、その人と、その場所で、そのときに得られる唯一無二の気持ちを嘘のない言葉に置きかえることを心掛けました。

知識ではなく、概念ではなく、建築を自分の気持ちで考えた言葉で綴りました。

目次

2章　私の試行錯誤の軌跡………………150

1章

私が影響を受けた建築

エーリック・グンナール・アスプルンド設計の「森の墓地」「ストックホルム市立図書館」から

人間への眼差しの大きさ

1

アスプルンドが設計した「森の墓地」は、私にとってとても思い出深い作品です。今建築に取り組む私があるのは、学生時代にこの建築と出合えたからです。

私は筑波大学の芸術学群環境デザインコースに在籍していました。大学に通っていたころはバブル経済の最盛期で、世の中全体が浮き足立ち、必要以上に華美で巨大な建物が次々につくられており、私のなかにある理想の建築の姿とはあまりにも異なっていました。それらが建築であるなら、自分は建築に向いていないと思っていました。つまり生意気だったんですね！

ところが、ある日、図書館で手にしたランドスケープの洋書で森の墓地の写真を見付け、惹き付けられました。これはずいぶん前につくられたものだろうと思ったら、20世紀に出来たと書いてある。20世紀、つまり近代建築運動が盛んになってからこのような建築が生まれた事実に興味をもち、いてもたってもいられずに、アルバイトで貯めたお金を全額下ろしてストックホルムに向かいました。今、この建築に出合えなければ未来の自分はない、とまで感じさせるなにかがあったのです。

自分の進路を決定付けた建築というと、衝撃的な出合いだったとか、がらりと価値観を覆された、といった言葉をよく耳にします。けれども私と森の墓地との出合いはそういう感じではありませんでした。実物と対面した瞬間に、自分の存在や価値観が肯定されるような、このままでいいんだよ、と背中をポンと叩いて励まされるような、そんな静かで深い感動だったのです。特にアプローチの石畳を歩いているとき、今確かに自分の足でスウェーデンの大地に立っている！ という自分の存在と肉体をひしひしと感じました。まるで重力が増して足と大地がくっ付くような感じだった、と言えばいいでしょうか。

【エーリック・グンナール・アスプルンド】
スウェーデンの建築家。1885年スウェーデン・ストックホルム生まれ。ストックホルム王立工科大学で建築を学ぶ。卒業後は王立芸術大学に進学するが、保守的な教育に反発して中退。1915年、友人のシーグルド・レヴェレンツと共同で設計案を応募した「ストックホルム南墓地国際コンペ」で1等を獲得し、建築家としてデビュー。後に「森の墓地」と呼ばれるこの作品に生涯を捧げた。1940年死去。自身が設計した墓地に眠る。

【森の墓地】
スウェーデンの首都ストックホルムの郊外にある共同墓地。墓地内の「森の礼拝堂」は1920年、「森の火葬場」は1940年に竣工した。コンペ以来、墓地の仕事はレヴェレンツと共同で取り組んだが、火葬場はアスプルンドがひとりで設計した。1994年、20世紀以降の建築として初めてユネスコ世界遺産に登録された。

森の礼拝堂
Woodland Chapel
後期の墓域
(設計:S.レヴェレンツ)
墓地
睡蓮の池
Water lily Pond
森の火葬場
Woodland Crematorium
聖なる十字架
The Holy Cross
瞑想の丘
Meditation Hill
石畳のアプローチ.
地下鉄
ent.
地下鉄の駅

森の墓地

なにも否定しない。なにものも拒まない。とても寛容な雰囲気が一瞬で感じられました。そう、この建築に向き合うための手続きがなにも必要ないんですね。おそらくデザインからだけではなく、運営や管理、環境といったものを含む墓地全体から発せられている空気がそうさせているのだと思います。

この墓地は大自然の中に牧歌的に存在している雰囲気を写真からは感じてしまいますが、実はストックホルムの中心部からさほど離れておらず、地下鉄に乗って簡単に行くことができます。そして自由に出入りできます。しかし、一歩足を踏み入れると誰もがちょっと襟を正すような、特別なものに向き合う空気があります。一方で人間の思いや行動をしっかりと見守ってくれるおおらかさも同居しています。だから、ここにいる人はみなマナーを守っていながらも、リラックスしているように見えます。高貴にして寛容とはまさにこの建築のことだと思いました。

私はここを3回訪れています。はじめは墓地全体のランドスケープのすばらしさや気配を身体全体で感じることに精一杯でした。

2回目は少し見方が変わりました。これは近代建築であり、ロマンチックなデザインと近代社会に求められる機能を両立させていることが見えてきたのです。「森の火葬場」は大礼拝堂とふたつの小礼拝堂と管理スペースが一体に構成された建物で、小高い丘の上に建っています。この建物に向かう石畳の道はゆるやかな上り坂になっていて、坂を上りきった先にサービスのための自動車の寄り付きがあり、さらに下った先に自動車の通る道があります。丘の起伏によって、墓地の入り口から自動車の姿を見せないようにしているのです。火葬場が完成したのは1940年、すでにモータリゼーションがはじまっていました。

また、十字架に向かうアプローチの左手に礼拝堂があるのですが、その礼拝堂の下層部に裏方である管理スペースが配置されており、そこに至る自動車の動線も高低差を活かして巧妙に計画されているので、葬儀の列席者がその存在に気づくことはありません。つまり、敷地全体の起伏を活かした建物の断面設計により、自動車と共生しつつ、その気配を消すことに成功しているのです。そしてその計画が自動車に乗る人にとっても、徒歩で訪れる人にとっても、どちらが重要ということではなく、両者の視点でしっかり快適に計画されていることに気づくと、この建築の懐の大きさをさらに感じることができます。

裏方の自動車の動線計画、さらにはその道路が描くラインも美しく、アスプルンドの建築のラインの美しさはこのように近代に必要な機能を充足させるところからも生まれているのではないかと感じました。手法や表現は異なりますが、ルイス・カーンのサーブド・スペースとサーバント・スペースの考え方に通じるものがあり（40ページ参照）、大変勉強になるところです。

建物の平面、断面計画も秀逸で、各礼拝堂の地下に火葬炉があり、葬儀の際は遺族が最後のお別れをしたら棺がリフトで下ろされます。そのように合理的である一方、平面では遺族や葬儀の列席者の感情に配慮し、葬儀が重なった日でも遺族同士の動線が交錯しない計画になっています。また、待合室から礼拝堂に入り、葬儀が終わった後は別の出口から外に出るように、つまり人の心理や動きに合わせたやわらかな動線計画が織り込まれています。

待合室の中は、中庭に向かって斜めに大きな開口部を設け、自ずと庭に目がいくようにしています。また、椅子や天井を見るとわかるように、エッジを極力排除しています。

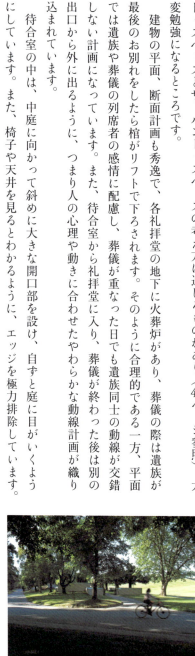

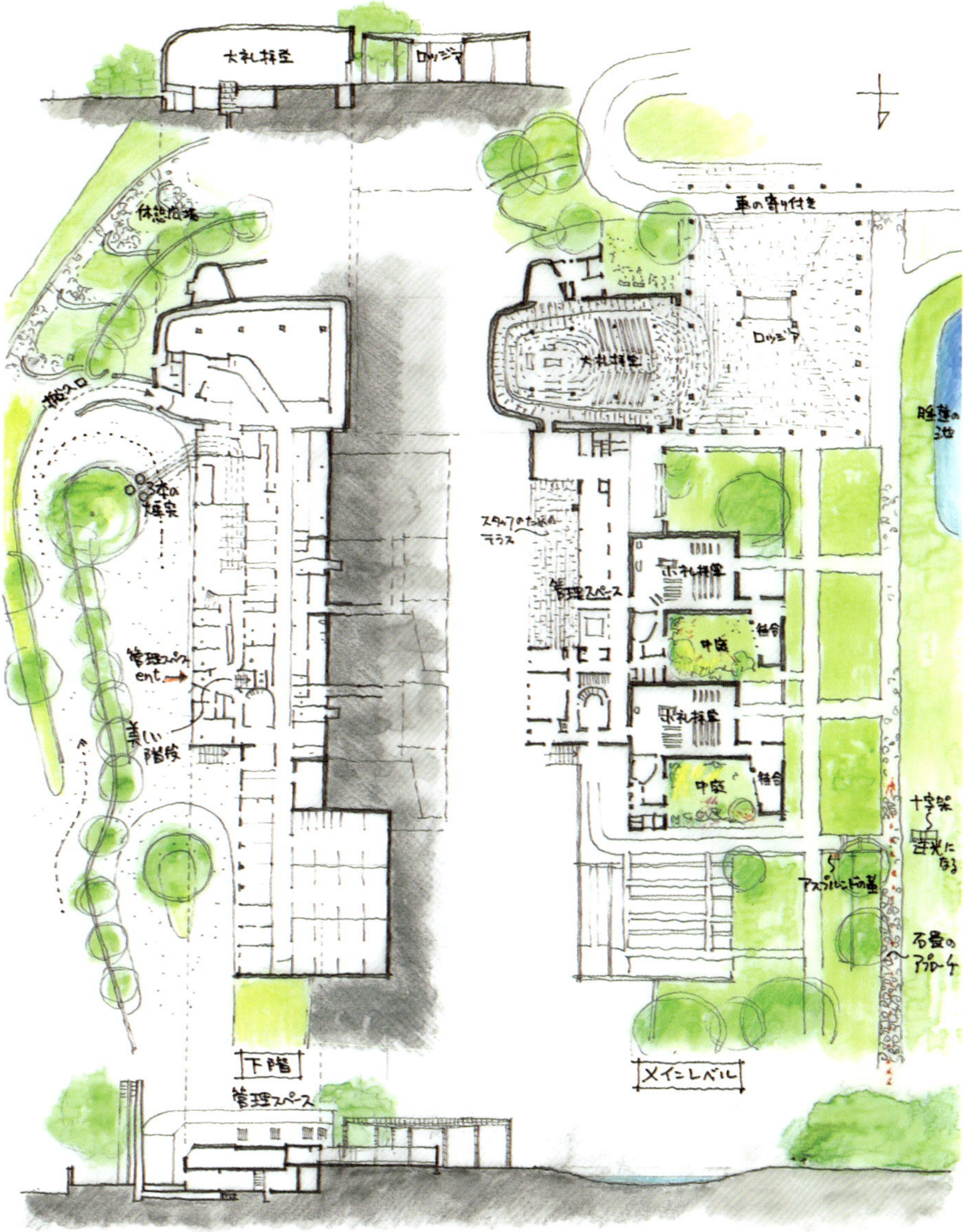
大礼拝堂
ロッジア
車の寄り付き
休憩広場
搬入口
ロッジア
大礼拝堂
睡蓮の池
スタッフのためのテラス
管理スペース
小礼拝堂
中庭
待合
管理スペース
ent.
美しい
階段
小礼拝堂
中庭
待合
十字架
逆光になる
アスプルンドの墓
石畳の
アプローチ
下階
メインレベル
管理スペース

森の墓地

悲しみのなかにある人にとっては建物の角や硬いディテールが痛々しく感じるときがあるでしょう。アスプルンドはそんな人の気持ちを察したデザインをそこここに施しています。

礼拝堂にそれぞれ設けられた中庭の意味は、3回目の訪問にしてようやくわかりました。十字架と雄大なランドスケープを描く大きな風景だけだと、身近な人を亡くして悲しみのなかにある人には、風景がやや抽象的で身の置きどころがなくなるのかもしれません。だから、もう少し身近で具体的な庭を用意したのではないでしょうか。この庭なら日常的で等身大な話ができるし、〝生〟も感じられます。若いときにはわかりませんでしたが、私も年齢や経験を重ね、さまざまな人の心身の状況に出合う機会が増えてきて、そのよさに理解がおよぶようになりました。

各所に置かれた「へ」の字の形のベンチもアスプルンドのデザインです。見知らぬ人同士がわずかな時間をともにする駅のベンチなら、一直線でいい。けれども、ここは共通の親しい人を失った人が集まる場所。ベンチにわずかな角度をつけることにより、3人掛けの両端に座った人が同じ時間や同じ思いを共有でき、そして同じ風景をともに眺

めることを可能にしているように思います。実にさりげないデザインによって、人のさまざまな感情や営みを支えるアスプルンドの建築を象徴的に表しているのがこのベンチと言えるように思います。

3回目の訪問時には管理スペースの中を見学する機会に恵まれ、アスプルンドの洞察力の深さに改めて感銘を受けました。前述したように、管理スペースの大部分は葬儀が行われるメインレベルより1層分低い所にあり、メインレベルからその存在は感じられません。また、メインレベルと同レベルにある裏の管理スペースも、表とはがらりと意匠を変えています。つまり管理スペースからは葬儀の様子が必要以上に直接伝わらないようになっているのです。

火葬場で働く人たちは毎日、人の死や悲しみと向き合っています。アスプルンドは管理スペースまできちんと神経を行き届かせ、明るく気持ちが前向きになれる労働環境をつくっています。それは日常的でアットホームな親しみのもてる空間でした。それに気づくことはできても、実際のデザインにしっかり落とし込み、最後までやり通せる設計者は稀でしょう。舞台裏の隅の隅まで決して手を抜かず、非常に完成度の高い仕事をしています。

例えば、職員の休憩室には専用のテラスが付いています。

ここにいると、葬儀の気配や人の悲しみから距離を置くことができるでしょう。棺のリフトを操作するオペレーション室にはきれいな光が入るアーチのトップライトを設けています。働く人が憂鬱になることはないでしょう。

アスプルンドで忘れてはならないのがロマンチシズムです。アスプルンドは1885年生まれで、1886年生まれのミース・ファン・デル・ローエや1887年生まれのル・コルビュジエと同時代に生きていましたが、火葬場の奥にある「森の礼拝堂」は彼らとは全く違う表現で、モダニズム建築の言語だけでは語れない建築です。例えば前面のポルティコの柱は木を真っ白く塗装しています。さらにすごいのは、屋内の木の柱にペンキで大理石の模様を描いていることです。屋根の形と屋内の天井の形も一致していません。また、抽象的である部分と、装飾を施した具象的である部分とが混在しています。このような不思議でユーモラスな雰囲気はいわゆるモダニズム建築には見られないものです。

私も以前はモダニズムの考え方をどうしても基本としていたように思います。例えば建築に装飾はない方がいいと思っていましたが、年齢を重ね、装飾のもつやわらかさが利用者と建物の距離を縮める役割を担うことがわかるようになってきました。利用者にとっては装飾が大切な気持ちの拠り所になるのです。特に年輩の人や悲しみのなかにいる人に、抽象的でクールな空間はなかなか馴染めず、取り残された感じを抱かせるように思います。

古今東西の寺院や教会が装飾過多とも言えるくらいなのは、そのように具体的な手掛かりがないと心の行き場も見失ってしまうからでしょう。真っ白い抽象的な壁に当たる光を見て美しいと思えるのは、気持ちが未来に向いている人や、想像力が豊かな人だけなのです。そういう観点で見ていくと、アスプルンドのこの墓地はいろいろな立場の人の気持ち

森の礼拝堂

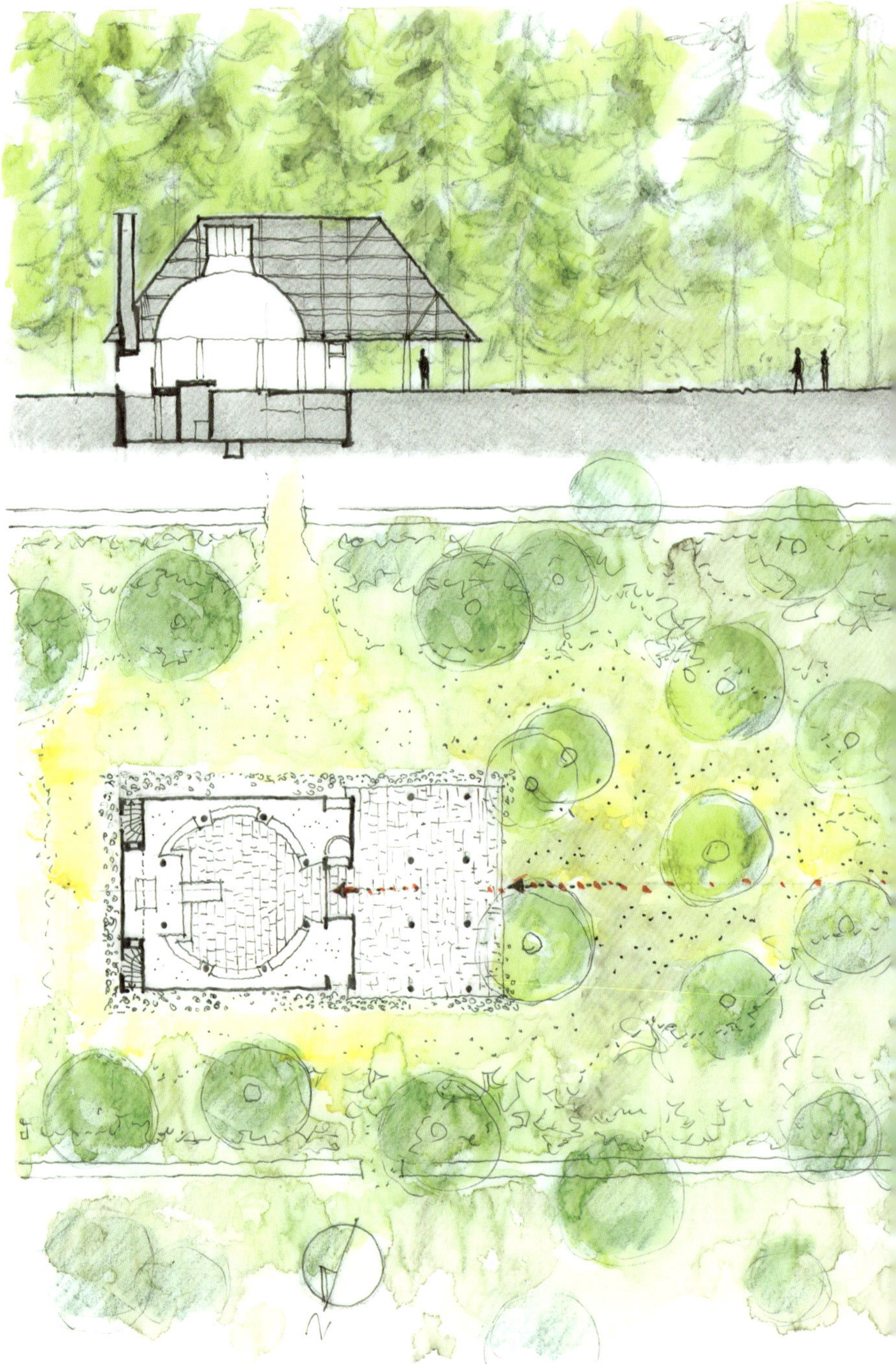

森の礼拝堂

を察していることに気づきます。

アスプルンドと同世代のフィンランドの建築家、エリック・ブリュッグマンが設計した「復活の礼拝堂」（30ページ）を訪れたときも、装飾について同じことを思いました。ブリュッグマンはアルヴァ・アールトの影に隠れていますが、フィンランドでは名の知られた建築家で、ロマンチシズムとモダニズムを融合させたこの礼拝堂は、彼の最高傑作とされています。

その礼拝堂で唸ったのは座席の配置です。礼拝堂の座席は普通、十字架のある祭壇に正対するように置かれます。ここではそれが斜めに置かれていて、祭壇と窓の外の森の間に軸線がある。つまり着席すると、目に入る風景の左半分は祭壇、右半分は森の緑になるわけです。

北欧の人びとにとって森は神聖な場所で、アスプルンドが設計した墓地も森の中に墓が並びます。森の空気に包まれながら、森に差し込む光に守られながら、故人は静かに眠ります。日本では墓石の前の花器に花を生けますが、この墓地では花を地面に直に植えてしまいます。もちろん花器に入れるより花は断然長く生きますし、埋葬されている人と生き

【復活の礼拝堂】
フィンランドの建築家、エリック・ブリュッグマン（1891～1955年）が設計。フィンランド南西部の古都トゥルクに建つ。1941年。

た花が土を共有して、同じ所に生と死が共存している様子をとても愛らしく思いました。

アスプルンド自身の墓もこの墓地の一角にあります。静かなさりげない墓です。

森の墓地

アスプルンドの墓

もうひとつの代表作である「ストックホルム市立図書館」は、円柱と直方体を組み合わせた造形で、おでんの具が合わさったような、なんとも形容しがたい形です（最寄りの地下鉄の駅名はなんと「Odenplan」。ただし、ウーデンプラーンと読みます）。なんと言いますか、外観だけだと間違いなくダサい建築です！　学生がこんな造形を考えてきたら、やり直してこい、と言うでしょう。

しかし、建物の中には人間の尊厳に満ちた世界が待っています。入った瞬間、人間の叡智が結集しているすばらしさを誰もが全身で感じるはずです。

なによりすばらしいと思うのは書架の高さとその上部の空間です。3層構成の書架はいずれも上まで手が届く高さで実用的です。印象としてはたくさんの本棚に囲まれている感覚なのですが、実は3層の書架より上は余白で、その余白部分がかなりの面積を占めています。このようなバランスはできそうでできるものではありません。並の建築家なら書架をもっと高くして本棚と本の収蔵量をアピールするでしょう。書架の高さを抑え、余白の面積を圧倒的に増やしたことにアスプルンドの哲学があるのです。これによって意外にも空間に威圧感や権威的な雰囲気がなく、かつ本の美しさも強調されているように思いますし、人間にはまだまだこの先があり、この後も人間の叡智が集積されてゆくという未来への温かいメッセージのようなものも感じられるのです。円形ホールの周囲は、直方体との間に変な形のスペースが生まれ、そこは外部のサービスヤードになっています。使い勝手がいいのかどうかは、ちょっと図面だけでは想像しにくいところがありますが。

1階の児童書のスペースもよくて、カーテンの奥にはおとぎ話を読み聞かせる部屋があります。子どものための部屋なのに、暗くて、おどろおどろしい。私の撮った写真では照明が付いていますが、おとぎ話を読み聞かせるときは照明を落とすのだと思います。子ど

【ストックホルム市立図書館】
1928年竣工。ストックホルム中央駅から3つ目の駅が最寄り駅で、大きな公園の敷地内に建つ。

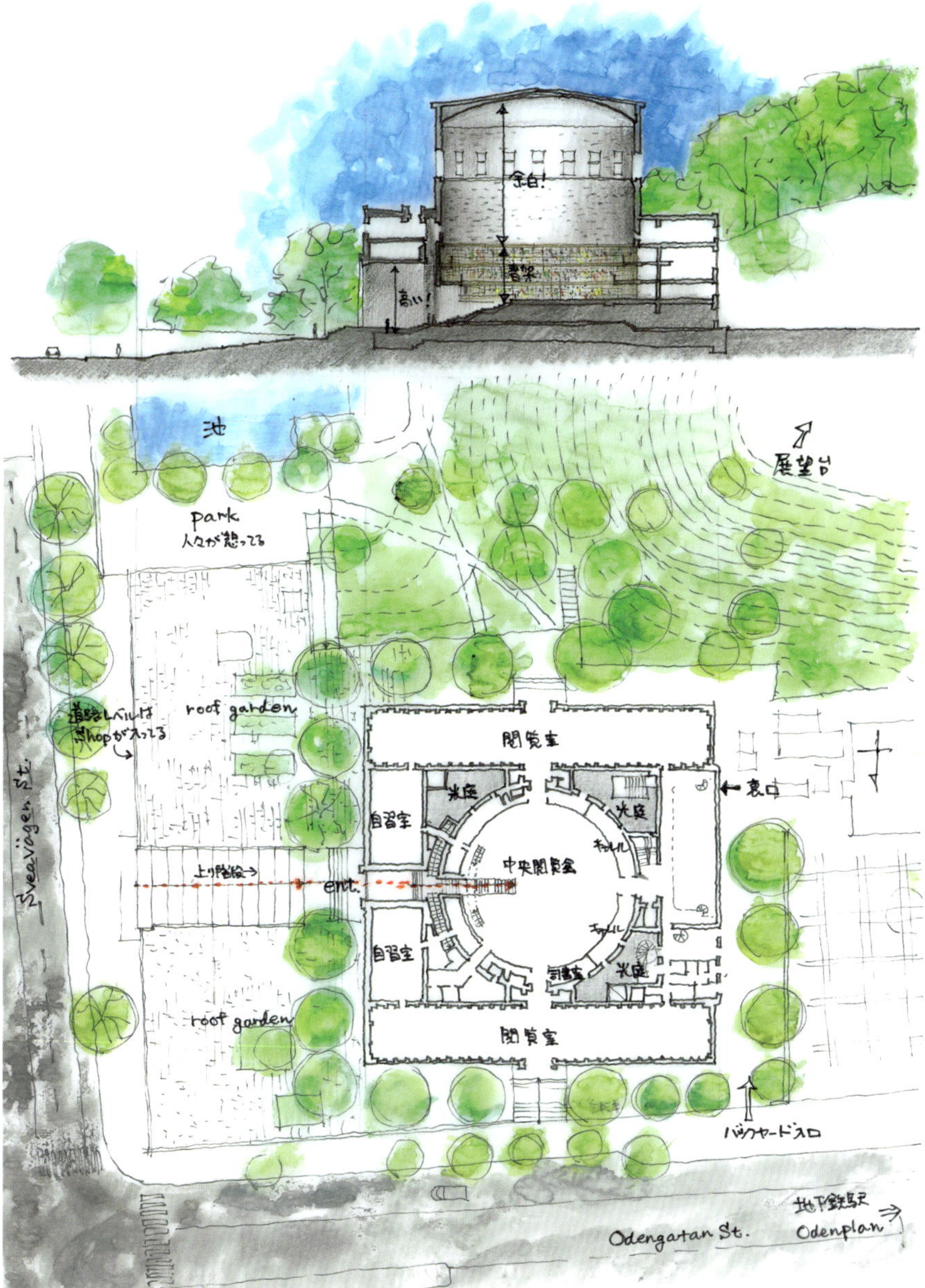

ストックホルム市立図書館

Stockholm

もに媚びずに、むしろ子どもに〝闇〟のようなものを感じさせる教育、環境に共感します。

森の墓地と図書館に共通して感じるのは、不思議さと、いい意味でのわかりにくさです。アスプルンドのデザインはすべてに理由があるわけではなく、わかりやすさと同じくらいわかりにくさがあります。しかし、そのわかりにくい部分が建築に奥行きを与えていますし、人間にとってそのわかりにくさは不可欠で、とても重要であるようにも思えてきます。自然は人間にとってもちろん不可欠なものですが、わかりやすさと同じくらい不可解なところがあるのと同じように。

社会はますます機能性や効率のよさを求めるようになっています。建築にはすべての部位に対して説明できる論理がないと世の中に認められない風潮もあります。であるからこそ、これからの時代にますます貴重になってくるのがアスプルンドのような建築ではないでしょうか。この存在があることによって人はもう一度、人間とはなにか、建築とはなにかを考えることができるのです。

アスプルンドの特徴は、都市的に大きく俯瞰するような視点と、人間の身体の延長にあるような小さなスケールを生み出す視点の、ふたつを合わせもつところにあるように思います。実は、この双方を兼ね備えている建築家は意外に少なく、どちらかに偏ってしまうことが大半です。アスプルンドは森を構想でき、かつ、葉っぱをデザインできる稀有な建築家と言えるのではないでしょうか。

一般的に大きな都市的スケールで建築を考えると、人の営みや心理を総括的に捉えなければならないので、論理的なダイアグラムのような秩序を設定してゆくことになります。しかし、その秩序は個人の身体的なスケールになっていったとき、必ずしも有効に快適に

機能するわけではなく、そのことに気づいたときには原理原則から離れ、身体的、皮膚感覚的に求められることに柔軟に対応してゆくことが大切なのですが、そう簡単にできることではありません。個別対応によって全体の秩序の統制が取れなくなってしまうと感じたり、なによりそこまで集中力が持続しないからです。アスプルンドの建築は鳥の目のような俯瞰的な視点では、秩序ある都市的、幾何学的な様相を呈しているのですが、身体に近付く小さなスケールになると、途端にその様相を変え、とても人懐っこく親密になってゆくように感じます。俯瞰的に見た図書館の形式的で図式的なプランの内部は、秩序やダイアグラムを感じさせない人の体の延長のようなディテールやスケールがあることに代表されるように思います。

そして親密に感じられた後は、また改めて人の視点が遠くに延びてゆくような感じがするのです。そのように遠くなったり近くなったりする眼差しと風景を与えてくれるのがアスプルンドの建築の魅力であり、私が最も見習いたいと思うところです。

Trons, Hoppets och
Heliga korsets kapell

2

コモンセンスの追求

ルイス・カーン設計の「リチャーズ医学研究棟」
「エシェリック邸」「ソーク研究所」
「フィッシャー邸」「キンベル美術館」から

ルイス・カーンが設計した建物を初めて見に行ったのは、大学を卒業後に師事していた益子義弘《ますこよしひろ》先生のアトリエを辞めて少し経ってからのことです。その1年ほど前に、先生がカーンの建物を見るためのアメリカ旅行から帰国後、〝実にいいものを見た、建築とはすばらしいものだと改めて思った〟と、先生にしては珍しく興奮気味に話されました。

カーンのつくる建物はプランや構成が非常に原理的で固く、緊張する印象を与えます。しかし実際の空間は人間の身体感覚に沿うやわらかさと親密さが同居していると言うのです。私もカーンの建築には同様の取っ付きにくさ、難解さを感じていたので自分の目で確かめてみようと思い立ち、初めてアメリカ大陸に行ったのが今から20年以上前のことです。その後も幾度かカーンの建築を見る旅を重ねてきました。今思うと、若いときにカーンの建築に出合っていたことがどれほど大きなことだったろう、と思います。出合っているのといないのではその後の建築への向き合い方がガラッと変わってしまうほどの大きな影響力をもっているのがカーンの建築です。

後に20世紀最後の巨匠と呼ばれるようになるものの、カーンは50歳くらいまで仕事に恵まれず、第一線に出ることもなく、フィラデルフィアを拠点に細々と設計に従事していました。実質的なデビュー作と言われる「ペンシルベニア大学リチャーズ医学研究棟」を設計したのは1957～60年のことです。カーンはこの建物で、彼が生涯にわたって提唱した「サーブド・スペース（served space）」と「サーバント・スペース（servant space）」の分離を図っています。サーブド・スペースは日本語で言うと「奉仕される空間」で、一方、サーバント・スペースは「奉仕する空間」となります。

わかりやすく住宅に例えると、サーブド・スペースは居間や食堂や寝室といった居室で

【ルイス・カーン】アメリカの建築家。1901年ロシア帝国エストニア地方生まれ。1906年アメリカに渡り、1915年に帰化。1924年ペンシルベニア大学美術学部建築学科を卒業後、ジョン・モリターやポール・クレなどの設計事務所に勤め、1935年自身の事務所を開設。1974年死去。

【ペンシルベニア大学リチャーズ医学研究棟】カーンは1947年からイエール大学で教鞭を執り、1955年に母校のペンシルベニア大学に移った。その関係で設計の機会を得た建物。1957～60年に設計。

あり、サーバント・スペースは台所や納戸や階段室や機械室といった生活を支える裏方のスペースとなります。例えば納戸が充実していなければ居間にはものが溢れてしまいます。台所が快適でしっかり計画されていなければ食堂に美味しい料理が運ばれることはありません。あるいは寝室の上部に配管が縦横無尽に走っていては落ち着いて静かに眠ることはできません。階段の設計がまずければ生活に大きな支障を来すでしょう。つまり表舞台と裏舞台は相関関係にあり、どちらが大切ということではなく両方同時に建築的に考えなければならないという考え方です。それに加えてカーンはそのふたつのスペースは役割や性格が異なるので、当然それらに与えられる構造や素材、そして場所、領域もそれらにとってふさわしいものにするべき、と考えました。

リチャーズ医学研究棟はそうしたカーンの考えを象徴的に、また強烈に示し世界の評価を一気に集めましたが、サーブド・スペースとサーバント・スペースの原理原則をあまりにも徹底して完全分離を突き詰めた結果、実際の使い勝手に支障を来す所も多々生まれ、オリジナルから変更されている箇所も目に付きました。しかしカーンはこの建築の成功の裏にある失敗に対しても目をつぶることなく、また決して諦めずに自身の思想をさらに強化し、深化させてゆきます。

【エシェリック邸】
アメリカのペンシルベニア州フィラデルフィア郊外に建つ個人住宅。建て主はマーガレット・エシェリック。1959〜61年に設計。

サーブド・スペースとサーバント・スペースの考え方は「エシェリック邸」にも色濃く表れています。大きなガラス開口があるのがサーブド・スペース、ないのがサーバント・スペースで、それらが交互に並ぶ平面構成です。

なんてことのないプランに見えるかもしれませんが、住宅という小さな規模においてもこの原理がシンプルに実現できているのは、簡単そうに見えて実はとても難しいことです。

4つの立面は、その明快な構成に従って開口部の位置が静かに淡々と自動的に決まってくるのですが、北東面だけは水回りや機械室、家事室、勝手口といった裏方が集約されており、各機能に応じて立面はにぎやかな表情を見せています。サーバント・スペースはそれぞれの部屋の性格が明確で、機能性を追求すればするほど、その窓のあり方、形式、大きさ、位置は多様になってしまいます。整理整頓を徹底するカーンでもさすがにここだけは整理しきれなかったのか、これを自然なものとして表現したのか興味深いところです。

実際に見に行くと、建物の小ささに驚きます。本や写真集で見て想像していたスケールの7割くらい、実際には2階建てなのに1・5階建てぐらいに見えます。カーンが緻密に、考えに考え抜いて設計したからでしょうか。慎ましやかに建ちながらもぎゅっとした固まり感というか、密度の濃さがありました。

またカーンを紹介する本や写真集は往々にして崇高さ、神々しさを強調して表現するあまり、建築が物理的にも〝大きい〟という錯覚を与えてしまうのかもしれません。しかしカーンの主題はあくまでも等身大の人間の心理や営みを見つめ、どんな人でも納得して快適に暮らせるスペースをいかにつくるか、ということに最大のエネルギーを注いでいたと思います。その研鑽が深かったからこそ、結果として完成した建物に私たちは崇高さを感じるのではないかと思います。

玄関も非常に慎ましやかで、どこから入るのかがわからないくらいでした。当時のアメリカの住宅はエントランスが豪華で、その家の栄華の象徴を玄関に表すようなところがあったはずですが、カーンの建物にはそういうところが全くありません。つまり、虚栄がない。サーブド・スペース、サーバント・スペースの思想に関連しますが建物に表と裏を絶対につくらず、建物のどこを切っても同じ精神、同じ密度でつくられるべき、という

Dressing room
Bath
bed room
煙突
3.022
3.962
2.133
4.317
13.436
Served
Served
Servant
Servant
kitchen
dining
living
foyer
本棚
Ent.
2.350
2.450
5.094
Section

エシェリック邸

カーンの強固な意志の表れであると思います。結果、建物を支えるダクトやボルトの一本一本までもが意志があり血が通っているかのような印象を受けるのです。その精神でつくられる建築は、〝手抜き〟はもちろんのこと〝嘘〟がないのです。

建築をはじめたころはこのサーブド・スペース、サーバント・スペースの思想がなぜ大切なのかがわからなかったのですが、設計の経験を積んでくると、建物に裏表をつくらない、嘘や手抜きをしないという戒めのためにも、あるいは建築を粘り強く諦めずに、構築的かつ統合的に練り上げてゆくためにも重要で実践的な方法論であるとわかるようになったのです。

同じころにカーンは「ソーク研究所」も設計していました。この建物は前述のふたつとは反対側、アメリカの西海岸にあります。これも本や写真集で見て、形式や概念が強過ぎるのでは、と感じていましたが、駐車場で車を下り、何気ないアプローチを歩き、あの有名な中庭に立った瞬間に〝なんてヒューマンなんだろう〟という感慨が全身を包みました。確かに荘厳な雰囲気もあるのですが、スケールが心地良く私にはとても親密な場所であると感じ

たのです。ちょうど夕暮れのころだったからかもしれませんが、クールなコンクリートの打ち放し仕上げや床のトラバーチンが夕陽を受けてとても色っぽく、温かく感じました。またこの場所の親密さは音の効果が大きいと思いました。中庭には水路を流れる水の音が響き、水路の先で下のプールに水が落ちる音や海の潮騒、さらに、建物の内部から話し声や足音、周辺では鳥の鳴き声もこの中庭に集まって聞こえます。カーンが友人の建築家ルイス・バラガンに、この中庭をどうデザインすべきだろうかと相談したら、ここには1本も木を植える必要はないとアドバイスされたという有名なエピソードがありますが、中庭は樹木が1本もないがゆえに、〝音〟というものの存在が強調されているように感じました。また太平洋を行き交う船の姿を見ていると、樹木のような自然の生命力がないゆえに大自然の中での人の小さな営みの尊さのようなものが哲学的に感じられるのです。写真では殺風景に感じていたこの中庭も実際に訪ずれて五感で感じると、全く違う表情を見せ、自然に納得させられてしまうのです。これは残念ながら写真では全く伝えられません。

駐車場から中庭に向かうアプローチに思わせぶりな演出がないことも興味深かったです。そう考えるとカーンの建物はどれも外構的な仕掛けがない。建物とその周囲の関係はとても淡白で、地域やその土地につながっているという感覚よりも、建築が〝ポン〟と置かれているような感覚です。「フィリップ・エクセター・アカデミー図書館」(下の写真)はその典型で、エントランスがわかりにくくアプローチにもまるで演出がないのです。またソーク研究所の中庭のみならず、どの建物もいわゆる植栽がほとんどなく、あったとしても建物と樹木との関係に無頓着で興味がないように見えます。おそらくカーンは〝この敷地だからこそ可能な建築〟を表現したいのではなく、もっと地域や土地を引き延ばして、どんな所でも存在し得る建築を考えていたのではないでしょうか。個別的な解決だけに陥

【ソーク研究所】
ポリオ・ワクチンを開発したジョナス・ソーク博士によって設立された生物医学系の研究所。カリフォルニア州サンディエゴ近郊のラホヤに建つ。1959~65年に設計。

らないように普遍的に自立した建築のあり方を探っていたのだと思います。設計者であれば出来上がった家の周囲に樹木を植えて彩りを与えたりして、建築の不完全さを樹木で補うことをしますが、カーンは樹木などに頼らなくとも建築そのものだけで魅力が自立することを追い求めていたのでしょう。このあたりにもカーンの思考の独自性を見ることができますし、バラガンのアドバイスはカーンの思考をよく理解した上での実に的確なものであった、と感じざるを得ません。同時代を生きたアルヴァ・アールトのように大地や風土と連続し、植物との絡みにより建築の魅力を引き出してゆくような〝デザインの巧さ〟とは対極にあるような、演出抜きの朴訥《ぼくとつ》で不器用な雰囲気をもっているのもカーンの魅力のように思います。

構造と設備の考え方も実に見事です。建物は地下2階・地上4階建てで、1階と3階を実験室のフロアとしています。これらのフロアは橋梁に使うフィーレンディール・トラスを用いた構造とし、無柱の大きなオープン・スペースを確保。間仕切り壁を動かして実験室の広さを変えられるようにしています。また、フィーレンディール・トラスははしごを横倒しにしたような構造なので、大きな穴ぼこに給排水の配管など設備系統を通しているほか、トラスの高

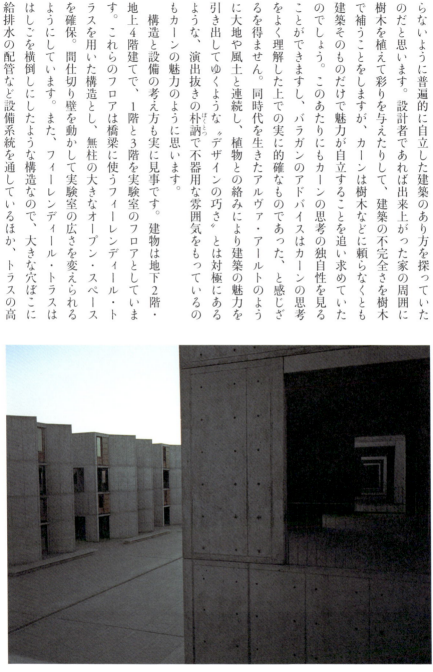

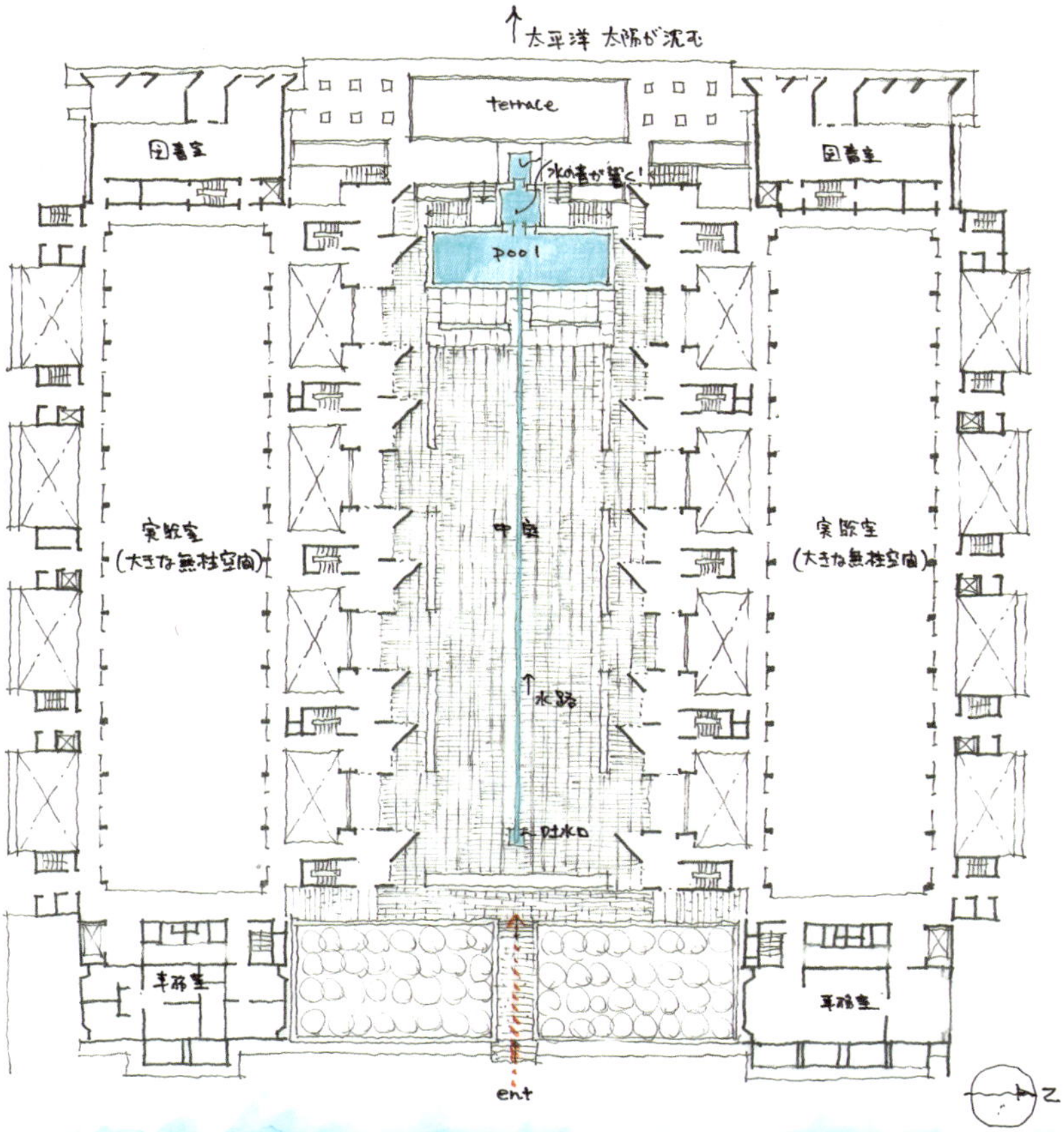
太平洋 太陽が沈む
terrace
図書室
図書室
水の音が響く!
pool
実験室
（大きな無柱空間）
中庭
実験室
（大きな無柱空間）
水路
吐水口
事務室
事務室
ent

フィーレンディールトラスによる
設備配管 機械室
研究員の個室
実験室
実験室
実験室
ドライエリア
ドライエリア

ソーク研究所

さを利用して人が入れるようにしています。だからメンテナンスやダクトの変更などが容易にできます。

このウォークインの大きな床ふところと実験室が上下に交互に重なって階を構成しているのですが、この建物では平面ではなく断面においてサーバント・スペースとサーブド・スペースが明快に構成されているのです。また研究員の個室は実験室とは構造をがらりと変えて、壁構造のこじんまりとしたスケールが与えられ、時に海を眺めながら孤独に落ち着いて時間が過ごせるように工夫されています。これによりリチャーズで問題となったダクトの増設の変化に対応できない点や、研究員の個室が落ち着かないという問題点も解決して、一気にカーンの方法論の完成度が高まってゆくのです。

なんて親密で住みやすそうな住宅なんだろう、と「フィッシャー邸」を訪れたときも思いました。

訪れたときは幸運にも当時の建て主のフィッシャーさんがご存命で、とても魅力的な等身大の暮らしがそこにありました。住宅は、住み手が建物の魅力を引き出して何倍にも増やしてくれることを実感します。カーンの建築を住まい手が実に見事に翻訳しているような感覚もありました。石造の地下の外部空間では庭道具や薪が置いてあったり、植物を育てていたりして、とても生き生きとした日常的な場所が展開していました。建物のスケールもとても小さく個室の天井高も2メートルちょっとという日本の住宅となんら変わらないものでした。

この住宅を設計していたとき、カーンはすでに60歳を過ぎており、今までの原理原則を追求する姿勢を継続しつつも、少し柔軟な思考や姿勢を見せはじめているように思います。

【フィッシャー邸】
ペンシルベニア州フィラデルフィア郊外に建つ個人住宅。建て主はノーマン・フィッシャー。1960〜67年に設計。

例えば開口部と壁をはっきり分けるというカーンの体質、手癖のようなものは、この住宅でも随所に見られますが、下の写真で見られる右側の窓だけはその原則から外れています。当初の設計ではここもやはり壁だったところを、建て主のフィッシャーさんが住みはじめてから「ここは窓にしてほしい」と頼み、カーンもそれを受け入れた結果だそうです。その結果がこの住宅にさらなる温かみと人間味を与えています。もちろん住まいとしての快適性も格段と向上していると思います。またサーブド・スペース、サーバント・スペースの分離もここでは構成的に強調せず、全体が並列に静かに構成されています。

この住宅が竣工した1967年に私は生まれたので、同い年ですね、という話をしながらフィッシャーさんに自分の作品集をお見せしたところ、「あなたが設計する建物は軒が出ているのがいい。（自分の）この家は軒が出ていないから、メンテナンスが大変なんだよ」と。フィッシャーさんはもちろんご自分の家を愛しているのですが、この外壁を美しく保つためには相当手間が掛かることや、日本より雨が少ないとはいえど、どれだけ軒庇があれば快適だろうか、ということを正直に話してくれました。建物が完成し、生活がはじまってからフィッシャーさんはカーンに軒庇の

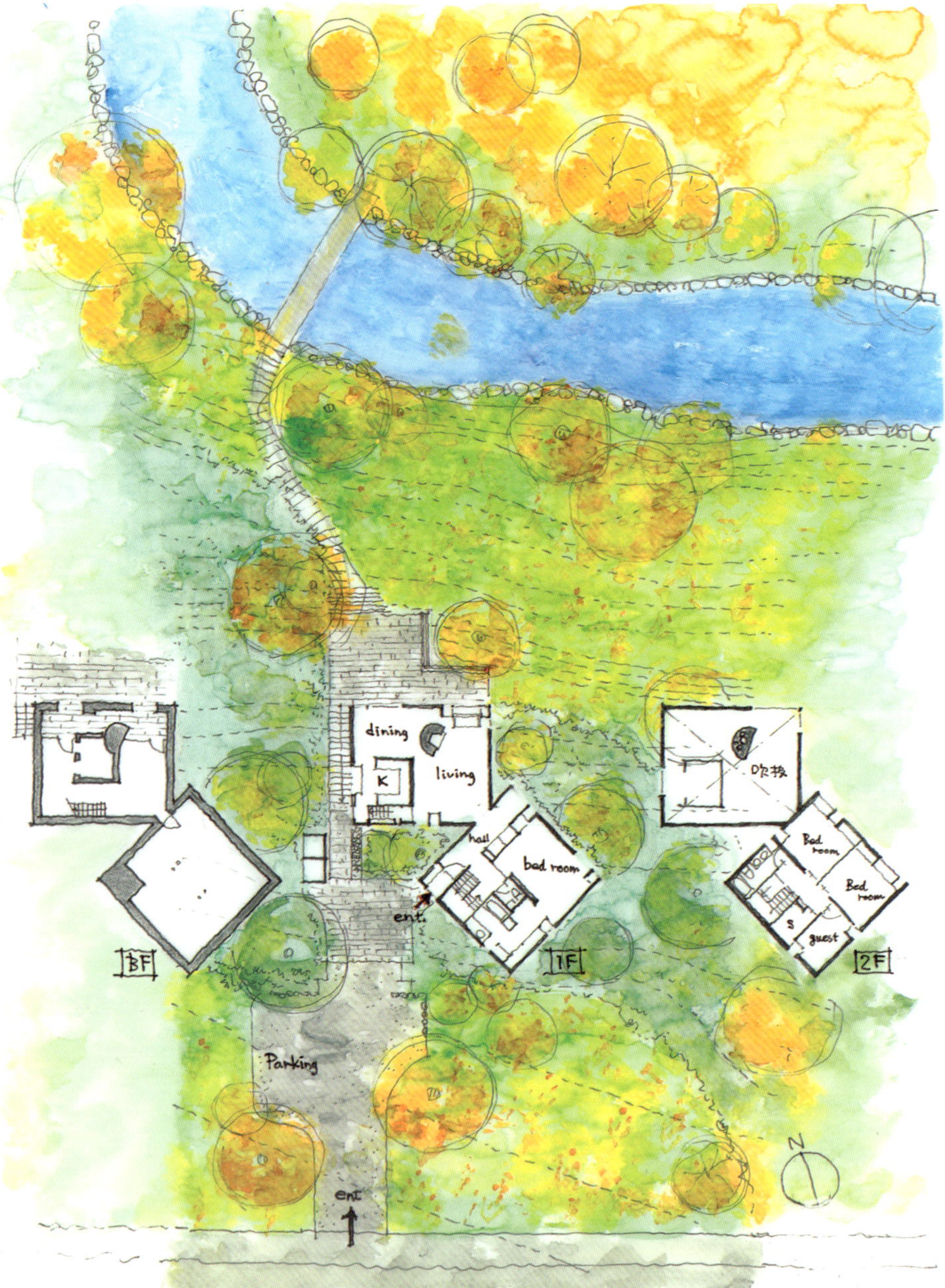
dining
K
living
hall
bed room
ent.
吹抜
Bed room
Bed room
S
guest
BF
1F
2F
Parking
ent
N

フィッシャー邸

必要性を話されたそうですが、それに関しては、カーンは遠くを見てなにも答えなかったそうです。

このようにカーンはとても人間味があり、温かく茶目っ気のある人だったということが見えてきます。カーンを神格化して見るのではなく、このような人間的な視点で見ると

もっと奥の奥にいろいろな魅力が浮かび上がってくると思います。

そんなカーンの金字塔と言える建物が「キンベル美術館」です。カーンもいろいろな失敗や反省を繰り返しながら、しかし建築への意志と粘り強さ、そして愚直とも言える正直さをもってようやくたどり着いたのがこの建物だと思います。カーンの長らくの研鑽がここで存分に発揮されたと言っていいでしょう。しかも、それが声高ではなく、驚くほど静かに、気高く、そして寛容に表現されていることに驚きます。

キンベル美術館はアメリカ南部、テキサス州フォートワース市の郊外に建っています。フォートワースの人は誰もがこの建物を知っていると思っていたのに、ホテルの人もタク

【キンベル美術館】
テキサス州フォートワースに建つ美術館。1966～72年に設計。

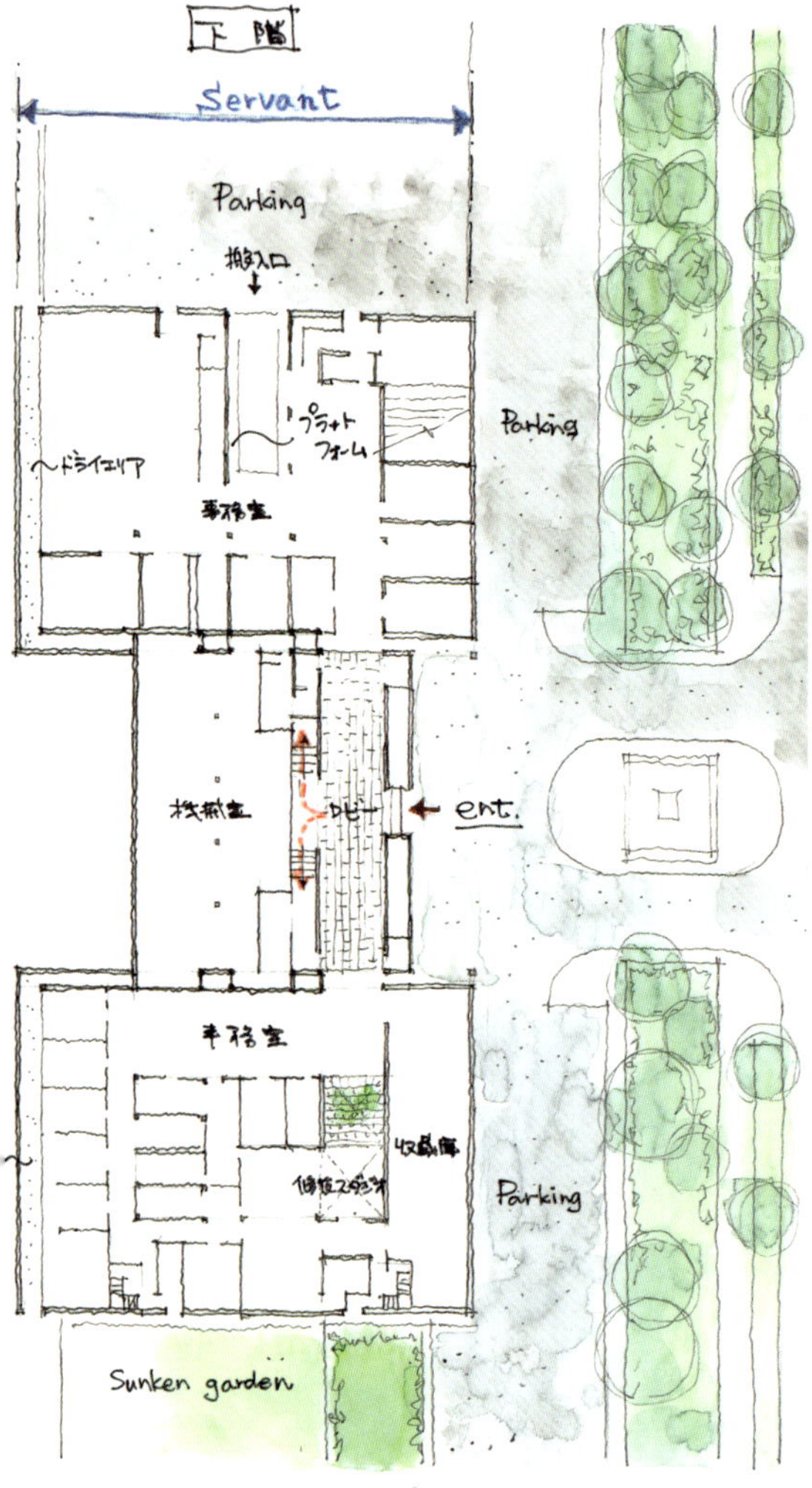

シーの運転手も知らなかったのは意外でした。確かに建っている場所は郊外のなんの変哲もない場所ですし、佇まいはまるで倉庫や工場のような、あるいはビニール・ハウスが並んでいるかのような実に簡素なもので、建築を知らない人であれば素通りしてしまうような雰囲気かもしれません。この単純で無愛想な外観からは想像もできない計算し尽くされた理知的で濃密な内部空間があるのが、この建築のユニークさです。建物は上階と下階で構成されており、下階は事務室、収蔵庫、機械室といった美術館を支えるサーバント・スペースになっており、上階はトップライトからの光に満ちた展示室や喫茶室のあるサーブ

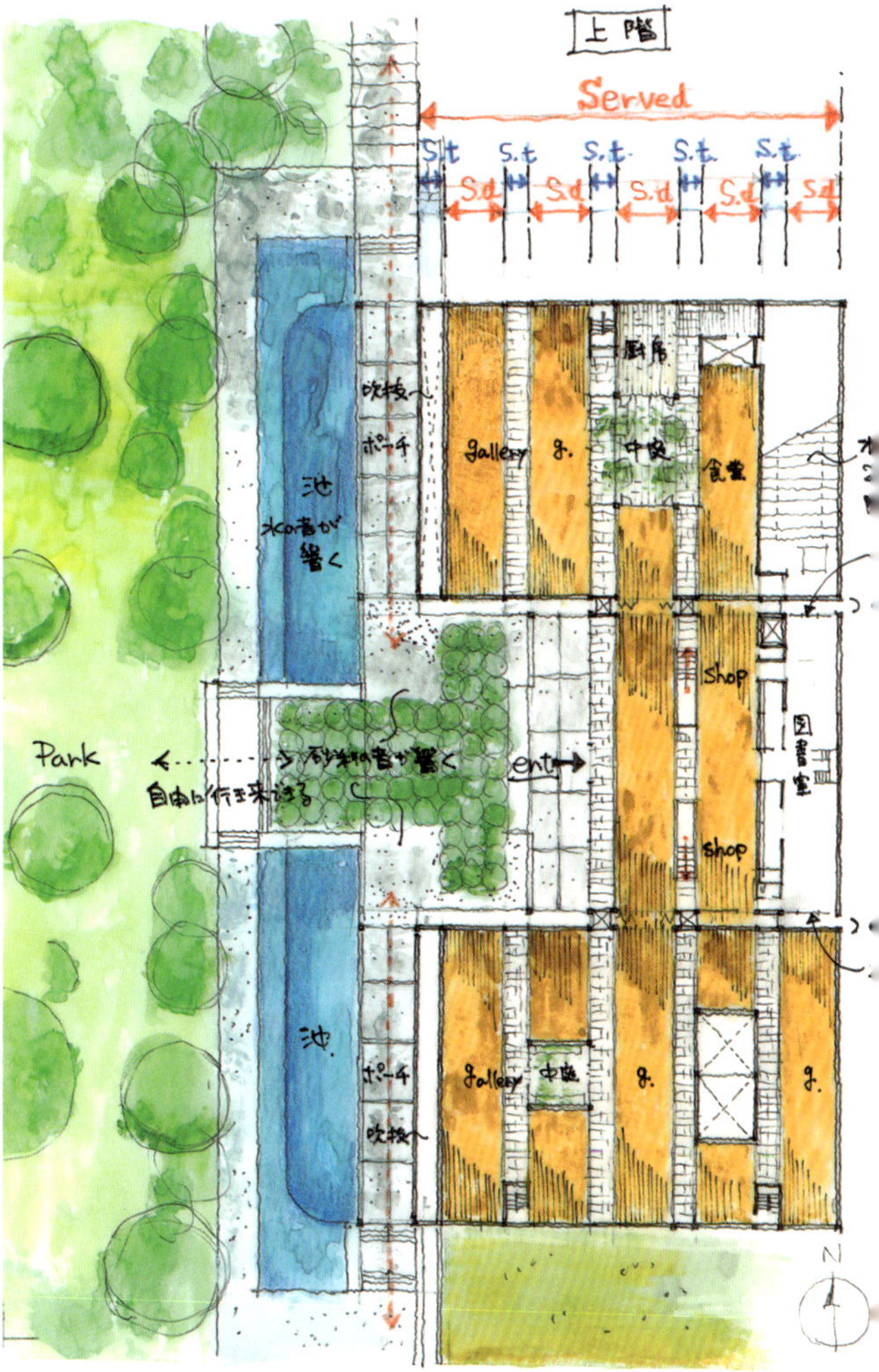

キンベル美術館

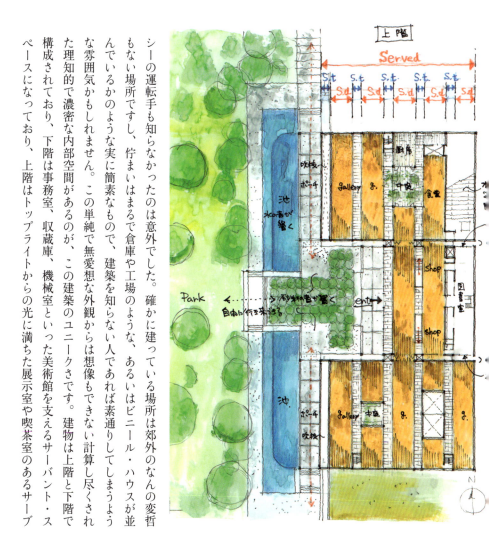

ド・スペースになっています。敷地の傾斜を利用して公園側の下階のサーバント・スペースは地下に埋もれ、明るいサーブド・スペースだけが顔を出した、開放的な平屋のヴィラのような佇まいです。入り口は公園側と道路側の2か所がありますが、初めて訪れたときに、どちらの入り口から入るかで印象は大きく変わると思います。下階（サーバント・スペース）からの入り口から入れば、上階と下階のその劇的な変化に驚くでしょう。上階（サーブド・スペース）の公園側からでは、どこまでが美術館でどこまでが公園の施設なのかがわからないような、フラットな連続性と爽やかさがあります。どちらからの入り口もそれぞれのよさがあり、毎回訪れるたびに入り口を変えれば新鮮な気持ちで室内に入ることができます。そしてこの美術館は何度も出たり入ったりすることを可能とする大きな特徴があるのですが、それはこの美術館が無料であるということです。

これにより毎回チケットを見せたり、なくすことを気にしたりという煩わしさから解放され、公園の延長のような、町の連続のような気軽でリラックスした気持ちで美術に向き

合うことができます。そう、物理的、心理的に障壁のない美術館になっているのです。人と建築と美術が等価に出合いながら混じり合うその環境はカーンの理想そのものであると思います。また2か所の入り口のどちらがメインということでなく、等価にできていることは建物とその周囲との関係に裏表やヒエラルキーをつくらないカーンの今までの継続してきた手法があっての結果であると思います。現にこの建物の周囲を誰もがぐるっと見て回ることができるのですが、いわゆる建物の裏面らしきものは見当たりません。乱雑な印象を与える裏方の窓や機械の存在がないのです。なぜならサーバント・スペースは半分地下に埋まっており、窓は巧妙に配置されたドライエリアにあるからです。このことにより建物の外周の環境すべてに明るさと風通しのよさ、そして静けさを与えているのです。

この建物は外観からもわかる通り、ひとつのカマボコ型(サイクロイド曲線)のヴォールト屋根(約7・3メートル×約30メートル)を基本単位として、それらが行儀良く淡々と並んでできています。内部はこの構成の固さやものの秩序を感じることなく、やわらかく展開してゆくところにカーンの成熟を見ることができます。

特筆すべきはヴォールト屋根同士の谷間のエリアです。

南北に数本リニアに延びるこのエリアには階段室、物置、空調電気スペース、パーティションの支持、あるいは下階に光を届けるドライエリアといった多種のサーバント・スペースに利用されているのです。上階の床はそのことを明示するかのように木質のフローリングではなくトラバーチンになっています。今までより立体的で、柔軟な考え方のサーブド・スペース、サーバント・スペースが建物内に展開されていると言えばいいでしょうか。また逆方向の屋根のスリットも採光に効果的に利用すると同時に、建物の構造的なエキスパンションのラインにもなっています。

多くの人が、展示室のヴォールト天井の頂部からの光の美しさを語ります。空調、照明ダクトをヴォールトとヴォールトの谷間に取ることによって、ヴォールト天井面そのものは設備から解放され、ハリボテではないコンクリート打ち放しの躯体そのものを見せることが可能になり、そこにテキサスの明るい日差しがアルミのリフレクターにより間接的に天井を照らしています。天井面はシルバーに輝き、こんなにもコンクリートは美しいのか、と誰もが溜息をもらします。しかしその美しさはやはりサーバント・スペースがバックアップしているのです。

ほかにもさまざまな裏方の工夫があります。運搬口はプラットホーム状で、ゴミ収集車が入って来るとその荷台と左手のスロープがフラットになる高さなので荷台に乗り込みやすくなっています。短手の屋根と屋根のスリットには学芸員の研究室のためのプライベートな窓があり、外からはまるで存在がわからないのですが、内部からは公園の緑を眺めて研究の合間に目を休めることができます。

会議室なども外からの視線が全く気にならないようにドライエリアを介して窓が大きく開いており、裏方の営みに快適に対応していました。また機械室の配置と縦軸のパイプ

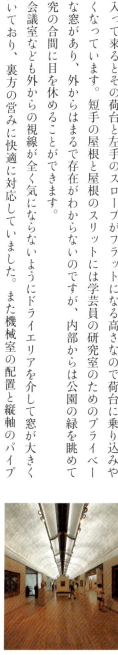

CARAVAGGIO
AND HIS FOLLOWERS IN ROME

シャフトの位置が絶妙で、カーンが長年取り組んできた設備計画と躯体の一体化の集大成と言ってもいいものになっていると思います。

このように秩序あるシンプルで明快な基本単位の連続の構成のなかに、なんとも複雑で多様なスペースが織り込まれていて飽きさせません。そしてその多様なスペースが行き当たりばったりや偶然によって出来ているのではなく、すべて計算し尽くされて出来上がっているところに頭が下がります。


さて、カーンは洋の東西を問わず、多くの建築家の尊敬と共感を集める建築家であることは間違いのないことですが、それはどうしてなのでしょうか。

それはカーンが人の共通した感覚〝コモンセンス〟を追求したからではないかと思っています。カーンが設計した建築を訪ね、身を置き、じっくりと向き合ってみるとカーンは常人には発想できないような特殊な事は一切表現していないと思ったのです。カーンの発想は実は誰もが考えられる、そして誰もが実践できる、誰もが納得できるもので、そんな建築へのアプローチを粘り強く深化させていったのだと感じます。それは私の今までの話でもわかっていだけ

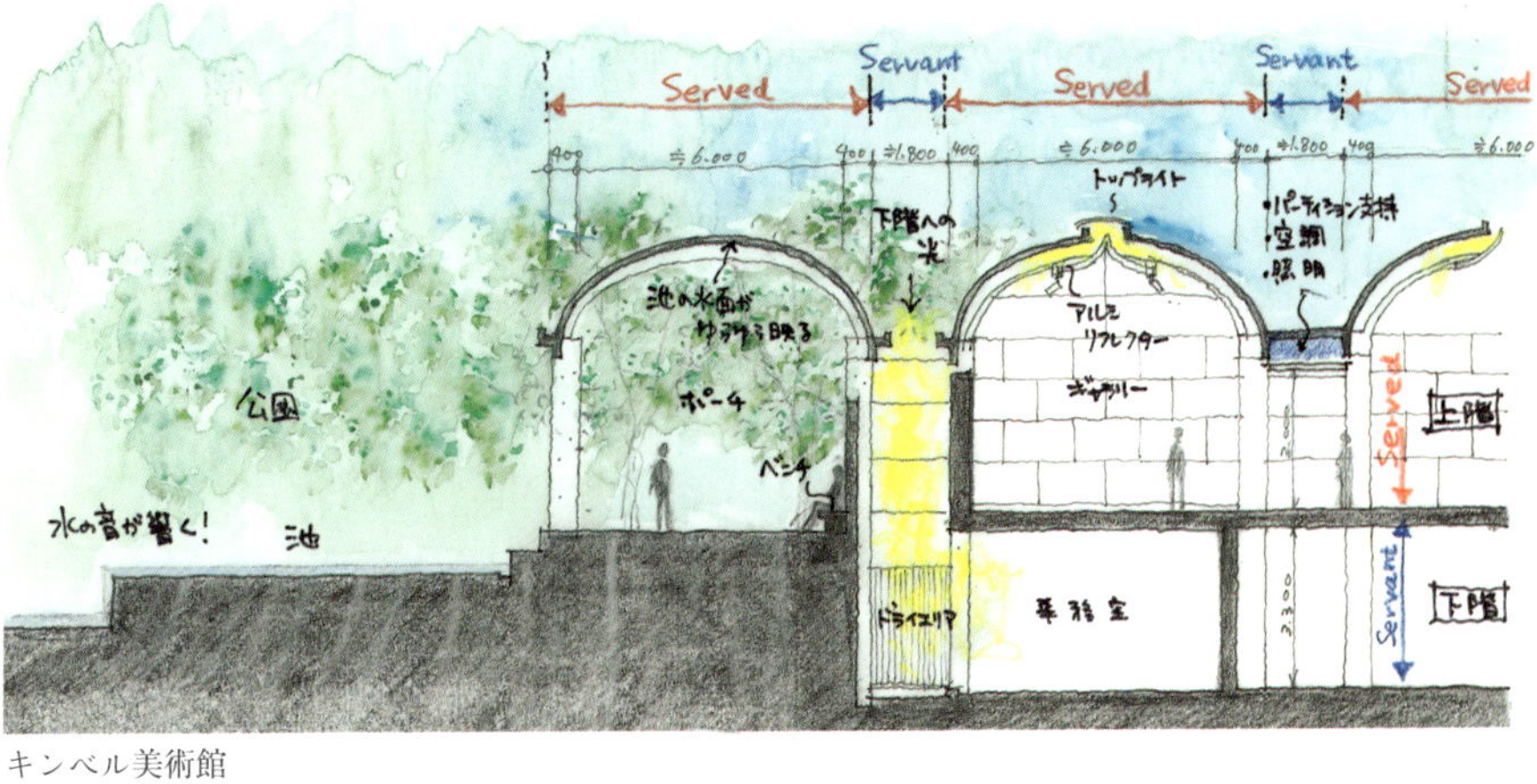

キンベル美術館

ると思います。

建築の考え方、表現は多岐にわたりたくさんの枝葉をまとっていますが、カーンはいつも建築の表現が枝分かれする前の状態を見つめていました。そこを見つめることにより誰もが共通して感じられる、あるいはすでにどこかで経験している感覚を人に呼び起そうとしたのです。

見たこともない、感じたこともないものをつくるのではなく、人がすでに見ていて、感じていたことをつくるのです。それは建築の安心感、信頼感につながる大切なことであることは経験を積んだ建築家であれば誰もがわかっているのですが、目新しさがなく地味なことを淡々と粘り強く繰り返してゆくことになり、多くの建築家が途中で挫折して諦めてしまう道なのだと思います。

カーンはその大切ながらも険しい道を驕《おご》らず、慢心せず一歩一歩進んだのです。それが多くの建築家の共感と尊敬を集めるゆえんであり、また見習うべき姿勢であると思うのです。

フランク・ロイド・ライト設計の「落水荘」「帝国ホテル」から

時代を超える有用性と普遍性を表現した、建築の予言者

3

私の師匠である益子義弘《ますこよしひろ》先生は東京藝術大学で吉村順三さんに師事されました。吉村さんはアントニン・レーモンドの事務所で、レーモンドはフランク・ロイド・ライトのもとで建築の仕事をしています。つまり、ライトは私にとって高祖父のような存在です。だからでしょうか、ライトが設計した「落水荘」を訪れたとき、実物を見るのは初めてなのに懐かしさを覚え、玄関に入った瞬間、「ただいま」という感じがしました。

作家活動をする設計者にとって師匠の影響は大きく、考え方やスケール感などを知らず知らずのうちに受け継いでいます。天井の高さや縦横比、開口部のつくり方、空間のつなげ方、あるいは建物という人工物と自然の調和のさせ方、その建物を使う人びとへの眼差し、なにより師匠の〝価値観〟のようなものが身体に染み込んでいて、さらにそれらが次の世代へ脈々と受け継がれてゆきます。

落水荘はおそらく世界で最も有名な個人住宅で、ライト晩年の傑作です。鉄筋コンクリート造のキャンティレバー（片持ち梁）構造で、流れる滝の岩棚の上に、石積みの壁からテラスの床が大胆に張り出す見上げの外観写真がよく知られていますが、あの姿はあくまで撮影、鑑賞用のスポットから見たもの。実際には滝の上流にある橋を渡って建物にアプローチします。かつてクライアントのカウフマン一家が週末を過ごすために訪れていたときも、あの有名なアングルで建物を目にすることはほとんどなかったでしょう。

ルイス・カーンの建物が想像よりもだいぶ小さかったのと同様、実際に訪れると落水荘も想像の7割くらいの大きさでした。そのような錯覚は高さに起因します。落水荘はバルコニーの手すりが60センチほど、テラスに面した居室の天井高も2メートル前後と非常に低い。一方、今の日本では通常、バルコニーの手すりは1メートル10センチ、居室の天井

【フランク・ロイド・ライト】
アメリカの建築家。1867年アメリカ・ウィスコンシン州生まれ。ウィスコンシン大学マディソン校土木科を中退後、シカゴに移り住む。建築家のジョセフ・ライマン・シルスビーの事務所で1年ほど働いた後、ダンクマール・アドラーとルイス・サリヴァンが共同設立した事務所に移った。同事務所でオ能を見込まれ、1888年以降の大半の住宅の設計を任された。1893年に独立。この後、1909年までの間に計画案を含め二百軒近い建物を設計し、「プレイリー・スタイル」のコンセプトで知られるようになる。1959年没。生涯に千点以上を設計し、実現に至ったのは約半分、約四百点が現存。近代建築の三大巨匠のひとりと呼ばれる。

【益子義弘】
1940年生まれ。益子アトリエを主宰する建築家。東京藝術大学名誉教授。故・永田昌民と共同設立したM&N設計室での設計活動で知られる。

高は2メートル40センチなので、その尺度で写真に写った建物の大きさを自動的に換算してしまい、実際とのギャップが生まれるのです。

玄関は建物の裏に回り込んだ山側に、ひっそりとありました。カウフマンは大富豪だったのに、勝手口のようにささやかな玄関です。当時のアメリカで、別荘とはいえ大富豪の邸宅にこんなに目立たない玄関はあり得なかったでしょう。そこにライトの哲学を感じます。緑豊かなこの環境においての主役は人間ではなく自然なのだと伝えたかったのではないか、人間の見栄のための玄関は野暮だと考えていたのではないか。そんなふうに想像しました。

玄関の右手では山の湧き水がチョロチョロと音を立て、左手からは滝の音も響き渡ります。これから水の世界に入りますよ、というような雰囲気に満ちていて期待が膨らみます。

建物は3階建てで、1階に玄関と居間、食堂、台所、メイドルーム、2階に主寝室と客用の寝室、3階に書斎と息子の寝室があります。内部は鉄筋コンクリートのキャンティレバーによって開放的につくられた空間と、石に囲まれた閉鎖的な空間によって構成され、双方を行き来するような構成です。開いた空間では水の音が大きく、閉じた空間では小さくなり、空間が広がったり縮まったりすることと、音の抑揚やリズムが連動し、まるでシンフォニーを聴いているような感覚になります。落水荘が音楽的な建築と言われるゆえんです。

そもそもカウフマンは滝を眺める別荘をつくってほしいと頼んだそうですが、ライトは滝の上に建てたので、視界から消えてしまいました。けれども、音などから滝の存在を建物のそこここで感じることができます。その方が自然をより身近に感じ、自然が生活に溶け込むというのがライトの考えだったのでしょう。

【吉村順三】
1908〜97年。1931年東京美術学校（現・東京藝術大学）卒業後、アントニン・レーモンドに師事。1941年吉村順三設計事務所を開設。1962年東京藝術大学教授に就任し、後進の指導に努める。代表作に「奈良国立博物館新館」「ポカンティコヒルの家（ロックフェラー3世の家）」「八ヶ岳高原音楽堂」など。

【アントニン・レーモンド】
1888〜1976年。現在のチェコ出身の建築家。プラハ工科大学卒業後、渡米。1916年ライトの事務所に入所。1919年ライトとともに来日し、帝国ホテルの仕事に従事。1921年に独立し、東京に設計事務所を開設。代表作に「東京女子大学礼拝堂」「イタリア大使館日光別邸」など。軽井沢のアトリエ（夏の家）は現在、「ペイネ美術館」として利用されている。

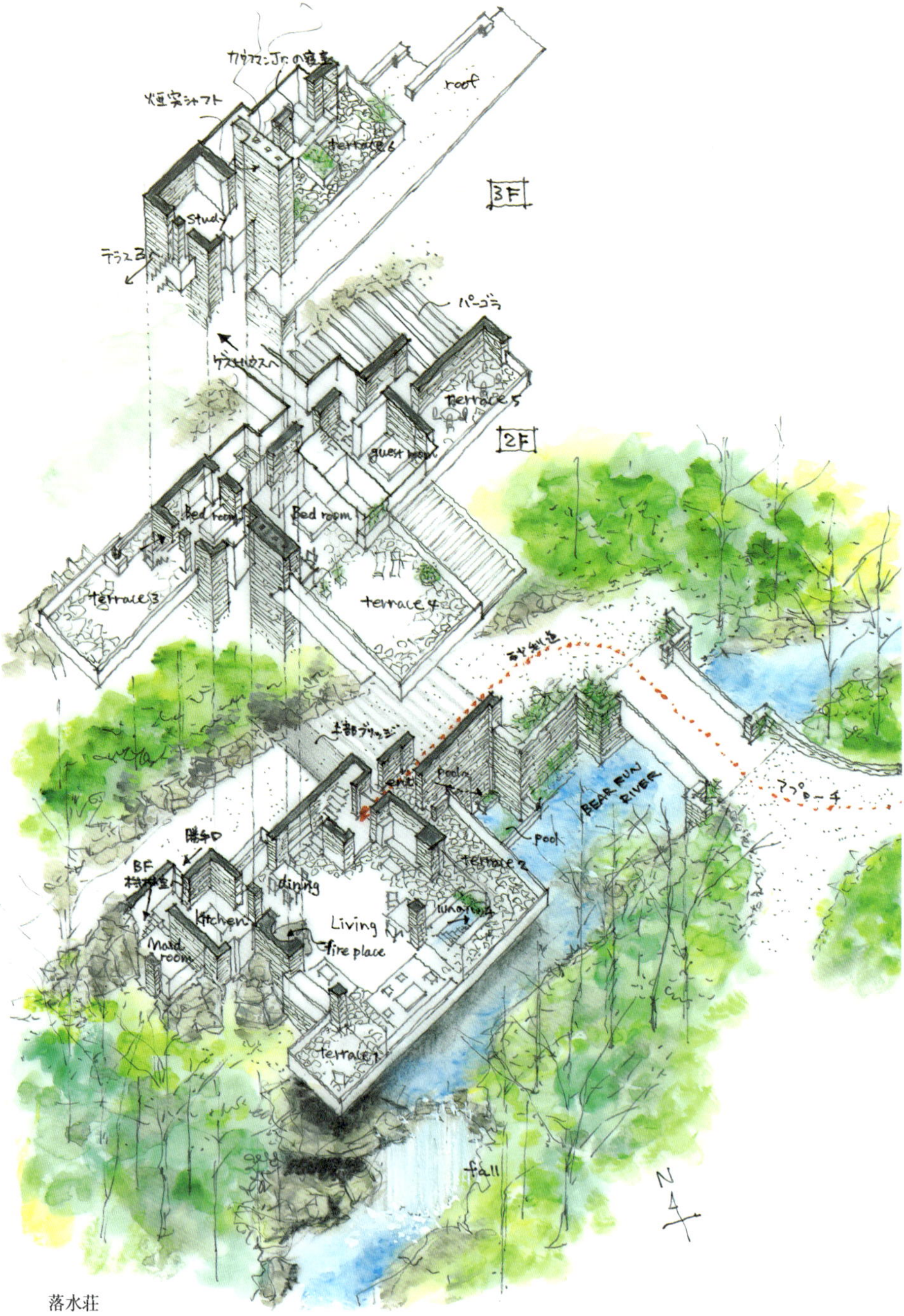
roof
カウフマンJr.の寝室
煙突シャフト
terrace 6
3F
study
テラス3へ
パーゴラ
ゲストハウスへ
terrace 5
2F
guest room
Bed room
Bed room
terrace 3
terrace 4
ent.
pool
BEAR RUN RIVER
アプローチ
terrace 2
dining
Kitchen
Living
fire place
Maid room
terrace 1
fall
N

落水荘

建物は西部ペンシルベニア州保存委員会が丁寧に管理していて、内部にカウフマンが暮らしていた当時の設えを保存しています。日本には落水荘より、もっともっと古い近代以前の古建築がたくさんありますが、歴史の浅いアメリカにはありません。そのため落水荘は貴重な文化財として国宝のように扱われ、見学者には建築関係者以外の姿も多く見られました。アメリカの一般の人たちが金閣寺のような観光地を訪れるかのように集まってきています。

ライトはそれまでに見られない新しい空間構成を数々生み出しました。ライト以前の住宅は居間や食堂、寝室をきっぱり区切り、廊下やドアでつなげる構成しかなかったように思いますが、ライトは各部屋の境界を曖昧にし、流れるように連続させ、どこからどこまでが居間なのか、あるいは食堂なのかがわからないようにしたのです。また、ひとつの部屋の中に書斎コーナー、ソファコーナー、煖炉コーナーのような〝アルコーブ〟をつくることもライトの十八番です。

平面構成はもちろんのこと、断面においても緩急を駆使し、抑揚のあるスペースを動線に合わせて流れるようにつくっています。各階が半層ずつずれながら連続する、いわゆる〝スキッププラン〟を得意とし、それぞれの部屋は異なる階にありながらも気配を伝え合えるようにした計画がよく見られます。平面においても断面においても全体が相互に作用をおよぼしながら、各部屋が黒、白ときっぱり分かれるのではなく、グレーが階調豊かに存在する空間構成と言えばいいでしょうか。ゆえに階段の昇降が苦にならず、平面の移動はもとより上下の移動もとても快適です。

それぞれの部屋の境界を曖昧にすることや、アルコーブやスキッププランのような空間

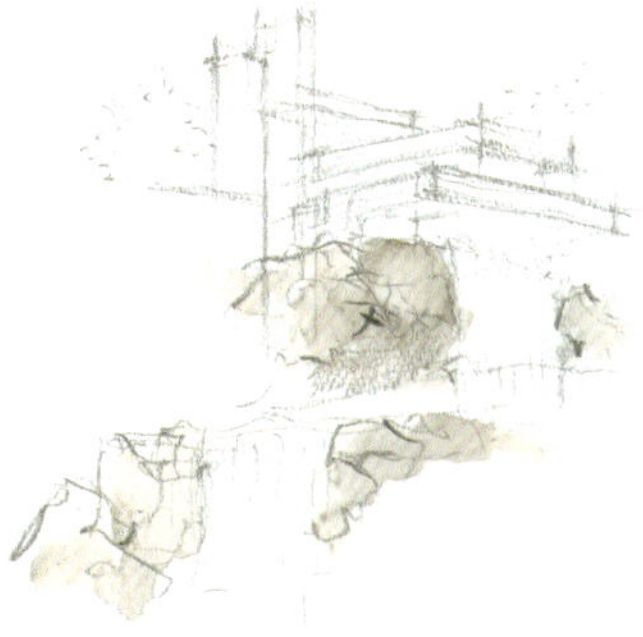

【落水荘】
百貨店「カウフマンズ」の創業者一族であるエドガー・カウフマンの別荘。アメリカ・ペンシルベニア州のピッツバーグ郊外に建つ。ライトはカウフマンの息子の建築の先生であったことから、設計の依頼を受けた。カウフマン邸とも呼ばれる。

構成を取ることは今でこそ珍しくありませんが、当時はとても斬新だったのでは、と推測します。ライトが意識的にやりはじめたことで今の住宅では定番になっていることは多々あります。例えば窓際にある造り付けのソファやテーブルはそのひとつでしょう。ほかにも、外部の素材を内部にそのまま連続させ、ガラスが壁に飲み込まれたようなサッシレスの開口部のディテールで内外を連続させるのもライトが先駆者だったのではないでしょうか。これにより、どこまでが内部でどこからが外部なのかも曖昧にし、あたかも自然と建物が一体化したような雰囲気をつくり出しています。

構造計画や設備計画も、よくまあこんなにひとりの人間が考えられるなあ、と感心してしまうぐらい、ありとあらゆることを試み、実現させ、そして成熟させています。草分けをすると同時に草も刈ってしまったような、そんな印象を私はもっています。韓国のオンドルにヒントを得た床暖房もライトが日本で初めて帝国ホテルに採用し、その後、一般の住宅に取り入れて普及させています。ライト以前とライト以降で、建築の様相はがらりと変わってしまったといっていいでしょう。

家の中心に煖炉を設けるのもライトの特徴です。家のヘソにあたる部分に火があると、住まいの原点のようなものをより濃く感じることができます。ライトは近代建築にも煖炉の必要性を強調し、人の生活に不可欠な火、緑、水の存在を十二分に活かした建築を設計

しています。ゆえにライトの住宅はどこか人間の〝巣〟を感じさせる原初的な雰囲気をもっています。

落水荘の煖炉の下に見える岩は、この敷地にもともとあったものをそのまま利用しています。敷地を初めて訪れたライトは、建物のメイン・フロアー・レベルはどこにしましょうか？　と弟子に尋ねられ、あそこに見える岩の天端をフロアー・レベルにしようと答えたそうで、その通りになっています。そして煖炉のあるあたりが岩盤になっており、その岩盤の上に土木の橋梁工事にでも使われそうな大きな土台が3本据え付けられ、その上に弁当箱の蓋をひっくり返したような形の鉄筋コンクリートの版が階層ごとに設置されています。弁当箱の蓋の縁の折り返し部分が張り出した各テラスの手すり壁になり、逆さに向いた梁として構造の役割を担っています。コンクリートの版にはさらに逆梁が数本入り、構造を強化しています。

また、2階、3階はかなり山側に寄せられており、それによって建物の重心が後ろに置かれ、全体のバランスを取っています。石積みの壁は石積みを型枠とした鉄筋コンクリートの壁です。この工法は手間やコストは掛かりますが、型枠を外す必要もなく、その後の仕上げ工事も必要としない合理的なやり方です。

このように敷地に存在していた岩をそのまま活かして建物の基礎とする、建物の重心を後ろに取る、石積みを型枠としたコンクリートを試みる、梁を逆さにするなど、理に適った敷地の形質への洞察と構造計画によってこの建物が成立しているところも見逃せません。当時は新しい構造だった鉄筋コンクリート造の原理や特徴、可能性をライトはこの時代からすでに見抜き、自分のものにしていたといっていいでしょう。

さまざまな工夫により建物と自然を一体に

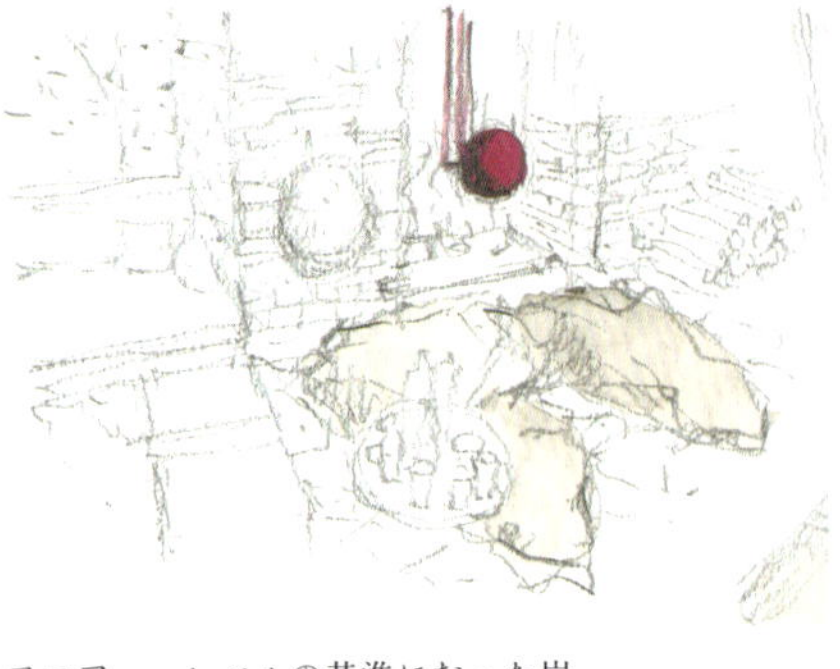
フロアー・レベルの基準になった岩

terrace
bedroom
fireplace
bed room
fire place
fire place
3本ある
岩

落水荘

アメリカ人の見学者が写る居間の写真（75ページ右下）を見ると、天井の低さをおわかりいただけると思います。大富豪の邸宅でこんなに天井が低いことは当時タブーだったと推測しますが、それをねじ伏せて実現してしまう手腕もライトならではだと思います。居室の天井は高ければ高いほどいい、という常識を覆してゆきます。もちろん、低い天井による圧迫感や閉塞感はプロポーションのよさや開口部の寸法やデザインによって感じさせません。

ライトは建物をなるべく水平方向に広げていこうとする手癖があります。設計活動の初期に「プレイリー・スタイル（Prairie Style）」というデザイン手法を提唱して、日本語で草原様式を意味する通り、それは水平性を強調するもので、外部の風景や環境を内部に取り込もうとする意図がありました。

パノラマの窓もその一環です。鉄筋コンクリートのキャンティレバーにより、建物が垂直の柱や壁から解放されたことから可能になりました。このように景色を横長に捉える開口部は、日本人は昔から目にしていますが、アメリカでは当時、新鮮なことだったと思います。

ライトは日本美術を愛好し、とりわけ浮世絵に魅了され、蒐集するだけでなくディーラーとして活躍するほどでした。

大学中退後に初めて勤めた設計事務所のボス、シルスビーが東洋美術の蒐集家で、彼を介して日本文化に親しみはじめたそうです。ちなみにシルスビーは、日本美術を評価し、欧米に紹介したことで知られるアーネスト・フェノロサの従兄弟でした。

落水荘は葛飾北斎が描いた滝の浮世絵から着想を得たのではないかと言われ、ライトがほかに設計した建物も浮世絵や日本の古建築との類似点を多くの研究者が指摘しています。川や湖、海といった水の上に建物をつくることは、当時のアメリカでは衝撃的だったかもしれませんが、安芸の宮島や京都の金閣寺、岡山の後楽園の流店《りゅうてん》、あるいは京都貴船の川床などに見られるように、日本人には特に目新しい建物のあり方ではありませんね。

私がこの家の居室で最も快適な部屋だと感じた所は、キッチンの奥にあるメイドルームです。使用人の部屋をこのように快適につくるところにライトの温かな人間性を感じました。キッチンの奥には地下の機械室に下りられる階段もあり、機械室の壁も敷地の岩をそのまま利用していて、なかなか見ごたえのある所です。

ライトは落水荘と同時期に、一般的な所得層向けの小さな量産型住宅「ユーソニアン・ハウス」の設計に取り組み、それらにはすべて床暖房が標準装備されています。大金持ちの家だけではなく庶民のためにも同じ精神で、極めて質の高い住宅を設計したことも、ライトの人間性がうかがえる重要な側面です。

私は1991年に東京で開催されたライトの回顧展で、ユーソニアン・ハウスを完全再現した原寸大のモックアップを体験したことがあります。そのころはライトのことをよく知らず、興味もほとんどなかったのですが、モックアップの中に入った瞬間、内部のスケールのすばらしさ、プランと動線の快適性、合理性を感じ取り、ライトの建築はこんなにもすばらしいものなのだ！　と感銘を受けたことを思い出します。ライトの建築はその道の

【ユーソニアン・ハウス】
1936〜1943年にライトの設計により実現した58余の小住宅群の総称。命名は、作家サミュエル・バトラーの著書にある理想郷としてのアメリカの呼称「ユーソニア」からの引用による。第一号は「ジェイコブス邸」。ライトは活動期間が長かったため、プレイリー・スタイルによる住宅を前期、ユーソニアン・ハウスを後期として語られることが多い。

専門家でない人にも瞬時にすばらしさを伝えられる力をもっているのです。

また、落水荘では機械室に入った瞬間、吉村さんが設計した「軽井沢の山荘」のボイラー室に入ったときの感覚を思い出しました。落水荘は石積みの煙突シャフトの中に機械室からの配管や各部屋の煖炉の煙突が納まっています。機械室や煖炉の位置を各階平面でぴたりと重ねて、垂直のシャフトを1本にまとめるというやり方が共通していると思ったのです。

居間のハッチからは川に下りることができます。図面と写真だけを見ていたときは気づきませんでしたが、これとは別に川に下りられるルートも玄関とテラスの間に隠れていました。下りるとそこは古代遺跡のような雰囲気で、カウフマンは川遊びのできるこの場所をとても気に入っていたそうです。至る所に設けられたテラスをはじめ、ちょっとしたコーナーも非常に気が利いていて、その場所が特別になるような設えが施されています。家中隅々まで神経が行き届き、徹底的に考え尽くされ、この家に設計の〝底〟が見えることは皆無で、全く飽きさせません。ライトが落水荘において最も力を注いだ〝建築が自然と一体になる〟ことは間違いなく実現できていて、この家で一夜を過ごし

気の利いた設えがそこここに見られる

たら、あたかも川の上で野営しているような感覚になることでしょう。

　落水荘の山側には増築されたゲストハウスもあり、円弧を描く渡り廊下でつながっています。増築棟はキャンティレバー構造ではなく、母屋に比べるとオーソドックスで安定した空間ですが、やはり建物全体の高さは抑えられ、ライトならではのスケールでつくられていました。


ライトは多作ですが、アメリカ以外で建物をつくったのは日本だけです。日本でもライトは建築関係者以外に名を知られる稀有な建築家で、それは「帝国ホテル」を設計したからでしょう。この帝国ホテルが日本の建築に与えた影響は計り知れないものがあります。歴史に〝たられば〟はありませんが、ライトが帝国ホテルを設計していなければ、設計助手として来日に同行したレーモンドが後に日本を舞台に活躍し、多くの弟子を育てることもなかったでしょう。また、レーモンドの弟子のひとりである吉村さんは、中学生のときにおばさんに連れられて帝国ホテルに食事に行き、その空間に感激して建築家を志したそうです。

　ライトにとっても帝国ホテルの仕事は重要でした。この仕事は、古美術商を営んでいた山中商店のニューヨーク支店主任だった林愛作《はやしあいさく》という日本人が関係しています。浮世絵の蒐集家だったライトは山中商店で林と出会って親しくなり、林は後に帝国ホテルの支配人に着任し、新館の設計者としてライトを起用しました。設計契約の覚書が交わされたのは1916年、ライトはそのころ、スキャンダルで以前の名声も信頼も失い、ほとんど仕事のない状況でした。久しぶりの大きな実践の場にライトが意欲的に取り組んだことは想像に難くありません。

【帝国ホテル】1890年開業。1916年に新館（ライト館と呼ばれる）建設が決まり、ライトが来日。1920年に新築工事が始まり、1923年に落成。ただしライトは完成を見ず、前年に帰国していた。ライト館は鉄筋コンクリート造および煉瓦コンクリート造で、地上5階・地下1階建て。1967年に客室を全面閉鎖し、正面玄関部分が愛知県犬山市の「博物館　明治村」に移築された。

かつて東京日比谷にあったその建物は私の生まれた1967年に取り壊されました。つまり私はライト設計の帝国ホテルを見る機会はどうやってもなかったわけです。しかし、私の両親は結婚前にこのライトの帝国ホテルのロビーでお茶を飲んでデートをしていたそうです。私の出生に少し関係があるかもしれません。

正面の玄関部分のみは今も愛知県犬山市の「博物館　明治村」で見ることができます。わずかな部分ですが、それだけを体験してもライトの空間構成の巧みさとスケールの心地良さは感じられると思います。

空間構成と装飾の高密度の融合も見事です。ライトが世界で偉大な建築家のトップに君臨し続けるのは、装飾を含めて、ライトの建築のもつ幅広さが建築関係者以外の人にも響くからだと思います。日本において、空間構成と装飾の双方に長けた建築家と言えば、まず村野藤吾《とうご》さんが頭に浮かびます。

その建築のよさは模型を見るとよくわかります。360度、上から見ても裏から見てもプロポーションやフォルムがなんともやわらかく優美で、そして装飾を含めて気品に満ちています。言うまでもなく装飾と空間構成の両方を設計することは大変難易度が高く、相当なセンスと統合力、そしてバランス感覚がないとできません。ゆえに両方できる人は近現代にあまりいないのですが、装飾が利用者と建築との距離を縮めたり、空間に奥行きや手掛かりを与えたりするので、装飾と空間を融合させることは建築家の能力としてとても大切なことだと思います。村野さんの建築も昨今取り壊されることが多く、このような建築が世の中から失われてゆくことを本当に残念に思います。

さて、ライトの帝国ホテルを写真で見ると、装飾がまず目に飛び込んできますが、明治村で実物を見ると装飾の印象は陰をひそめ、空間構成の巧みさ、快適さが浮き上がってく

【村野藤吾】
1891〜1984年。1918年早稲田大学卒業後、渡辺節建築事務所に入所。1929年村野建築事務所を開設。代表作に「世界平和記念聖堂」「日本生命日比谷ビル（現・日生劇場）」「佳水園（現・ウェスティン都ホテル京都 和風別館）」など。「世界平和記念聖堂」「宇部市渡辺翁記念会館」「高島屋東京店」は国の重要文化財に指定されている（「高島屋東京店」で村野が手掛けたのは増築設計）。

るのが不思議です。写真ではまた、大きな空間に見えるかもしれませんが、基本的には各スペースはとてもコンパクトで、身体の延長のように感じます。ライトの設計で現存する東京西池袋の「自由学園明日館」でも、同様の感慨をもちます。建物だけでなく家具や食器も同時に設計したのもライトの大きな功績で、この体質も後の世代に受け継がれてゆきます。

ライトが生まれたのは坂本龍馬が暗殺された1867年。つまり江戸時代の終わりに生まれた人がこのように現代に通じる建物をつくったわけですから、どれだけ先見の明があったのかと思わざるを得ません。先にも述べたように、ライトの偉大さはそのデザインや手法が今はもう〝当たり前になっている〟ことにあります。ライトの建築は一見、癖が強く、独創的に感じてしまいます。また、表層の装飾の表現には好き嫌いがはっきり分かれることもあるでしょう。さらに常人離れした才能と数々のアイデアによって、〝これはライトにしかできない芸当だ〟というようにも捉えがちです。もちろんライトにしかできなかったことも多々あると思いますが、見方を整えて、ライトの表層の奥にある根元を捉えることができれば、時流を超え、普遍的かつ本質的な建築をつくろうとしていたことがわかってき

ます。

事実、ライトが試みた新しい表現や空間構成はその後、誰もが使えるものとして、次代に確実に受け継がれてゆきました。そのアイデアがその人だけのものに終わっているのではなく、建築の専門家だけのものに終わっているのでもなく、みんなのものになっているという有用性と応用力、包容力があるのです。また、ライトが当時から鳴らしていた建築への警鐘は、建築が無味乾燥となり、人の身体や自然との関係が希薄になってきた今でこそ説得力をもって響いてきます。ライトは当時から建築もオーガニック（有機的）であるべきだと提唱していました。

そう考えると、ライトは建築の〝予言者〟と言えるのではないでしょうか。

ライトはつくった建築の表現の多さや波乱万丈な人生から、さまざまな側面をもつ人だったと察するのですが、つくった建物を見ると、人に対する信頼感や公平な眼差しが共通してあるような気がしてなりません。そして建築にとって最も大切な人と自然との関係にも時流を超えた一貫した哲学がありますし、多彩な表現、大小の規模の建物を設計しているにもかかわらず、常にヒューマンスケールを外しません。人と自然の接点にある建築をしっかり見つめ続けたからでしょう。そこから生まれるライトの良心が建物の表現に溢れています。だからこそライトは世界中の人に支持されるのではないでしょうか。

一方でライトの功績を目の当たりにすると、あまりにすご過ぎて自分との遥かな距離を感じてしまうことが多いのも正直なところです。そんなとき、この経験を思い出すともう一度ライトの存在を身近に感じることができます。

私はライトの弟子だった建築家の故・土浦亀城《つちうらかめき》さんに卒業制作を見ていただきたくて自宅に押し掛けたときに、土浦さんと土浦さんの奥様が、アメリカでライトと一緒に川にピ

【土浦亀城】

1897～1996年。東京帝国大学在学中にドラフトマンとして帝国ホテル新館の設計を手伝ったことが縁で、ライトがアメリカに引き上げる際、アメリカに来るように請われた。大学卒業後の1923年に夫人同伴で渡米し、ライトの事務所に入所。1926年の帰国後は大倉土木（現・大成建設）に勤めながら個人でも設計活動を行った。1935年竣工の2軒目の自邸は東京都の有形文化財に指定されている。

クニックに行った写真を見せてもらったことがあります。歴史上最も偉大な建築家とともに時間を過ごした人と今、一緒にいるという事実にとても感激したことを覚えています。その写真のなかではライトはとてもリラックスした人懐っこい表情でピクニックを楽しんでいました。ライトと自分との距離がぐっと近付いた出来事でした。

ライトが考え出したことはその後、多くの日本の建築家が受け継ぎ、発展させていて、時代を超えて至るところでライトの遺伝子を感じることができます。

もちろん、私もそのひとりだと思っています。

アルヴァ・アールト設計の「アールト自邸」「アトリエ・アールト」「セイナッツァロの村役場」
「パイミオのサナトリウム」「夏の家」「マイレア邸」から

明るく芳醇なデザイン力によって切り開いた地平

4

北欧フィンランドのヘルシンキに残るアルヴァ・アールトの自邸を訪れると、アールトの功績のひとつは、モダニズム建築（近代主義建築）と風土や自然を結び付けたことだと実感します。モダニズム建築の名作と讃えられる住宅の多くは〝風土〟〝庭〟〝植物〟との関係が希薄です。ル・コルビュジエが設計したサヴォア邸しかり、ミース・ファン・デル・ローエが設計したファンズワース邸しかり。あたかも空から舞い降りてきた建築のようです。けれどもアールトの自邸はご覧のように庭や緑と建物の融合が考えられており、きちんと土地に根付いています。アールトは声高に未来の建築を表現するのではなく、日常的に人が住まう場所はどうあるべきか、ということを等身大の人の視線で考え続けました。

モダニズム建築は世界に共通する様式の創造を目指し、その運動から生まれた代表的な様式が「インターナショナル・スタイル」です。アールトは当時のヨーロッパで盛んだったこのスタイルに影響を受け、そのよさを取り入れながら、しかし、そのスタイルのもつ問題点にもいち早く気づき、独自の手法をもって近代建築を人間味溢れる普遍的な価値のあるものに昇華させていきました。

まず、もともとインターナショナル・スタイルのフォルムとフィンランドの風土がとても相性がよかったのではないでしょうか。インターナショナル・スタイルは箱形の本体やフラットな屋根、白い内外装を基本とします。フィンランドは雨が少ないことに加えて、寒くて暗い冬においても室内をなるべく明るくしたい、晴れの日はとにかく日射を採り込みたいという欲求のために軒庇をあまり必要としません。また、アールトの建築には至る所にトップライトやハイサイド・ライトがあります。内外装も白を基調とします。これも

【アルヴァ・アールト】
フィンランドの建築家。本名はフーゴ・ヘンリク・アールト。1898年フィンランド中西部の村クオルターネ生まれ。ヘルシンキ工科大学で建築を学び、卒業後はスウェーデンのアルヴィート・ビヤルケの事務所で働く。1923年、少年時代を過ごしたユヴァスキュラに自身の建築設計事務所を開設。1924年、建築家のアイノ・マルシオと結婚。1927年、事務所をトゥルクに移し、1933年、ヘルシンキに移転。1976年死去。

【アールト自邸】
ヘルシンキ市の郊外に建つ。1935〜36年に設計。

とにかく室内を明るくしたいという気持ちの表れなのですが、例えば雨が多く日射量の多い日本でこれらのことをやると、雨漏りにつながったり、日射を採り込み過ぎて室内が暑くなったりしてしまいます。白い外壁も湿気の多い日本では軒がなければきれいに保つことは難しいものがあります。つまり、インターナショナル・スタイルは世界中のどこでも成立するものではなかったのです。

日射をたくさん採り入れる大きな窓も、冬の熱損失を考えると難しかったところを、近

アールト自邸

代の技術によって設置が可能になった点も見逃せません。1930年代につくられたこの自邸をはじめとする住宅の窓は、断熱性能の高い3重ガラスになっています。フィンランドにおいては冬の寒さ対策はまさに生死にかかわることで、ゆえに断熱技術や暖房技術は先駆的であったのだと思います。

これらのインターナショナル・スタイルのフォルムとフィンランドの風土との相性のよさを土台にした上で、アールトは大地との接点や、人の身体の延長にあるような体温をもったプランやディテールで、無機質な近代建築をヒューマンなものに変えていきました。近代とフィンランドとアールトによる幸福な化学反応が起きたのです。その反応はとても大きなもので、アールトがいなければ今のフィンランドの建築は語れないように、これほど祖国に愛された近代建築家もいないでしょう。

日本と違い、先のアメリカと同様に古い建築の財産に乏しいフィンランドでは、アールトの建築が大きな観光資源にもなっています。デザイン、建築の〝社会的な貢献〟という見地では類い稀な例だと思います。

アールトがこのような化学反応を起こせたことの要因のひとつは、アールトの人間的な陽気さと気楽さがあったか

らだと思います。妻のアイノとの新婚旅行がイタリアで、すっかりイタリアの虜になったことにも起因しているかもしれません。前述したようにフィンランドは日照に恵まれず、ともすれば内向的で陰鬱になりがちなところをアールトは持ち前の陽気さをもって明るく前向きな世界を切り開いていったのです。人間は考え方次第、つまりデザイン次第で大きく世界を変えることができると証明したとも言えます。これは何気ないことのようでいて、実はとても大きなことだと思います。この明るい性格から生み出されたデザインが祖国をはじめ多くの人びとに愛されているのでしょう。

夏以外の戸外は陰鬱なので、せめて室内だけでも明るく潤いのある世界に、という前向きさから照明計画や家具デザイン、食器、テキスタイルといったインテリア・デザインが充実したのが北欧です。このアールト自邸も北欧のインテリアらしさとアールトらしさが十二分に発揮され、暮らしぶり、価値観、センスが瞬時に感じ取れる場所となっています。

インテリアの雰囲気がやわらかく、整い過ぎていないところに私はセンスを感じました。また、誰もが手に入れら

れる材料でつくり、見栄を張るようなところもありません。アールトは38歳のときにこの家を建て、78歳で息を引き取るまでの40年間、建築家として大成した後もずっと、この決して豪華でなければ大きくもない家に住み続けました。お金持ちだったけれど、「お金の掛けどころを知っている人だった」という話も聞きます。家のような〝もの〟にお金を使うのではなく、旅行や食のような〝こと〟にお金を使っていたそうです。

アールトは日本の伝統建築にも関心が高く、好んでそれらの画集や写真を見ていたとも聞きました。この自邸でも竹や籐を使うなど、日本の影響と思われる部分が多々ありました。日本では当たり前の引き戸（スライディング・ドア）は当時のフィンランドで目にすることはなかったらしく、日本建築の影響からアールトは好んで引き戸を取り入れていたそうです。

この自邸から歩いて数分の場所にある「アトリエ・アールト」もとても気持ちのいい、気分が前向きになる建物でした。アールトが設計する建物はL字型のプランが多く、これも同様なのですが、中庭側の一方の壁が円弧を描いています。これは野外劇場でもある中庭が扇形であることを受けたものです。

円弧を描く室内の先は鋭角の行き止まりで、図面だけ見ていたときは不思議な納まりだと思っていましたが、実際に見ると違和感はなく、まるでこの空間が奥に奥に、エンドレスに続いて行くかのような広がりが感じられます。

アールトはこの部屋にハイサイド・ライトを設けて木漏れ日を採り込み、その手前の空間には試作した照明器具をたくさん吊るしています。その様子は室内に木漏れ日が連続するようで、実に印象的でした。また、アールトは木漏れ日を人工照明に置き換えようとし

【アトリエ・アールト】
自邸の一角に設けたアトリエが手狭になり、アールトが58歳のときに建てた。1954～56年に設計。

スティールの泥落とし
レンガ
裏口
パーゴラ
白い木製
ハイサイドライト
白い格子塀
(増築部分)
Atelier
野外劇場のような中庭
製図室
1Fへ
上階
meeting room
建物一層分の高低差のある坂道
照明の試作品
オブジェのような階段
昇降しにくい!
斜めの窓
アールトが座っていた席
食堂
台所
storage
照明
コートかけ
鏡
2Fへ
office
garage
ent.
木製の手スリ
結構スベル!
アールト的な特徴的な断面
2階に登る階段
下階
玄関横のクローク
クツ置き
照明
木製の玄関扉

アトリエ・アールト

ていたのではないかとも思いました。年間を通して滅多に強い日射を得ることができず、〝木漏れ日〟を見る機会がないゆえの憧れがデザインになっているのではないでしょうか。

アールトの継承者とも言われる建築家ユハ・レイヴィスカが設計した「ミュールマキ教会」を見たときも、木漏れ日への憧れを強く感じました。この教会はアールトの没後、1984年に竣工しました。アールトより手数が多く、よりモダンな設計で、壁のスリットやトップライトから木漏れ日のような光が射し込み、その光は真っ白い空間の中でやわらかく広がります。私が訪れた日は曇っていましたが、フィンランドの建築家は皆、天気がどうあれ爽やかで明るい気持ちになる建物をつくろうと思うのでしょう。本能に組み込まれているのかもしれません。たくさんのペンダントライトの明かりも、宙に浮かぶ光の結晶のようでした。

森と湖の国といわれるフィンランドですが、その森は日本とは全く違うと思います。日本は森というより山という感覚が強く、高さ方向の変化が大きいのが特徴です。ゆえに川が生まれ、海と森を重層的につないでいます。フィンランドには高い山がなく、変化に乏しい平坦な風景が延々と続きます。だから建物の内部は華やかで、変化があることが求められるのかもしれません。わずかな敷地の高低差を見逃さず、内部、外部に高低差の変化を付けて飽きさせない断面構成を取ります。日本の伝統建築の場合は敷地の高低差を活かすというより、地面から浮かせて1枚のフラットな床を築くという感覚が強いように思います。まるで平地を見付けてフラットな水田を築くように。

また、日本では人が住むのは平地で、山や森はその隣にある、という感覚が強いのですが、フィンランドでは〝森の中に住んでいる〟という感覚が強いのではないでしょうか。

【ミュールマキ教会】
現代フィンランドを代表する建築家であり音楽家でもあるユハ・レイヴィスカ（1936年〜）がヘルシンキ郊外に設計。ペンダントライトも彼のデザイン。祭壇側の天井には大きなタペストリーが吊るされている。

より大陸的な感覚です。ゆえに自分の居場所の〝領域〟を明示したり暗示させたりする設えが見られます。アールトのプランに一文字のものはほとんどなくL字型をしていたり、多数の襞が付いているようなものがあったり、中庭を囲んでいたりするのも、その表れなのかもしれません。広がる森の中に自分の居場所のよりどころをつくっているかのようです。

エントランスの横にはたっぷりとしたクロークルームがありました。フィンランドの人びとは外套を脱いだり着たりする行為を重んじているのでしょう。それに寒い冬、訪れた人を玄関のドアの外で待たせることがないように、中に入った人が渋滞しないようにという配慮もあるのでしょう。それがプランの構成において特徴的で、温かく広々と人を招き入れる雰囲気を醸し出しているように感じました。

食堂は素朴な雰囲気で、ここも居心地がよかった。赤いギンガムチェックのカーテンがイタリアの田舎の安食堂を彷彿させました。アールトの定位置は一番奥の席だったそうです。キッチン回りは機能的に設計してあり、多くの人に愛されている建物はやはりよくできている、やるべきことをきちんとやっていると思いました。また、こういう裏方のような場所も周到にデザインしているところに感心し

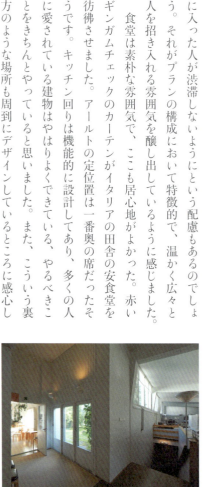

ました。このあたりのきめの細かさはもちろんアイノの功績、センスも見逃せないと思いますし、当時から男女平等の労働環境を重んじていたアールトの思想あってのこと、という見方もできます。

アールトは身長が167センチくらいで、フィンランド人にしては小柄だったようです。それが空間のコンパクトさに表れています。そしてこのアトリエのみならず、アールトの建築空間の魅力は移動が快適で楽しい、ということが挙げられると思います。人の身体や心理に呼応する、ストレスのない快適でコンパクトな動線が建物内に織り込まれています。

私がアールトの建物で一番好きな「セイナッツァロの村役場」も、こぢんまりとした親しみをもてる建物です。これは村という単位の役場だからこそ、このちょうどい い規模が生まれたのだと思います。アールトのデザインの長所である素朴さや温かみが申し分なくそこここに生まれ、活かされています。

【セイナッツァロの村役場】
フィンランド中部の町ユヴァスキュラの郊外にある湖に浮かぶ島の中に建つ。セイナッツァロの人口は約三千人。1948～52年に設計。

どんなに偉大な建築家でも、ひとりの人間が設計できる建物には適正規模というものがあると私は常々思っていて、その規模を超えるとどうしてもその設計者の体温が届かなくなる所が生まれるように思います。

例えば映画の尺が2時間前後であるように、人間の活動はどれも心地良いと感じる規模がだいたい決まっている。人間がパッケージするひとつの完結した表現にも適正な規模があり、それは国や人種を超えて共有できるスケールのように思います。建物の場合は特に、人間の〝巣〟としての大きさの限界もあるのかもしれません。大き過ぎると全体が見渡せなくなり、全体を見渡せないと安心感も生まれない。この村役場はそういう観点から、建物の幸せな規模という感じがします。市役所や県庁舎だったら、こううまくはいかなかっ

KUNNANTOIMISTO

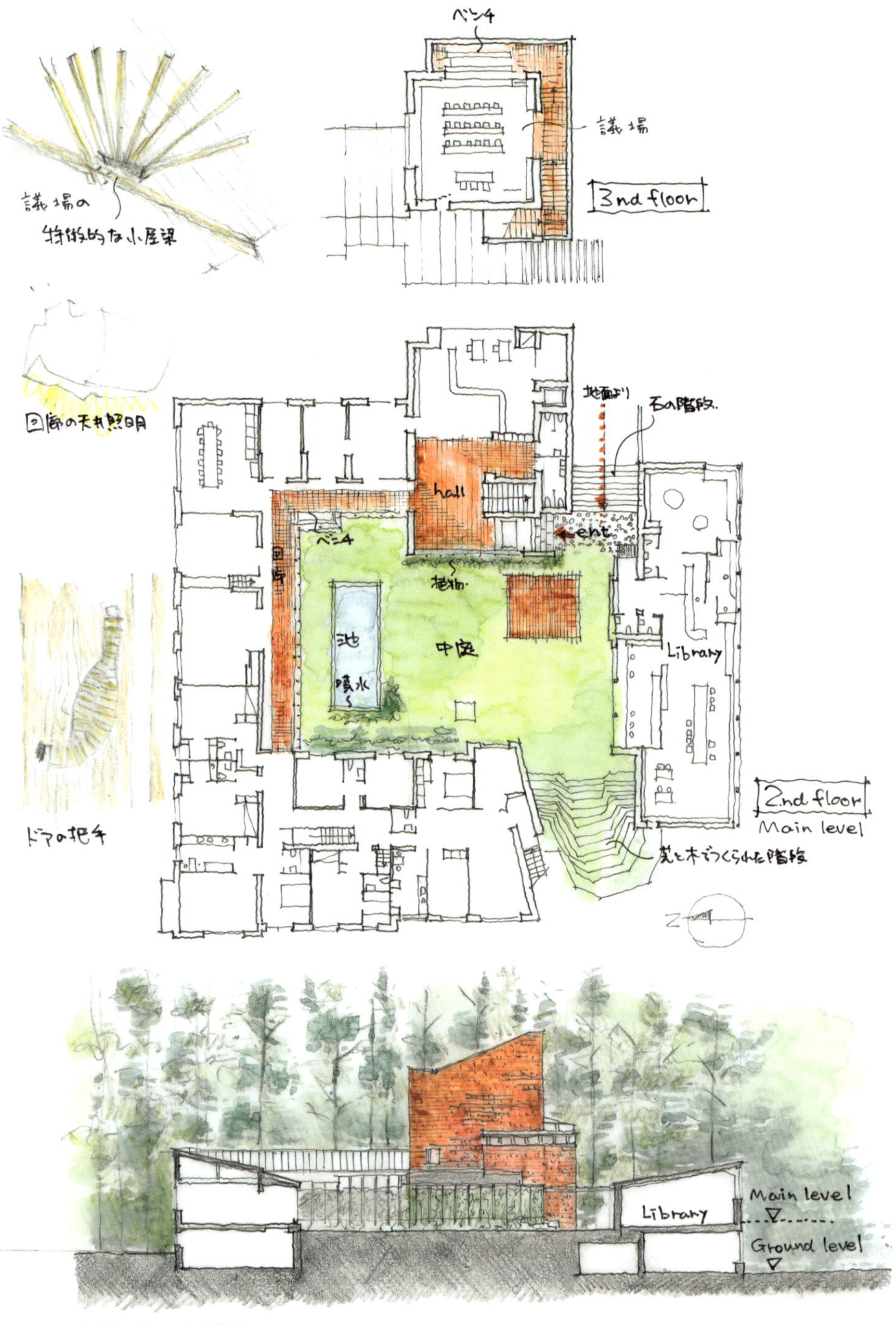

セイナッツァロの村役場

たでしょう。

建物は基本2階建てで、一部3階となっている部分に議場があり、中庭は1層分、土で埋めて地面を高くしています。この構成が非常に秀逸で、中庭側は平屋のように小さく親密に見えますし、地面と一体化した、植物とともにある人間の営みを可能にしています。建物のどこにいても全体の気配が伝わるような構成、スケールになっており、寒く暗い冬も人の温もりが感じられるようになっている点にも注目したいところです。


アールトの構造やディテールの考え方はおそらく直感的、彼の感覚というか手癖のようなものをベースにしていたのではないかと推察します。論理的ではないけれど理に適っている。ディテールが概念ではなく手の延長にあると言えばいいでしょうか。

また、アールトのデザインの素朴さや温かさは、アールトの視野が身近なところにあることから生まれているように思います。多くの近代建築家が当時提唱した、都市的なスケールの建築とは異なり、日常的なことや自分の身の回りのこと、あるいは大切な人とのつながり、そういった小さなスケール、人間の等身大の視線からデザインを考えて

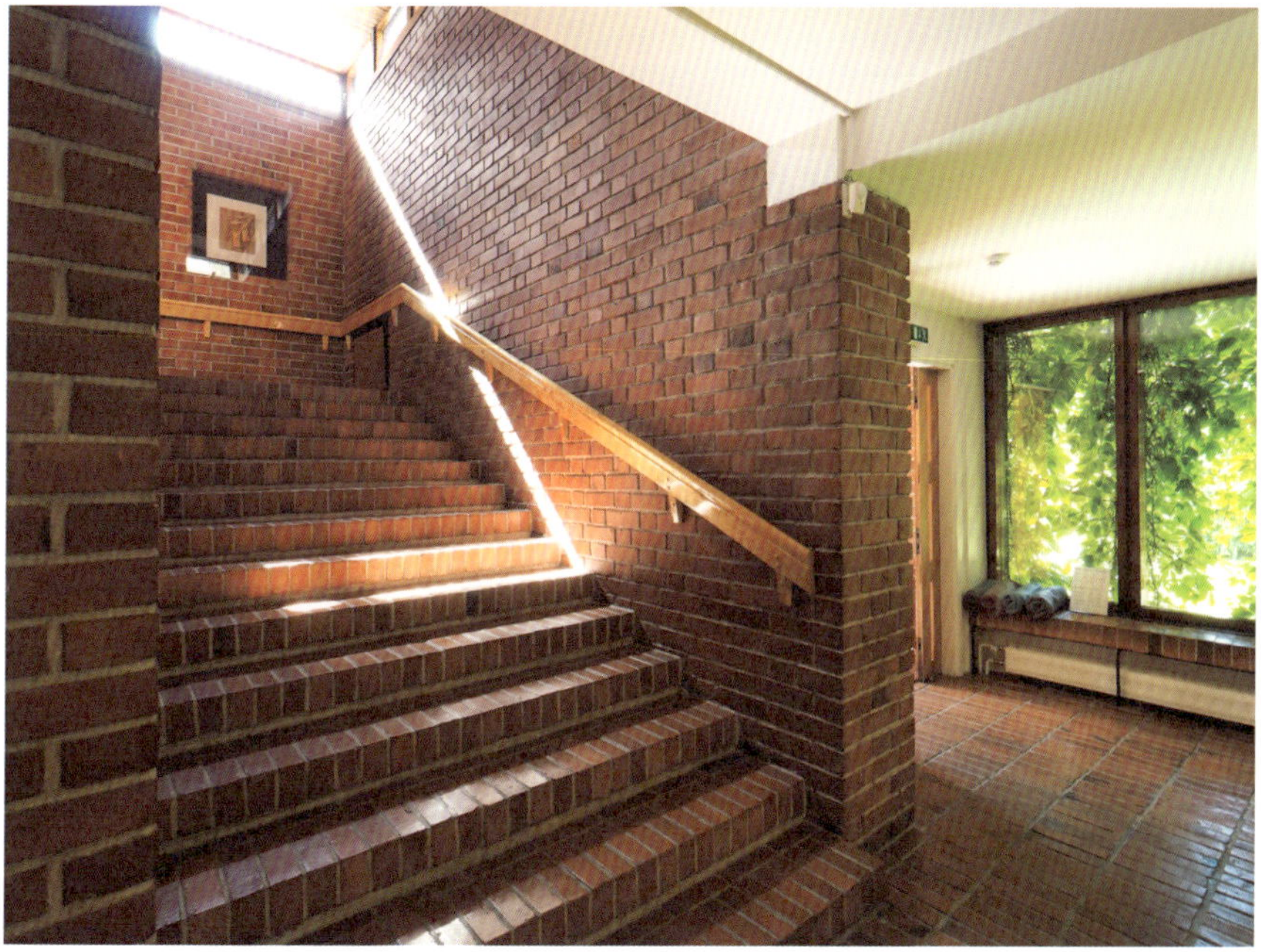

いるように思います。だからこの村役場もどこかアールトの私小説のようで、それが温かさにつながっているような気がします。公共建築だぞ、という構えが感じられないのです。このような姿勢で建築を追求したアールトが、結果的にどんな近代建築家よりも民衆に受け入れられ、愛され、モダニズムを成熟させたという事実は多くの示唆を与えるものだと思います。

モダニズム建築にアールト独自の視線が加えられたと感じるのが、自身の出世作である「パイミオのサナトリウム」です。この建物にもアールトの温かい眼差しによる人の居場所がいくつもちりばめられています。

例えば病室は天井がまぶしくないアップルグリーンで、壁付け照明の光が天井に当たる部分をあらかじめ白く塗装しておくことで、光を拡散させています。また天井と壁の境界部も、角でぴったり塗り分けるのではなく位置をずらし、やや丸く折れ曲がっているように見せることで、やわらかい雰囲気を生み出しています。窓辺のカーテンはアイノのデザインで楽しく、かつ気品に溢れています。このサナトリウムでは、患者は多くの時間を天井や窓の外を眺めて過ごします。アールトはそんな療養生活に少しでも潤いや華やぎを与えようと考えたのでしょう。

階段には黄色をはじめカラフルな色が使われ、私が訪れたのは天気のいい夏でしたが、寒くて暗い冬はこれらの色がいかに元気をくれるかがより一層わかるのだろうと思います。また、手すりは、その周りをグレーに塗っている。これは手垢による汚れがゆくゆく目立たないようにという配慮です。細かいところに目をやると、アールトの優しい眼差しを随所に感じました。

【パイミオのサナトリウム】
当時流行していた結核患者のための療養所。アールト案はコンペで選ばれた。現在も現役の施設として活用されている。1929～32年に設計。

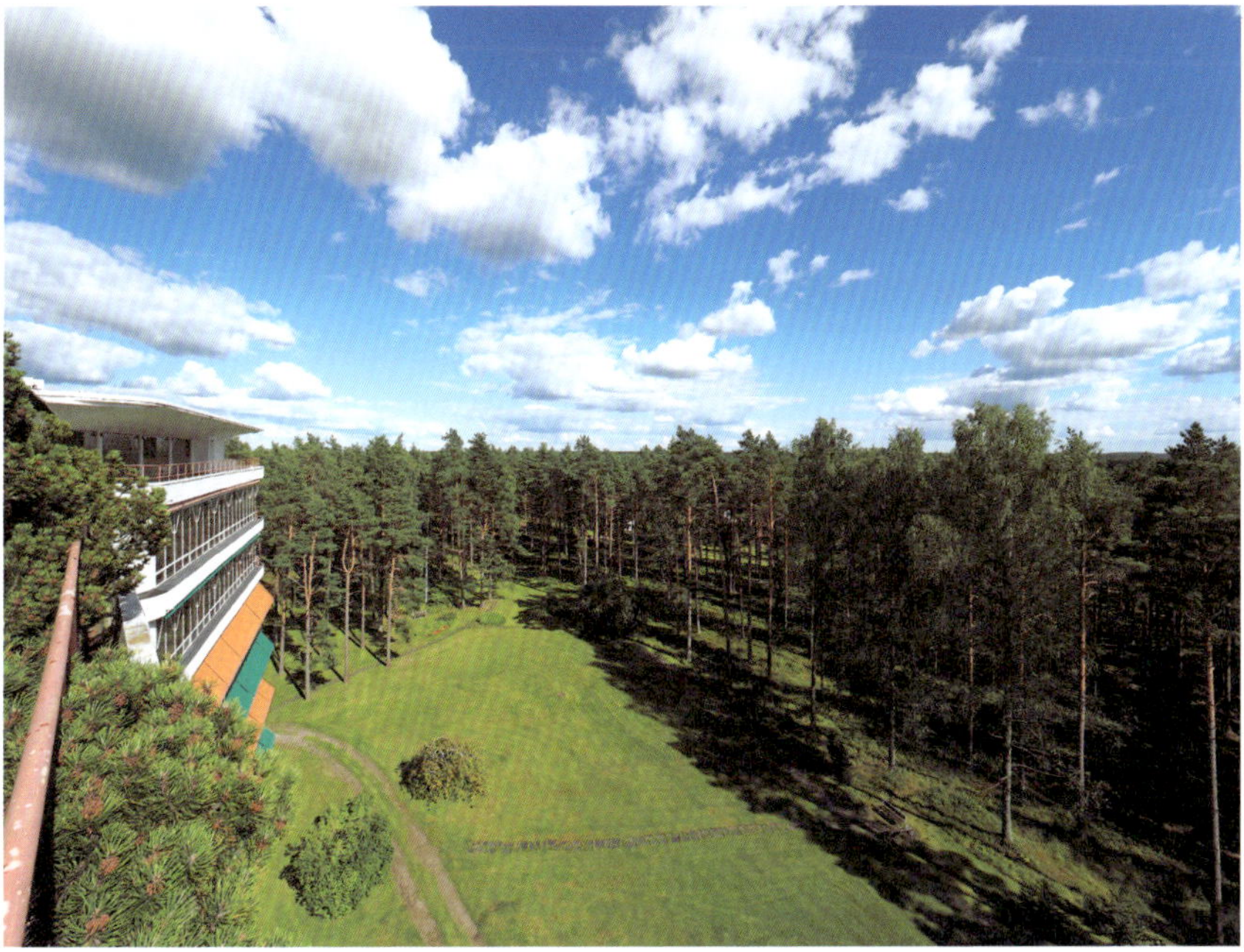

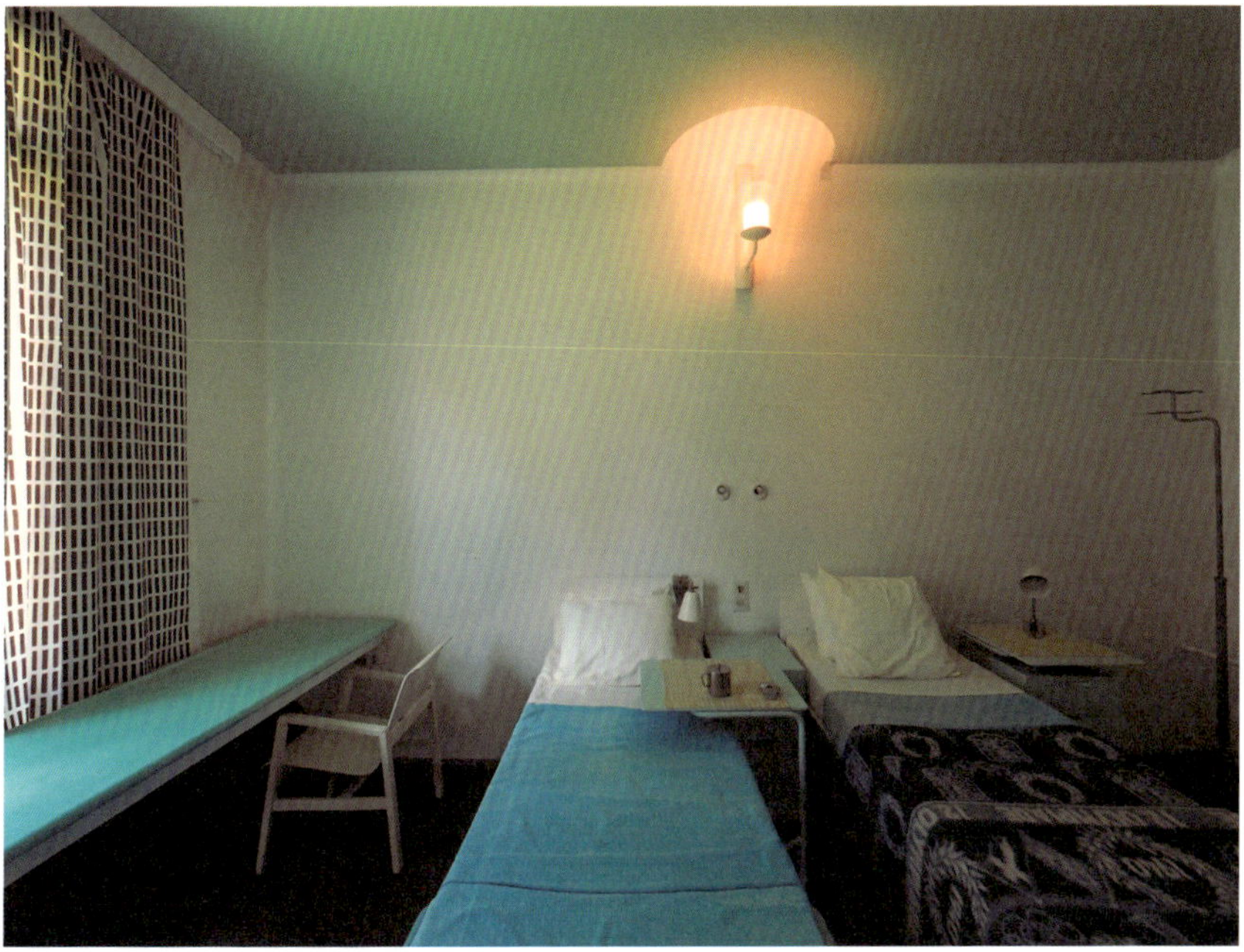

村役場の仕事でセイナッツァロの地が気に入ったアールトは、村役場からそれほど遠くない場所に自身の別荘である「夏の家」を建てました。この別荘がまた日曜大工の延長のような建物で、肩肘張るところが全くありません。屋根はアールトの好んだバタフライ屋根で、雨の水が集まる谷間にベッドの枕元があるなど、なんとも不思議でユーモラスなところが多々あります。けれども、この別荘は完成度の高さや居心地の良し悪しという尺度で見るべきではありません。自分自身が住むのだから、これくらいでいい、と気楽に、かつ簡素につくったものなのだと思います。なにかしてやろう、完成度を高めて表現を先鋭化させてやろう、という建築家にありがちな欲が全く感じられなくて、とにかく楽しもう、という陽気な精神でつくられていることをとても好ましく思います。外壁の煉瓦がパッチワーク状なのも、積み方、貼り方を実験しているからです。

この別荘も自邸も、アールトの住宅は、いい意味でいい加減で適当なところがたくさんあります。なんだ、こんなんでいいんだというところと、実によく考えられていると思うところのバランスがなんとも人間的で心地良いのでしょう。もともと住宅はそのようにラフで完成度が高くない方が気楽に過ごせるのかもしれないと教えてくれるのもアールトの建築かもしれません。もちろん、このいい加減さ、ラフさは真摯な設計の後に生まれる〝余裕〟のようなものと捉えることもできると思います。

この別荘はL字のプランで、中庭を囲んで高い塀を立てています。周囲の素晴らしい環境に対して、一旦閉じてみる。すると風景が違って見えるし、この環境のありがたみを強調して感じることもできます。人工的なフレームによって自然の美しさを切り取って見せて、同時に、自然の厳しさから身が守られている安心感を得ているように思いました。そう、建築をつくっているというより巣をつくっているような感覚を抱いたのです。

【夏の家】
フィンランド語で「実験住宅」を意味する「コエ・タロ」の名でも知られる。セイナッツァロの村役場から5キロメートルほど離れたムーラツァロという島に建てられた。1952〜53年に設計。

船着き場
サウナから
湖へダイブ！
サウナ小屋
道路へ

夏の家

アールトが設計した住宅のなかで傑作と言われる「マイレア邸」は、フィンランドの西側の田舎にあります。これを設計したのはアールトがまだ40歳を迎えたばかりのころです。いかにデザイン力が早熟で優れていたかを証明しています。築80年になるこの建物が程度のいい状態で残っていることにも驚きます。第二次世界大戦前に竣工しているのです。ディテールの完成度、全体の醸し出す潤いのある上質な雰囲気はさすがに傑作と言われるだけのものがあるな、と思ったのですが、私にはどうも配置計画、それに関係するプランと佇まいがしっくりきませんでした。

建物には南側からアプローチするのですが、その初めて出合うファサードは2層分の背の高いものになっています。それによってメインの庭には暗い影を落とし、特に食堂はほとんど日が当たらず、暗い雰囲気になっていました。ここはディナー専用と割り切ればなんとなく納得もゆくのですが、食堂からサウナ小屋への途中の半戸外空間と食堂の関係が希薄なことも手伝って、暗い印象を拭えませんでした。植物を育てるウィンター・ガーデンと呼ばれる部屋が北側にあることも不思議でした。自分だったら南北の配置を逆転させて、ヘルシンキの自邸のL字と方位の関係を同じようにして、太陽の動きとL字プランが呼応するようにしただろう、などと考えてしまいました。

この家の建て主は大変なお金持ちです。お金持ちの大きな家のプランは常人には理解し難いところがあるのかもしれませんし、私が知らない別の理由があるのかもしれません。

私には、アールト自身の家や別荘のような庶民的で等身大で、自分の生活や感覚の延長で考えられる家の方が好ましく感じますし、太陽を求める明るいアールトらしさが感じられていいなあと思ったのが正直なところです。しかし、若いうちにこのように傑作と言われる作品を生み出しても、それが作家活動のピークになってしまうことなく、あくまでも

【マイレア邸】
ヘルシンキ郊外の田舎町ノールマルクに建てられた。マイレアとは建て主夫人の愛称。1937〜39年に設計。

living room

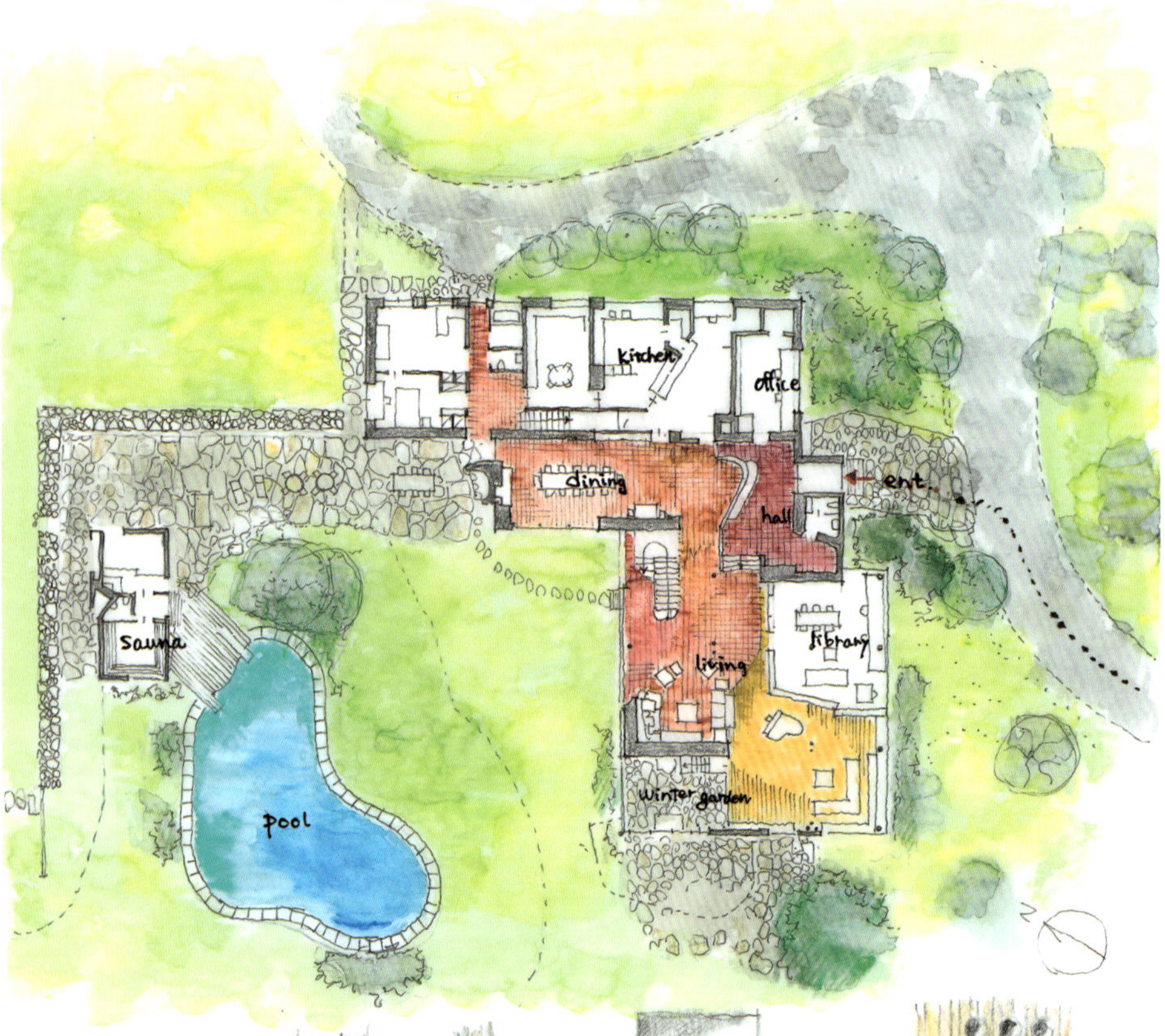
kitchen
office
dining
hall
ent.
sauna
library
living
winter garden
pool

こっちの配置の方がよかったのでは…
階段のディテール
玄関扉のディテール

マイレア邸

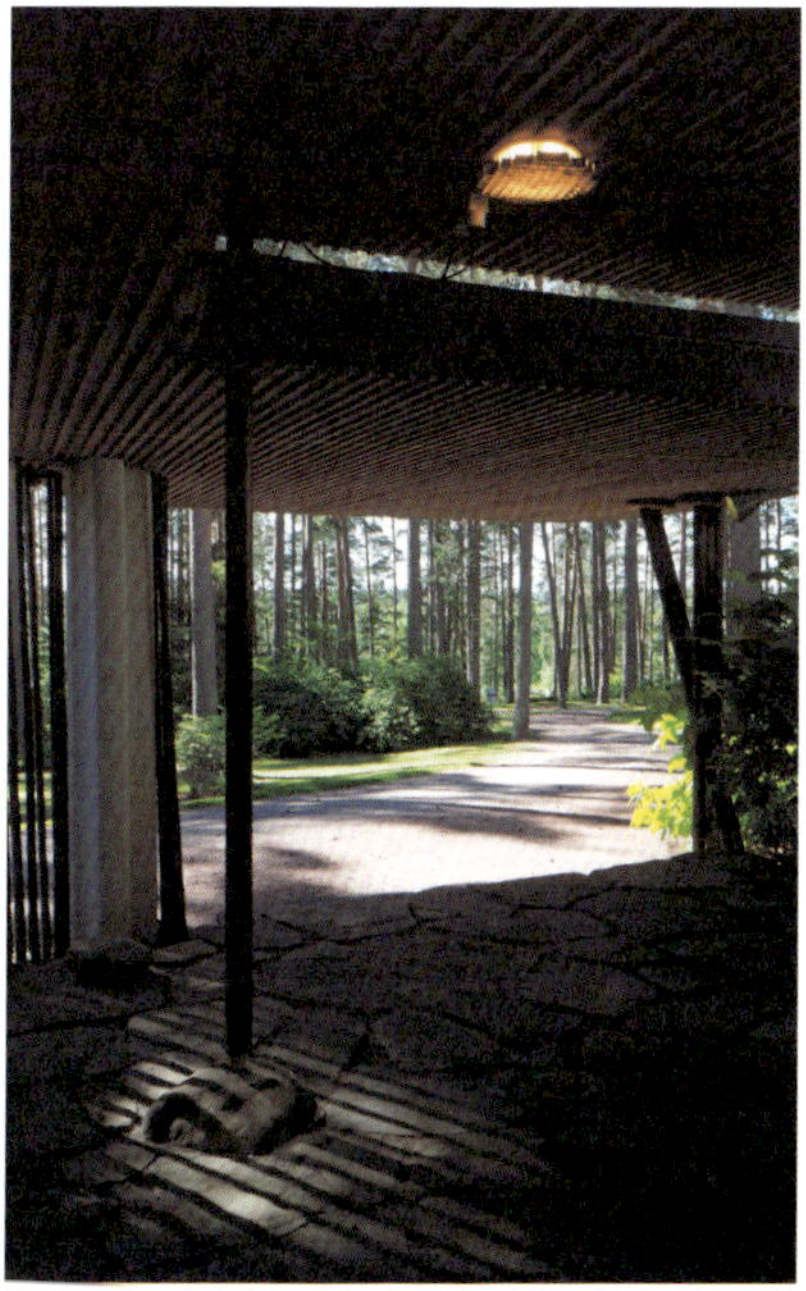

自然体で、かつ慢心することなく創作活動を続けたところにアールトの偉大さがあると、マイレア邸を訪れて感じることができました。

時代の潮流にあるものを、ただ真似るだけでなく、自国の風土に照らし合わせてみる。自身の身体と感覚を通して建築を考える。身近な場所や人との大切な場所を見つめてみる。そんな姿勢から生み出された建築は〝借り物〟ではなく、その人そのものを表す正直なデザインにつながってゆきます。そして、その正直なデザインは生涯をかけて追求するにふさわしいテーマとなります。アールトからはそんな大切なことを多く学ぶことができるように思うのです。

5

森羅万象すべてを等価に扱うデザイン

カルロ・スカルパ設計の「ブリオン・ヴェガ墓地」
「カステルヴェッキオ美術館」から

建築界にカルロ・スカルパの崇拝者は多いけれど、私は決してそうではありません。盲目的に信奉することができない性格も手伝っていますが、若いころ初めて、スカルパの設計した「カステルヴェッキオ美術館」を体験したときに〝すばらしい〟と感動する気持ちと同時に、あまりにも普通な雰囲気に、畏敬よりもむしろ親しみを感じたからだと思います。ここで言う普通とは、〝等身大〟ということです。スカルパも等身大で設計をしていて、そこを訪れた私自身も、あるいは訪れるすべての人も気負うことなく、等身大で向き合えるということです。

それから20数年の歳月が流れました。その間、スカルパへの親しみの印象は変わらなかったのですが、もう一度そのときに感じたことはなんであったのかを紐解きたくなり、スカルパの建築を再訪しにイタリアに行きました。

　この旅で最初に足を運んだのは、まだ訪れたことのない「ブリオン・ヴェガ墓地」です。これはカステルヴェッキオ美術館での体験だけでは想像の付かない、神秘的で難解な建築という印象をもっていました。巨匠として崇拝されているスカルパへの先入観を捨てて、自分が正直にどう感じるのかを確かめたいと思い、現地を訪れました。

　現地に到着後、実物を初めて目にしたときの印象は「えっ、こんなに小さいの」というものでした。本で写真を見てイメージしていたものとはまるで違う。とにかく小さかったのです。最初は場所を間違えたかと思うほどでした。

　狐につままれた気持ちのまま礼拝堂横の門から中に入ると、そこはなんとも形容し難い小さなディテールとスケールでつくられた独特の世界がありました。あまり体験したことのない世界です。一瞬、京都の詩仙堂のような日本の住宅スケールの寺院に見られるス

【カルロ・スカルパ】
イタリアの建築家。1906年ヴェネチア生まれ。17歳から建築家ヴィンチェンツォ・リナルドの事務所で働き、1926年に王立ヴェネチア美術アカデミーを卒業。生涯にわたって仕事の多くは既存の建物の改修や展覧会の会場構成だった。代表作の「ブリオン・ヴェガ墓地」は1969〜78年に、「カステルヴェッキオ美術館（改修）」は1956〜64年に設計。1978年宮城県仙台市で客死。

【ブリオン・ヴェガ墓地】
イタリアの電機メーカー、ブリオン・ヴェガ社の創業者一族のためにつくられた。敷地は共同墓地に隣接してL字形、約2200平方メートルもの広さに、共同墓地からのゲートにあたるエントランス棟、池に浮かぶパビリオン、ブリオン夫妻や親族の墓、礼拝堂がある。スカルパはこの計画のために近くのアーゾロという小さな町に移り住み、約10年間、この墓地の設計と監理に心血を注いだという。

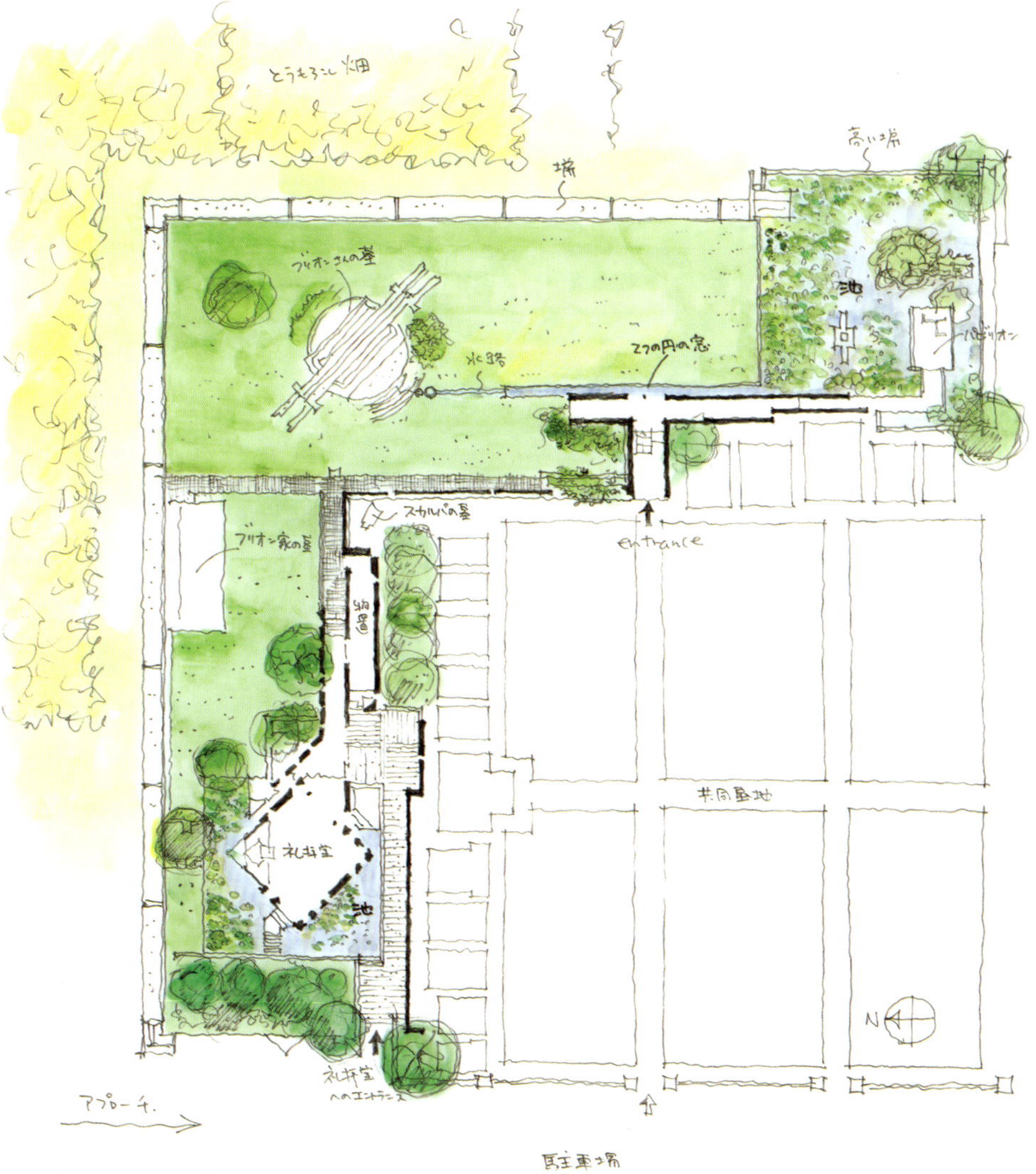
とうもろこし畑
塀
高い塀
ブリオンさんの墓
水路
2つの円の窓
池
パビリオン
スカルパの墓
ブリオン家の墓
納骨堂
entrance
礼拝堂
池
共同墓地
N
礼拝堂へのエントランス
アプローチ
駐車場

ブリオン・ヴェガ墓地

ケールを思い出しましたが、やはりそれとも違います。

スカルパのデザインの魅力は精緻なディテールにあるとよく言われます。若いころに訪れたカステルヴェッキオ美術館のディテールは、すぐに納得と理解が得られる親しみのもてるディテールでした。しかし、ブリオン・ヴェガ墓地のディテールは本や写真で見ているだけでは全く理解できず、だからこそ実際に訪れて確かめようと思ったのですが、実際に訪れてもすぐには納得や理解ができるデザインではありませんでした。このデザインにはなんの意味があるのだろう。不思議なところ、過剰に感じるところ、これ見よがしに思えるところが多々ありました。

モダンデザインの建物は、例えば機能や用途、性能といったことで説明が付く、あるいは、それらを物差しにすれば合点がいくものです。けれどもブリオン・ヴェガ墓地にはそのような物差しが全く通用しません。モダンデザインとは異なる次元にありました。この建築は現代につくられたモダンデザインであるという概念を捨てて向き合わなければならないと、自分の見方を修正しはじめました。

修正した眼差しになって、静かに向き合ってだんだんとわかってきたのは、スカルパは植物、動物など生きとし生けるものを等価に扱い、その存在を慈しむことで死者への鎮魂歌としているのではないかということです。また、スカルパは意図して〝建築〟をつくろうとしたのではなく、たまたま表現したものが〝建築のような姿になっていた〟に過ぎないのではないか、ということも感じるようになってきました。その思想、姿勢は明らかに、われわれが普段接している〝建築〟という概念から遠いところに存在しているのです。美しい音楽を聴くように、軽やかであるけれど深い絵画を観るように、五感を研ぎ澄まして墓地を歩きました。

完成から40年近い月日が経ってたくさんの植物で建物は覆われ、その植物の葉の単位や粒子のようなものと建物のディテールの単位が合っていることが見えてきました。スカルパはここで植物にとって居心地のいい寸法を目指したのではないか、そんなふうにも思えました。

壁のスリットから植物が顔を覗かせていたり、コーナーのギザギザに植物が絡み付いていたり、あるいは植物の生長の勢いの方向をあらかじめわかっていたようにコンクリートをその流れに合わせてデザインしていたり。墓地が出来たとき、このような植物との関係はなかったでしょう。でも今は、植物なしでこのデザインは成り立たないと思うほど、ごく自然に一体となっている。スカルパは何十年も後の植物と建物との関係をわかっていて、その上で細部をこのように設計した、と思わざるを得ませんでした。

パビリオンの池の水面に、周囲の塀に貼ってあるカラフルなモザイクタイルが映り込んでいる様子を見たときもハッとしました。池に浮かぶ蓮や池の中を泳ぐ鯉などの動植物を祝福しているように見えるのです。これは塀を見ただけではわかりませんでした。植物と動物と建物が同じ温度で、その価値と存在を等価に認め合うような光景がそこここにありました。つまり誰が主役でも脇役でもないわけ

ですね。

建物はいずれもコンクリートの打ち放しで出来ていて、それがとてもきれいだったことも印象的でした。この後に訪れたカステルヴェッキオ美術館のコンクリートの打ち放しもきれいでしたが、ほとんど雨の降らない地域だから美しく経年変化するのでしょう。当時のイタリアの生コンクリート自体の成分がいいことも手伝っていると思います。また、コンリートの鉄筋のかぶり厚が非常に浅く、土留めや塀の厚さをギリギリまで薄く細くすることが可能であることもこのデザインを支えています。雨が多く地震も多い日本でこうはいきません。スカルパのコンクリート打ち放しがすばらしいからといってそのまま日本で同じディテールで打ち放しを使うのには無理があるのです。

建物はその土地の気候風土に合わせて工法や形態を考え、材料を選ぶことが必至です。日本ならいかに雨に濡れないように屋根を架けるか、軒や庇を出すかが昔からの掟と言えます。この掟を覆せる現代の技術も出てきたけれど、やはり無理がある。工法や材料で解決できる問題ではないのです。気候風土というのは受け入れるしかない、宿命のようなものだと思っています。

さて、ブリオン・ヴェガ墓地であまりよくないなと思ったのが礼拝堂です。ほかの建物の開口部にはガラスの類は一切なく、そのことが美しさと爽やかさにつながっているのですが、礼拝堂の開口部はガラスで塞がれ、いわゆる〝屋内〟になっていました。それによって動植物との絡みもなく、自然環境とのつながりが希薄になっている気がしました。この礼拝堂だけが人のためにデザインされ、人のためにあるという感じがしたのです。そう感じると、ここだけ時間の流れがせわしなく思えてしまうのが不思議でした。

ガラスは鉄やコンクリートとともに近代建築を構成する材料のひとつですが、経年変化に魅力がありません。時間が経つと汚くなるだけですから、積極的に使いたい材料ではありません。しかし、現代の建物にガラスはどうしても必要になってしまいます。そこにはジレンマがあります。私が開口部によく木の板を使うのは、少しでもガラスの使用を減らしたいという気持ちの表れかもしれません。

礼拝堂から外に出たところで、何気なく周囲の池に目をやりました。すると、水面下にも凝りに凝ったデザインが施されていました。驚くと同時に、スカルパのよさはこういうところにあると嬉しくなりました。人目に付くところだけをデザインするのではなく、人目に付かないところも同じように等価にデザインしています。つまり水面上も水面下も等価なのですね。水の都ヴェネチアで生まれ、そこでの生活が長かったスカルパならではの眼差しかもしれません。

また、墓地は全体がコンクリートの塀で囲われていて、塀の向こうにはとうもろこし畑が広がっています。そのとうもろこしの背丈よりも塀が低いのが、とても好ましく感じました。スカルパは建物を周囲の植物の背丈より低くしようという意志があったのだと推測

します。さらに、墓地内にたくさん生息しているヤモリも、とても美しい生き物に見えたことが強く印象に残っています。神の化身のように見えました。

そうした動植物の寸法から建物のスケールを割り出し、そのスケールを丁寧にデザインに置きかえている。最初は小さいと感じたスケールにもしっかりと意味があるように思えてくるのです。

このブリオン・ヴェガ墓地のみならず偉大な建築家の作品は、実際に訪れてみると小さいと感じることがほとんどです。それはなぜかというと、〝偉大〟〝巨匠〟というイメージから、物理的に大きいという錯覚を実際に体験する前に抱いてしまうからではないでしょうか。あるいは、文章や写真の紹介も崇高で雲の上の存在というイメージを抱かせる表現や撮り方が多いように思います。

しかし、権力を建築で表現する時代が終わった後、すなわち近代以降の優れた建築作品は、等身大の人の営みやスケール、そして自然と建物の調和をなによりも優先していて、建物の物理的な大きさを誇張することをまずしないのです。決して人のスケールを超えないのです。だからこそ古今東西、多くの人の心を打つのでしょう。

人も動物も植物も、自然物も人工物も、地上も地下も、目に見えるものも目に見えないものも、現在も未来も、森羅万象すべてを等価に扱うスカルパの姿、眼差しはとても温かく、慈悲深いものに感じられます。神がつくったものすべてに平等に向けられる畏敬の心はそのままスカルパの宗教心を表します。この宗教心こそが墓の設計に不可欠であることは言うまでもありません。

そのスカルパの宗教心が、墓地全体に明るさと生命感と信頼を生んでいます。決してディテールの精緻さや技巧的なデザインを見る建物ではないと思いました。この墓地のデザインの根底に流れるスカルパのこの平等で平穏な精神こそ、スカルパから学ぶべきことなのだと思いました。

そんな思いを得られた後、一旦墓地を離れ、スカルパが墓地の設計監理をする間に住んでいたアーゾロの町に行きました。山の中腹にある小さな美しい町です。素朴で温かみのあるこの環境の中で、スカルパはずっと墓地の図面やスケッチを描き、毎日のように山を下りて墓地の現場に通っていたことを想像すると、微笑ましく心穏やかになります。そんなふうに建築とゆっくり楽しく向き合えたスカルパを羨ましく思うとともに、その喜びと時間があるからこそ生まれたデザインなのだということも納得できました。見習うべき姿勢ですね。

そこで遅い昼食をゆっくり摂り、夕暮れにまた墓地に寄りました。日中と違って建物のディテールの存在は影を潜め、さらにすべての存在が等価に溶け込んでいました。

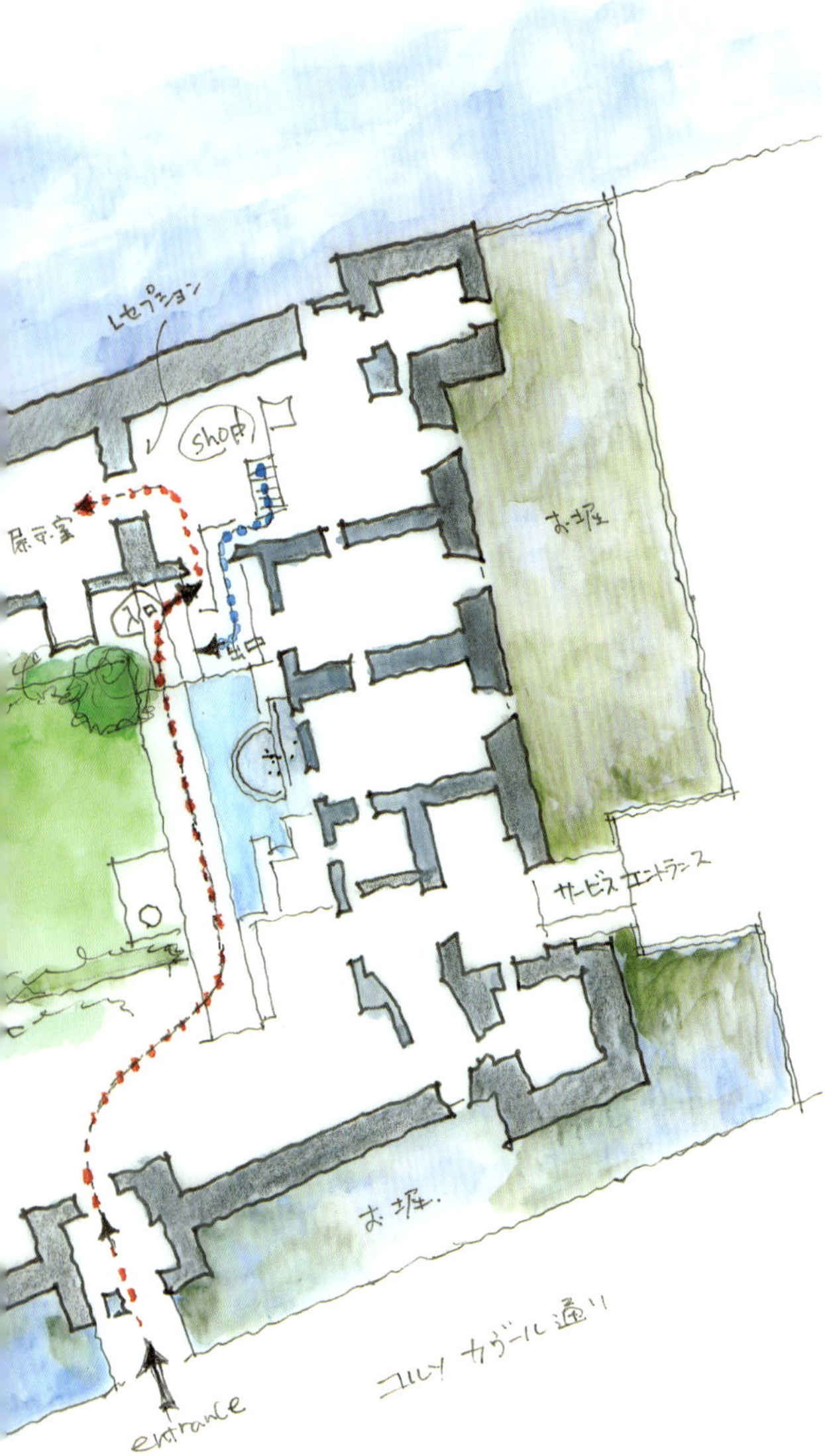

翌日はヴェローナに移動して、「カステルヴェッキオ美術館」に行きました。20数年ぶりの再訪です。この美術館でよく知られているのが、エントランス・ホールから展示室を見た光景です。展示室の分厚い壁に設けられた上部がアーチ型の開口部、それが軸線上に連続して、奥に視線を集める。奥は屋外空間で光が満ちて明るく、自ずと向こうに行きたくなる——シンプルながら好奇心を誘発する構成で、今回見てもやはりすばらしいと思いました。

また、古い部分と新しい部分の組み合わせ方が絶妙だとも思いました。どこまでが古い

【カステルヴェッキオ美術館】14世紀に築かれたゴシック様式の城を改修。1926年に市立美術館に改造され、スカルパの設計により現在の姿に生まれ変わった。スカルパは展示物の配置計画も考え、展示台も自らデザインしている。

カステルヴェッキオ美術館

所で、どこからが新しいのかがわかりにくい。それはつまり、両者が自然に混じり合っているからでしょう。そのように見せるためには相当なディテールの技術がないとできないことは言うまでもありません。

美術館は川沿いに建ち、敷地から川に向かって橋が架かっています。橋は市民が日常的に使うため、敷地の一部に市民が自由に通り抜けられる通路が設けられています。市民の動線と美術館を訪れた人の動線、その交差の仕方も実に見事でした。市民の日常の時間と美術館を訪れた人が感じる時間が、とても近くで自然に交わっているのです。

鉄骨で補強してコンクリートも打った天井と梁のジョイント部分や、スタッコの壁とトラバーチンの床との取り合い、建具のデザインなど、建築家が真似したくなるディテールももちろん随所に見られます。でも、ブリオン・ヴェガ墓地もそうですけれど、表層的なことを真似しても意味はありません。

私はこの旅で、スカルパは建築家特有の業の深さとは無縁の人だと感じました。自分のやるべき仕事の範囲や自分のできることがわかっていて、その範囲でひたすら愚直に、建築と向き合った人。自分のコントロールがおよぶ確かな範囲だけを一所懸命に考えた人。そんな建築家像が目に浮かんだのです。そして、自分の範囲を越えたところまで手を出さなかったからこそ、彼がつくる建物には豊潤さが生まれたのではないでしょうか。

その姿勢には共感でき、ものづくりをする人として尊敬します。本人の気持ちの真っ直ぐさが伝わるから、このデザインは過剰だなあと思うところがあっても、否定する気持ちにはなりません。むしろ愛らしく感じるのです。

ブリオン・ヴェガ墓地と同じように、この美術館も、私は人間がいないほうが美しく見えると思いました。展示品に捧げられた空間と言いましょうか。

誤解を恐れずに言えば、スカルパは設計の際、人間のことを考えていないのではないでしょうか。ここで言う人間とは、一過性の生き物という意味です。それとは明らかに距離を置いている。ブリオン・ヴェガ墓地も人間に主題を置いてはいません。だから人間に媚びる建物にはならないし、建物にもっと大きな普遍性が宿っている。そして、それが心地良く感じられるのです。

人間は移り気な生き物で、そんな人間の目先の要求をもとに建物を設計することの危うさは私も日々感じています。しかし、目先の要求に応えることも設計の大事な仕事。だから、目先の要求と、悠久の時間のなかで求められることの交点を見いだしたいと思っていますが、とても難しい。そのような交点を見いだす必要が果たしてあるのかもわからない。日本の環境は移り変わりが激しく、目先の要求を満たして建物の命が終わってしまってもやむを得ないと思うこともあるのです。もちろん、そう簡単には諦められないので、設計では毎度悩むのですが。

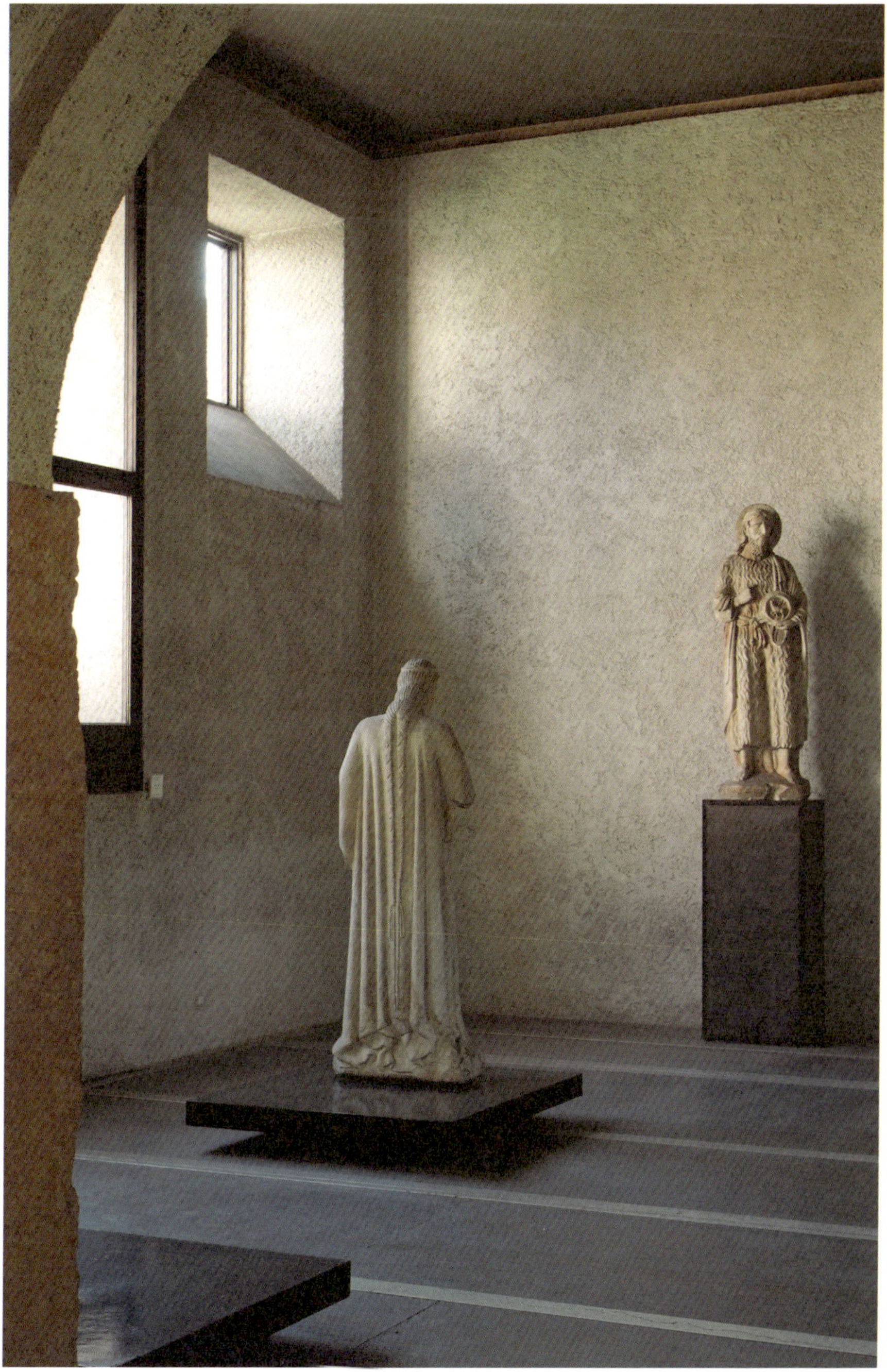

今は、この両方を手放さずに建築と真摯に向き合い、葛藤し続けることが、スカルパの平等な精神を見習うことにつながるのではないかと思っています。

そして、もうひとつ思うのは、スカルパが私たちに伝えている最も大事なことは、ものづくりを楽しむことではないかということです。ただし、スカルパの楽しみ方はとても高度です。だから出来上がったものも質が高い。果たしてこの楽しみ方をできる環境に今あるのか、あるいはその資質が自分に備わっているのか、しばらくは自問し続けなければなりませんね。

「伊勢神宮」「東大寺」「新薬師寺」「法隆寺」「慈光院」
「高桐院」「高山寺石水院」「中村家住宅」「銘苅家住宅」「屏山書院」から

私の建築の源流

6

中学、高校のときから鉄道で旅に行くことが好きでした。なかでも好きだったのは、名古屋から近鉄（近畿日本鉄道）に乗って伊勢へ行き、「伊勢神宮」を参拝し、その後また近鉄に乗って奈良に行くコースでした。当時の日本では近鉄にしかなかった2階建ての車両に乗れる特典も付いていました。大阪や京都に行くという、いわばオプションもありましたが、伊勢と奈良は特別に好きで、関西方面に行くときには必ず足を運んでいたように思います。ここに来るとあたかも自分の先祖に見守られ、励まされているような感覚になり、気持ちがすっと澄み渡るように感じていたのです。そして訪れるたびに自分の成長に合わせて新しい発見がありました。

あれから30年以上が経ちましたが、その思いは変わっていません。今でも仕事に行き詰まったり、目指す方向に悩んだりしたときに訪れると、自分をリセットすることができる貴重な場所です。もちろん私だけでなく多くの日本人が同じ感情を抱いていると思います。日本の建築には今、さまざまな価値観や美意識が枝葉のようにたくさんありますが、枝分かれする前の美意識や感性はやはり伊勢と奈良の建築にあると私は思っています。さらに私はそれらの建築から多大な影響を受けており、建築の考えの根底がつく

られています。住宅を設計していても、出来上がったその姿を見て、〝なんか奈良のお寺みたいだね〟などと言われたり、寺の仕事が多かったりするのもその表れでしょう。そしてそのことを誇りに思っています。

伊勢神宮の内宮は人のいない早朝に訪れることにしています。人の流れがないと、自然の流れと循環をより強く感じることができます。20年に一度お宮を新築して遷宮することを千三百年にわたって繰り返し、常に瑞々しさを保ってきました。注目したいのは、そのことによって職人技術を継承しているということと、その材木を枯らさないように常に育て続けることで森の新陳代謝と循環を促してきたことです。

木を間伐し、日照を得ることで広葉樹が育ち、動物が実を食べ育ち、糞により土が肥え、養分が川を流れて稲を育て、やがては海へも栄養を送り出す。そんな日本ならではの自然の循環のなかに〝建築〟がなんとも淀みなく溶け込んでいるのです。日本建築の理想の姿を見る思いがします。

日本人は古いものを大切にせず、スクラップ・アンド・ビルドを繰り返してきたと悪く言われますが、そう言われるときは、常に新鮮であろうとする日本人の感性が、負の

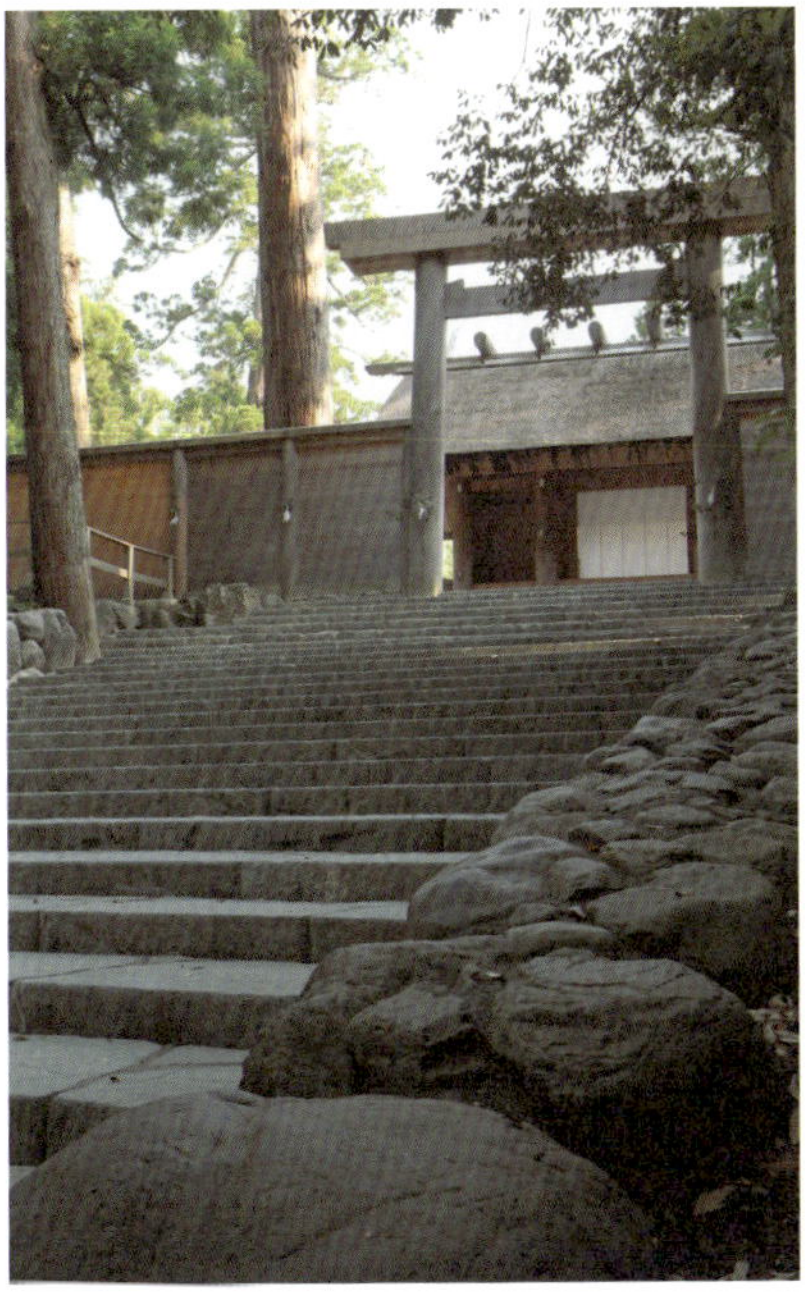

【伊勢神宮】
正式名称は「神宮」。天照大御神を祀る皇大神宮（内宮）は宇治の五十鈴川の川上にある。豊受大御神を祀る豊受大神宮（外宮）は内宮創建から五百年後に山田原に迎えられた。内宮・外宮をはじめ、別宮、摂社、末社、所管社、全125の宮社がある。

循環に取り込まれてしまったときだと思います。古い建物を取り壊して新しくつくること自体が悪いのではありません。いつも瑞々しくあろうとする新陳代謝の精神によって、正の循環の流れがつくられ、持続するのであれば、新しく建物をつくり直すのは素晴らしいことだと思います。

伊勢神宮の建物は20年に一度新築するということで、無駄のないシンプルでわかりやすい構造と佇まいをもっています。遷宮の仕組みがなければこのように清らかな意匠はなかったのではないかと思います。肝心なのは伊勢神宮を〝日本人の心のふるさと〟として缶詰に封じ込めることなく、現代に活かせる建築へのヒントを見いだし、現代に適した正の循環の仕組みをつくることだと思います。それほどに伊勢から学ぶことは現代にも応用できるシンプルでわかりやすいものだと思っています。

奈良はとにかく奈良公園周辺の雰囲気に惹かれます。伊勢と違って奈良公園は大勢の人で賑わっている風景も好きです。「東大寺南大門」のように超絶な建築のもとで老若男女が鹿と遊んでいる姿はなんとも微笑ましくていいものです。そう、やはり鹿の存在はすばらしいですね。人間のためだけに世界があるわけではないことを、こんな

町中で感じさせてくれる場所はそうないでしょう。

また、夕暮れ時に東大寺境内の「二月堂」に上り、暮れゆく奈良の町と夕陽を眺め、二月堂の美しい照明が点灯するころに階段を下り、土塀に挟まれた石畳を歩いて正倉院に向かう道程も、なんとも言えない風情があります。道中にある「大湯屋」も非対称の優美なフォルムの心惹かれる建物で、何度訪れても心が満たされる思いがします。

奈良の建築の魅力は素朴なあたたかさと愛想のない無骨さが同居しているようなところだと思います。そしてとても力強い。京都の寺に見られる〝演出〟のようなものはありません。いきなり本題がはじまる感じです。特に奈良公園を南下し、春日大社にお参りした後に辿り着く「新薬師寺」は、薬師如来や十二神将という錚々たる仏像が安置されているにもかかわらず、余計な演出や前置きが皆無で、ああ、こんなシンプルさがありがたいなあ、と納得、共感してしまう場所です。現代の過剰な演出に慣らされている自分に気づくこともできます。

「法隆寺」、「唐招提寺」、「秋篠寺」——どの寺も媚びへつらうことなく、奈良らしい堂々とした建築で、まるで大きく優美な山を眺めるときのような気持ちになり、心落ち着きます。

東大寺大湯屋

【東大寺南大門】
東大寺は奈良市にある華厳宗大本山の寺院。正式名称は「金光明四天王護国之寺」。創建時の門は平安時代に大風で倒壊し、現在の門は鎌倉時代、東大寺を復興した重源（ちょうげん）上人が再建。1199年上棟、門内に安置する仁王像とともに1203年竣工。今はない鎌倉再建の大仏殿の威容を偲ばせる貴重な遺構である。

【東大寺大湯屋】

奈良時代に創建された建屋は1180年の南都焼き討ちで焼失。1239年に重源上人により再建された。現存する浴場としては日本最古とされる。


【東大寺二月堂】

旧暦2月に「お水取り（修二会）」が行われていたことからこの名がある。二月堂は1180年と1567年の2回の戦火には残ったが、1667年、お水取りの最中に失火で焼失。2年後に再建されたのが現在の建物。

東大寺南大門

東大寺二月堂

奈良公園

【新薬師寺】

奈良市にある華厳宗の寺院。747年、聖武天皇の病気平癒を祈って光明皇后により創建された。


【法隆寺】

世界最古の木造建築。飛鳥時代の姿を現在に伝える。用明天皇の遺願を継いだ推古天皇と聖徳太子により、607年に創建された。

法隆寺

新薬師寺

【慈光院】
奈良県大和郡山市にある臨済宗大徳寺派の寺院。1663年に大和小泉藩二代目藩主の片桐石見守貞昌(石州)が父の菩提寺として建立した。貞昌は石州流茶道の祖で、境内全体がひとつの茶席としてつくられている。

住宅スケールの「慈光院」も大好きな寺です。とにかくプロポーションが美しく、これ以上足すことも引くこともできない均衡のすご味があるにもかかわらず、心穏やかになれるから不思議です。

奈良、伊勢を定点として、その周囲にも影響を受けた建築がたくさんあります。ひとつはやはり京都です。京都は大徳寺の「高桐院《こうとういん》」や「蓮華寺《れんげじ》」、「詩仙堂《しせんどう》」のように、庭と一体になった小さなスケールの寺をよく訪れます。これらの建築のいいところは、外と中の接点に集約され、特に縁側の寸法がとても大切になります。庭と呼応する軒の高さ、庇の出、縁側の奥行き、幅、段差が絶妙なスケールで収められ、そのような場所が存在する寺に魅力がある、という言い方もできるのではないかと思います。考えてみれば、縁側、座敷、庭という構成はどこも同じなのに、ちょっとした寸法の違いによってふたつとして同じ縁側空間はなく、それぞれに個性があるのが面白いところです。

特に栂尾《とがのお》にある高山寺の「石水院《せきすいいん》」が好きで何度も訪れています。縁側や濡れ縁の寸法と、庭や遠くに見える山並みとの関係がすばらしく、自身の建築を考えるときによく参考にしています。

【高桐院】京都市北区紫野にある臨済宗大徳寺の塔頭のひとつ。江戸初期の武将であり茶人としても知られる細川忠興の創建。

京都とはある意味対極にありますが、沖縄の民家とお隣の韓国の古建築にも大いに影響を受けています。これらは神経質なところがなくざっくりと大味で、けれども優美で格調があるのです。沖縄の古い民家は台風から守るために軒を低くし、まるで頭を垂れたような佇まいです。自然を征服するのではなく自然に屈するような佇まいが建築に気品を与えているのだと気づいたときに、多くのヒントをもらった気がしました。

韓国の「屏山書院」も心に残る建築です。訪れた日は前日までの悪天候で山道の路面が荒れてバスが進めず、その荒れた道を徒歩で延々登って目的の建物に向かうしかありませんでした。そんな苦労をしてヘトヘトになって辿り着きましたが、この建物を一目見た瞬間に心の底から〝ああ、来てよかった〟と思いました。

韓国で書院は儒教の学校のことで、儒教や風水の教えでつくられた建築にはこのような透明感が生まれるのかと思いました。どの場所にも爽やかな風が吹いており、淀みがないのです。その地形を活かした断面計画も無駄がなく理にかなっており、建築の素晴らしさを理屈抜きに、身体全体で感じることができます。

【高山寺石水院】
京都市右京区栂尾にある。五所堂とも呼ばれる。1216年の創建当時、現在の石水院は東経蔵として金堂の東にあった。1228年の洪水で東経蔵の谷向かいにあった元の石水院は亡び、東経蔵が春日・住吉明神を祀り、石水院の名を継いで中心的堂宇となる。1889年に現在地へ移築、住宅様式に改変された。明恵（みょうえ）上人時代の唯一の遺構である。

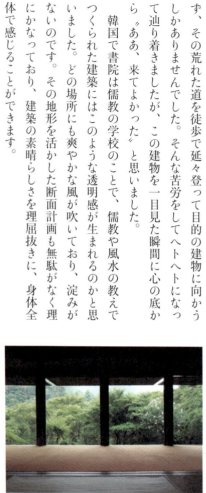

【中村家住宅】
沖縄県北中城村にある。18世紀中頃に建てられた。門と母屋との間に壁を設けるのは沖縄の民家における典型的な様式のひとつ。この壁は「ヒンプン」といい、中国語の屏風（ピンプン）に由来すると言われる。風を防ぎ、外部からの視線を遮る目隠しとしての役割のほか、魔除けの役割もあるという。

【銘苅家住宅】
沖縄県伊是名村にある。1906年の再建。切妻屋根で妻面を設けると強風をまともに受けることになるので、沖縄の民家の多くは風を受け流せるように屋根が寄棟。

私は友人から〝屏山書院にあなたの建築のルーツを見る思いがした〟と言われ、2011年に見に行きました。まさに自分の琴線に触れる、自分の体温や趣向にとても近いものを感じたのです。初めて出合ったのにずっと前から知っているような、そんな気持ちになりました。

自分のルーツというのは、まだいろいろなところに存在しており、今からでもひょっとしたらそれらに出合えるかも、と考えると、これからの人生が楽しくなります。また、そんな出合いをくれるのもやはり建築である、と考えると、建築のすばらしさを改めて感じることができるのです。

【屏山書院】
韓国・慶尚北道安東市豊川面屏山里にある。韓国は日本と異なり真っ直ぐな長い木材が採れないので、あり合わせの板を有効活用する「朝鮮張り」が生まれた。建物を支える柱からも、同国の木材事情がうかがえる。

屏山書院

2章

私の試行錯誤の軌跡

初めて、ひとりで

「南の家」「ある町医者の記念館」

1

鹿児島県の北、陸の孤島のような山間に求名《ぐみょう》という小さな町があります。その町で地域医療に多大な貢献をし、90歳になるまで現役で医師を務めた、故・前原則知《のりちか》先生と私は遠い親戚関係にあります。私の母の姉の夫が先生の長男で、私が中学生のころ従兄弟と求名を訪れ、まだ現役で働いていた晩年の則知先生に一度会いました。ひと目で人間の大きさ、温かさを感じたことを今も覚えています。亡くなる直前まで自ら車を運転して精力的に往診に出かけ、地域の人びとから〝赤ひげ先生〟と慕われていました。当時はまだ国鉄の線路や駅もあり、求名の町も活気がありました。そのときはもちろん、私がその先生の記念館をつくることになるなど夢にも思いませんでした。

1990年に先生が亡くなり、先生が暮らしていた古い大きな家と診療所の建物が残されました。先生の長男である伯父は横浜で開業医をしており、横浜から拠点を移す可能性はないため、その後の求名の家や診療所のあり方を考えていました。

93年ごろだったでしょうか、伯父から連絡がありました。求名の敷地の一角に小さな家を新しく建てて、自身や親戚のための離れとしたい。同時に、かつての診療所に残された医療品や家具を保管する収蔵庫をつくりたいので設計してみないか、と。私は当時、益子義弘先生のアトリエに在籍して修業半ばの身でしたが、これをチャンスと思い、アトリエを辞めてこの仕事に専念することにしたのです。この計画ももしかしたら頓挫する可能性があるし、その後の仕事の当ても全くない状況だったので、独立などという格好良いものではなく、行き当たりばったりの駆け出しでした。

94年、敷地を見に行くために10年以上ぶりに求名を再訪しました。国鉄の路線は廃止され、町は静まり返り、また、主を失った家や診療所は魂が抜けたように老朽化が目立ちました。使われなくなった医療器具や家具は役目を終え、まるでデュシャンの作品のようなシュールさと静謐さをまとった〝物〟として私の目に映りました。その印象のままを人に見てもらえるような空間にしたい、建物をつくるのであれば町の人の懐かしい記憶のためだけでなく、多くの人びとに開かれるものにしたい、という思いが生まれました。収蔵庫から〝記念館〟と言える役割に変わっていったのです。

一方、小さな家の方はなるべくシンプルにつくり、伯父が生まれ育ったこの土地が色濃く感じられるようなものにしたいと思いました。計画地の先には水田が広がっています。家の床が大地や水田の延長のように思える重心の低い家のイメージが膨らんでいきました。この最初の設計では、それまでに自分が影響を受けてきたものや、つくりたかったものが自然に湧き出てきたように思います。あるいは、なにかに取り憑かれたように設計していたかもしれません。実施設計に入ると、事務所を東京都文京区に構えました。ほかに仕事はありません。音楽を聴きながら、昼寝をしながら、映画を観ながら、行列のできるラーメン屋に並びながら、気ままな生活をしながら、ひとりで建築を考えていました。たくさんの図面やスケッチを手描きし、各々の微妙な寸法、プロポーションの調整を重ねてゆきました。

家と記念館の施工は、両方とも同じ地元の建設会社に依頼しました。工事の積算から現場まで窓口となって面倒をみてくれる監督は性格が温和で、設計に対する理解もあり、着工時は修業時代と同様、設計図通りに現場が進むものと思っていました。

ところが、柱や梁の加工が終わったとの報告を受けて木加工の下小屋に行って柱を見た瞬間、どうも設計よりも長いのではと思い棟梁に訊ねたら、思いもよらぬ言葉が発せられました。「2尺（60センチ）長くしておいたよ」と。棟梁はお金がなくて設計が貧しくなってしまったと解釈し、サービスのつもりで柱を長くしていたのです。このままだと私の考えが全く反映されない別の建物が出来上がってしまう、今まで真剣に考え、計算してきたことはなんだったのか、と頭のなかが真っ白になりました。すかさず棟梁に「冗談ではない、設計図通りに直してほしい。以後このように勝手な解釈で勝手に施工することは許さない」と強い口調で話すと、棟梁は「こんな設計屋とは一緒に仕事できない」と怒って下小屋を出て行ってしまいました。

益子先生との仕事でこんなことはありませんでした。設計者の描いた図面を尊重し、図面通りに施工できるように知恵を絞ってくれるのが大工だという認識でずっといました。しかし、そのとき、今までは師に守られていたのだ、ひとりで建築をやるというのはこういうことなのだと、痛感したのです。

棟梁に頭を下げ、現場に復帰してもらいましたが、こんなことがあったので現場を離れて東京にいると、知らない間に変な模様の入ったガラスが入っていたり、木製のはずの窓が勝手にアルミサッシに変更されていたり、そんな悪夢をたびたび見ました。これは現場に常駐しなければ自分の思い通りの建物にはならないと思い、廃屋の診療所の横に住んで現場に常駐することにしました。結果として、現場の仕事を付きっきりで見たり、施工を手伝ったり、田舎の大工や職人にわかりやすい施工図を描く工夫をしたり、現場で勉強したことが多々あり、正しい選択だったと今は思います。

その後も予期せぬ問題がいろいろと起きましたが、なんとか無事に2軒が竣工しました。しかし、物理的には完成したものの、今度は出来上がった建物自身が「おまえはこんなものをつくってよかったのか」と私を挑発してきました。そんなとき、がらんどうの記念館に先生の遺品と遺影を運び入れたところ、それまでの空間の様相ががらりと変わり、それらを大きく包み込むおおらかな雰囲気を醸し出したのです。挑発する態度はなくなり、すでに母性的な態度を見せはじめています。そのとき私は、「これでよかったのだ」とパタンと蓋が閉じたような終了の合図を受け取ったと思いました。同時に今回の設計と工事を先生がずっと見守ってくれていたのだと感じたのです。

左ページ上右／家と記念館は同じ建設会社に施工を依頼。予算は潤沢ではなかったが、なんとか金額も収まり、2軒同時に着工した。これは基礎が出来たところ。

上左／大工は図面も読めるし腕も確かだったが、最初はなかなか設計者の言うことを聞いてくれなかった。

中／棟が上がったところ。鹿児島では、家の大きさが一家の繁栄を表すため、とにかく大きく、高く家を建てるのが慣習となっている。対して私が設計した家は、高さも広さもなく、簡素で小さい。「これでは、ここに住む一家が繁栄しない」と、大工にも町の人にも言われ続けた。

下右上／天井の漆喰を塗っているところ。

下右下／当時の私。若いころは現場に行くと、職人によく間違えられた。

下左／建具職人の工場にて。立て掛けてあるのは大開口に入る障子と簾戸。この後、現場に持って行き、吊り込む。

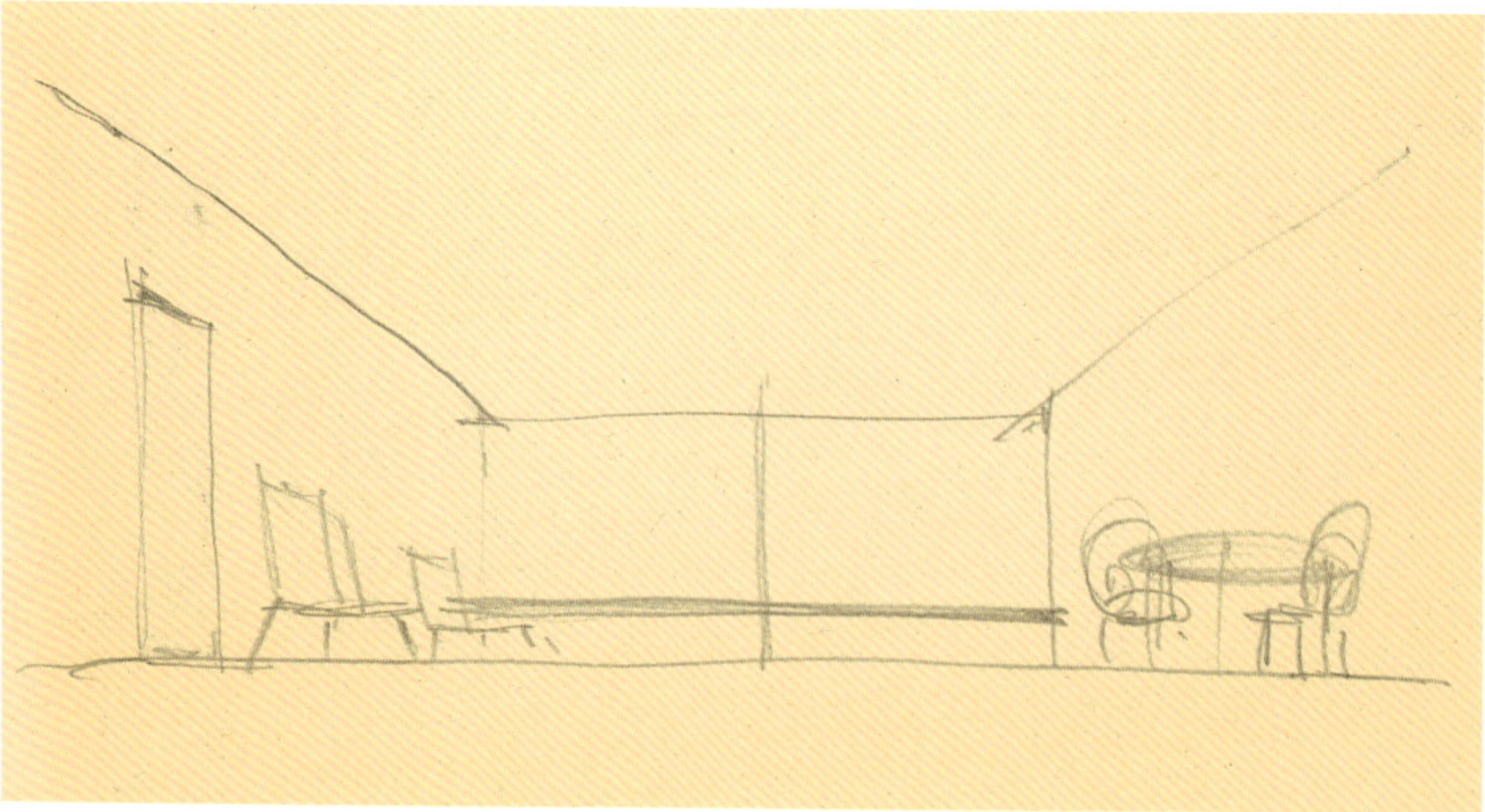

設計中に描いた内観イメージ。

上／竣工時の外観。軒を低くし、手前のモミジの木陰に埋もれるような佇まいにした。
下／2016年に撮った写真。外壁に経年変化が表れている。

室内。天井の高さは2190mm。天井が低くても開放感があり、居心地良くできるものかを追求したいと考えた。天井が低い空間では人間は自ずと座る。座ると重心がぐっと下がり、大地と連続するような感覚を得られる。

大開口は2枚のガラス引戸を開け閉めする。壁際に置いた椅子は、デンマークの家具デザイナーのポール・ケアホルムがデザインした「PK22」。

上／床板は焦げ茶色に塗装している。この濃い塗装も重心を下げる効果がある。床は無垢の杉材で、30mmの厚い板を張っている。無垢の杉板は当時あまり使われていなかった。寺社建築の縁側や廊下に使われている厚くて幅広の板に影響を受けて使用した。
下／竣工から18年後、2013年の様子。

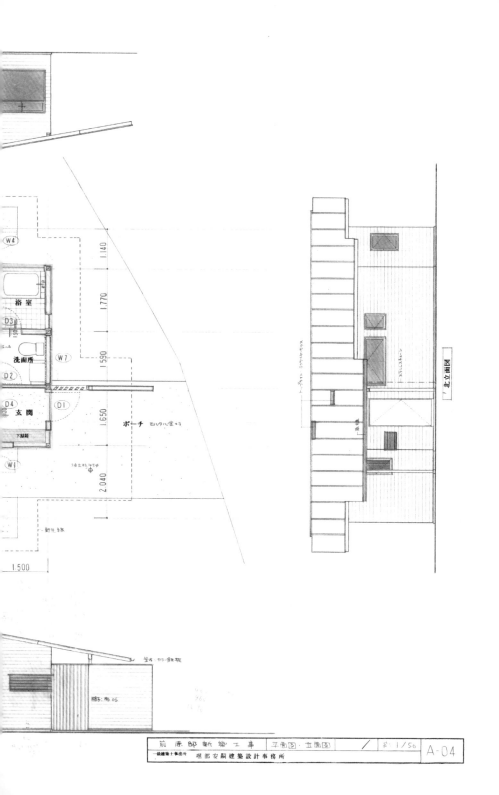

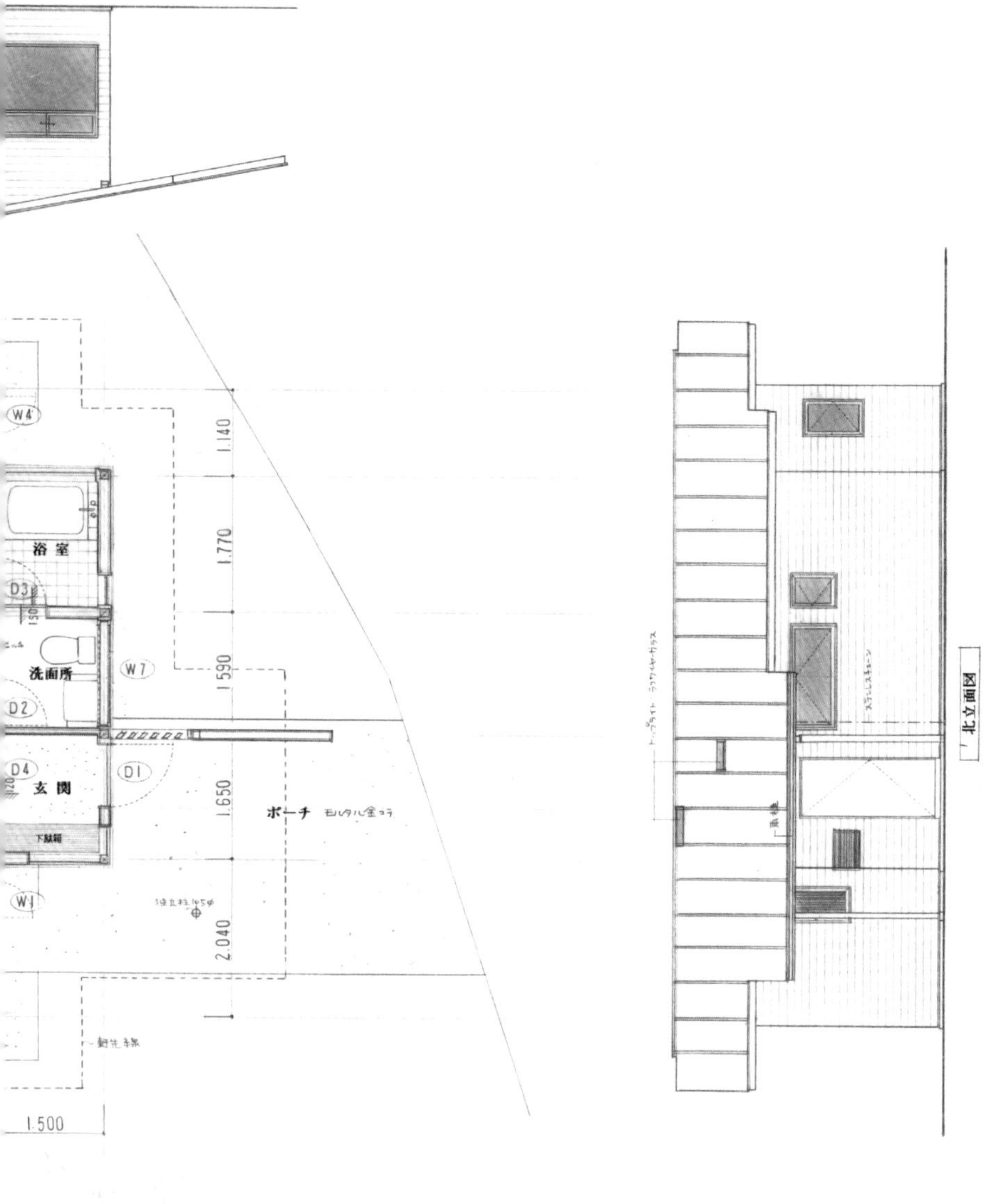

前原邸新築工事	平面図・立面図	/	S：1/50	A-04
一級建築士事務所　堀部安嗣建築設計事務所				

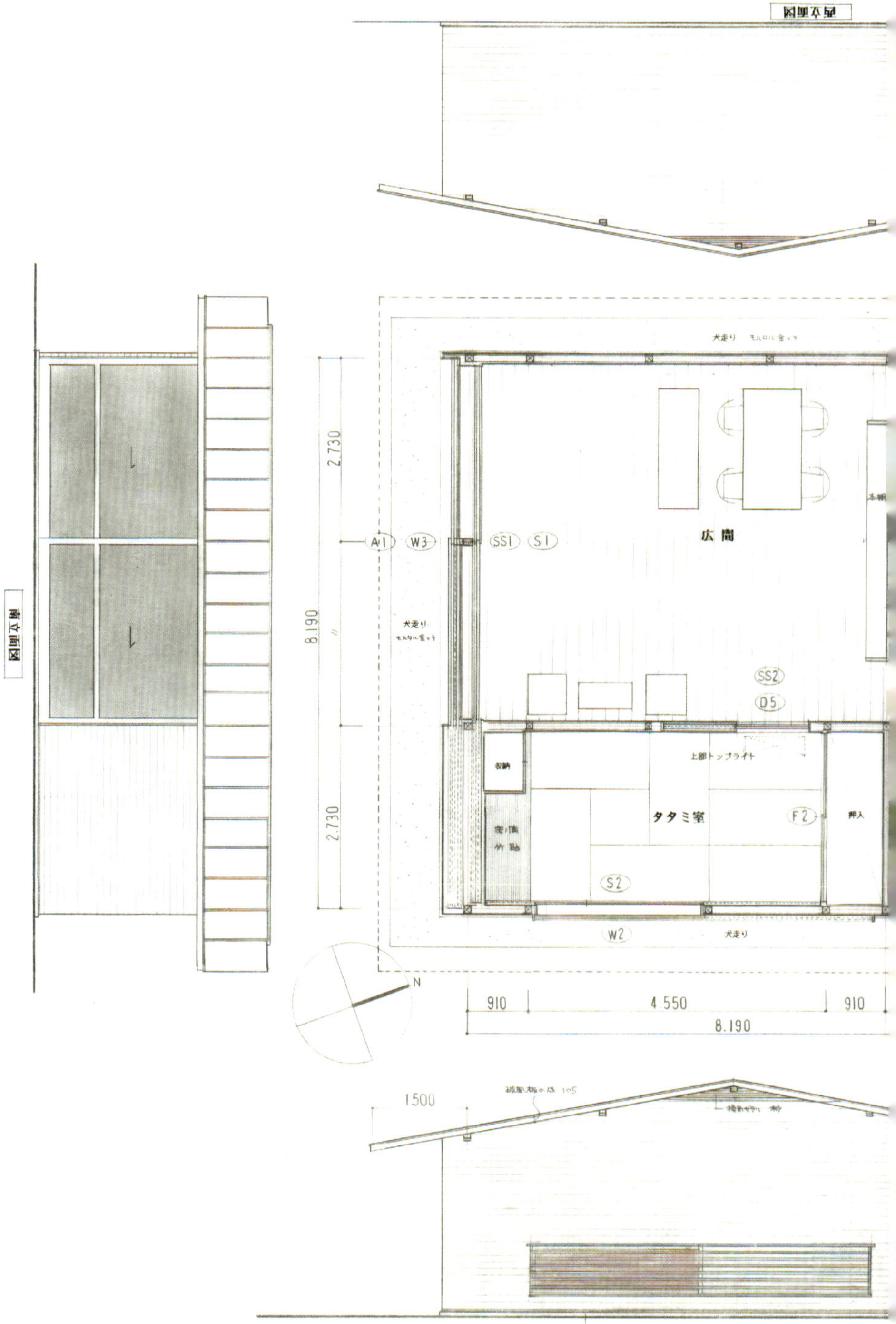

広間
タタミ室
上部トップライト
収納
押入
犬走り
A1
W3
SS1
S1
SS2
D5
F2
S2
W2
2.730
8.190
910
4.550
1500
N
東立面図

南の家 平・立面図

左ページ上、下右／以前の診療所内の様子。どれを展示品として残すかを決めた。

中／田舎の大工は万能で、何でもできる。コンクリートの型枠も、電気や設備も施工してくれた。

中左／漆喰を塗っているところ。塗る面積が大きいので、3つの町から左官職人が集まった。目地がなく、また曲面も多く、大変な左官仕事だったが、仕上がりはすばらしかった。20年以上経った今も、クラックはひとつも見当たらない。

下左／型枠が外れてコンクリートがむき出しになったところ。とても感動した。

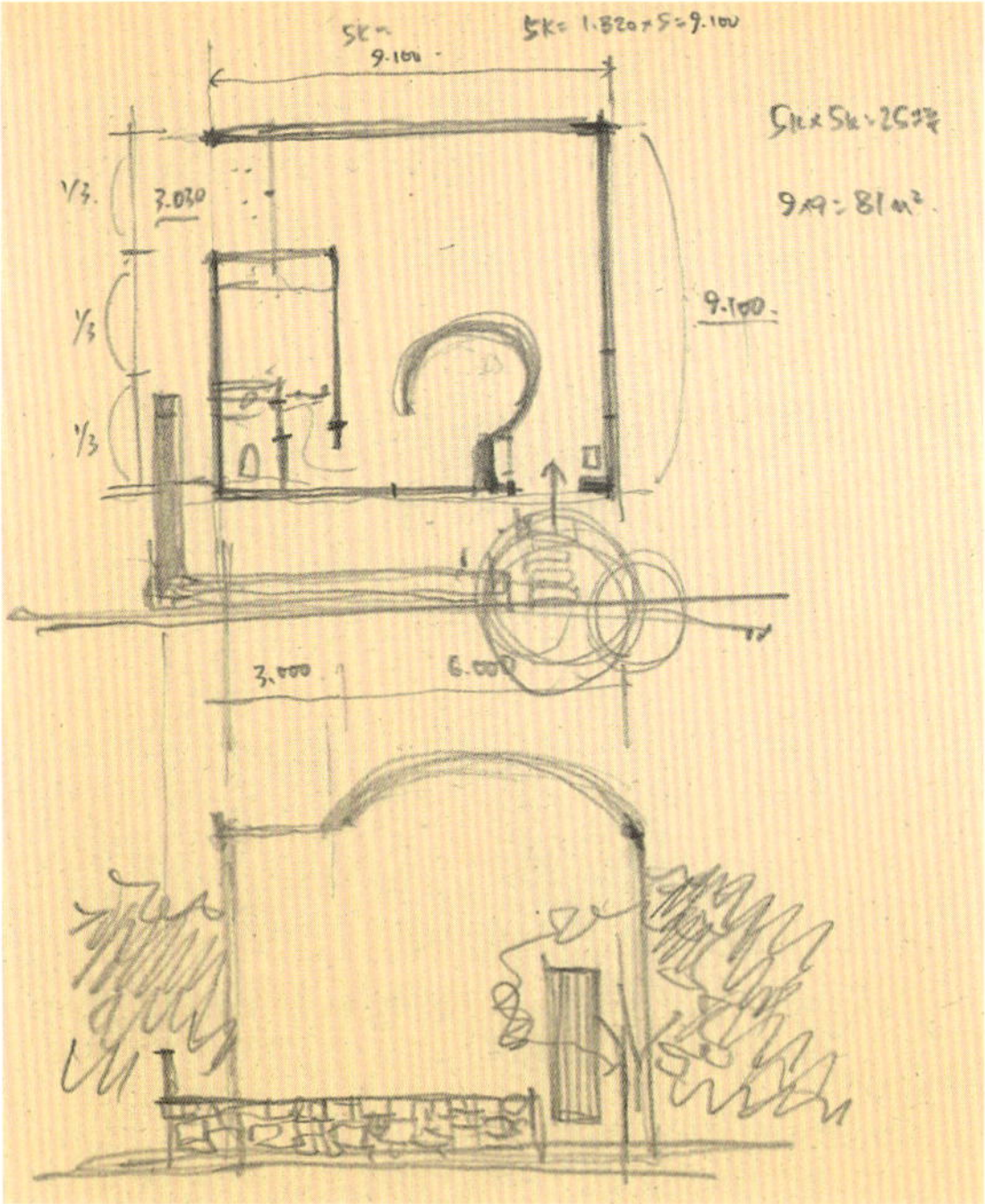

右／94年当時の敷地周辺。杉並木の奥に記念館が建った。
左／設計初期のころの平・立面スケッチ。

'94 4

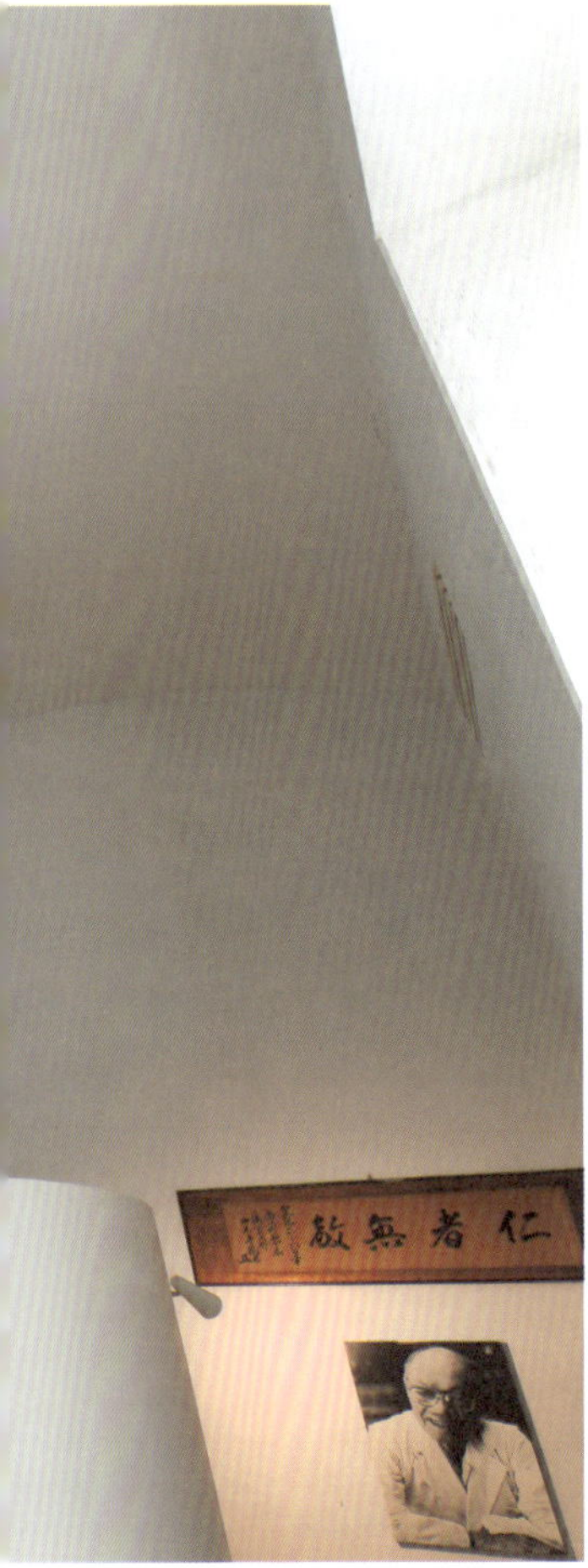

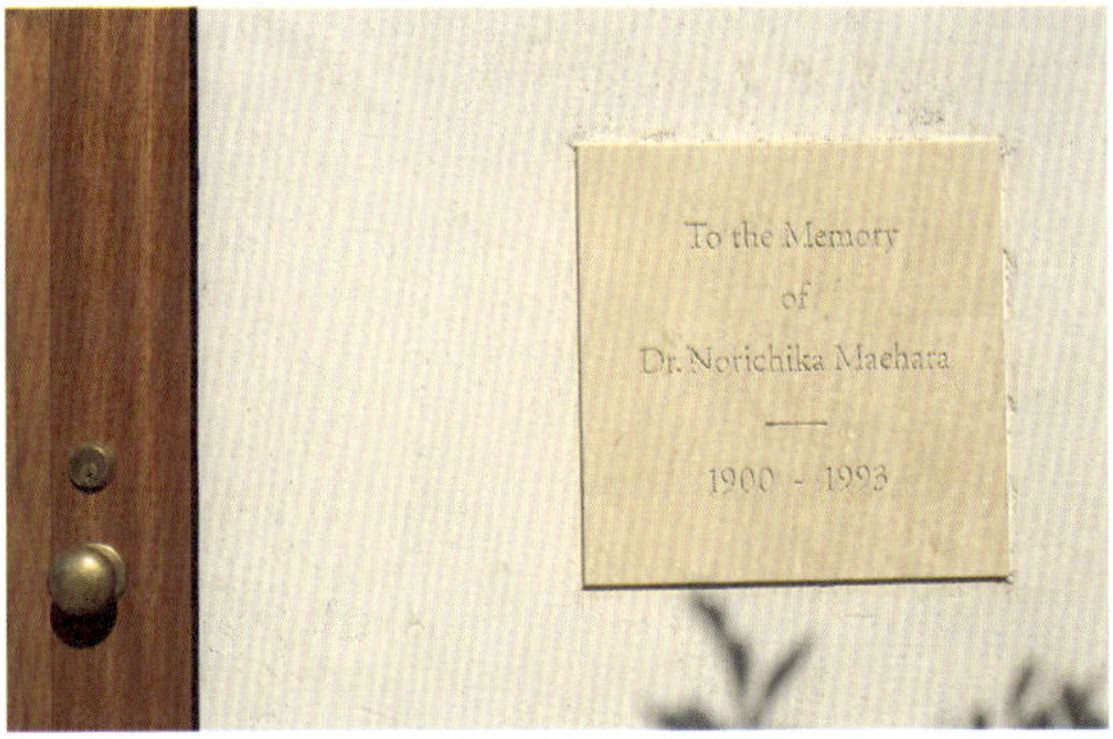

入り口のプレートは山口信博さんのデザイン。トラバーチン製。予算がなかったので石材メーカーのサンプルを利用した。

出来上がったばかりのとき、がらんどうの真っ白い空間を見て失敗したと思ったが、遺影を掛けた瞬間に空間が一変した。
記念館と南の家はデザインの方向性がまるで違う。一方は抽象的であり西洋的。もう一方は具象的であり東洋的と言えばいいだろうか。どちらも自分のなかにあるもので、その両面を同時に表現できたことは、今振り返れば非常に恵まれていたと思う。交通の便の悪い辺境の地に建っているが、この20年以上の間に全国から多くの見学者が訪れている。

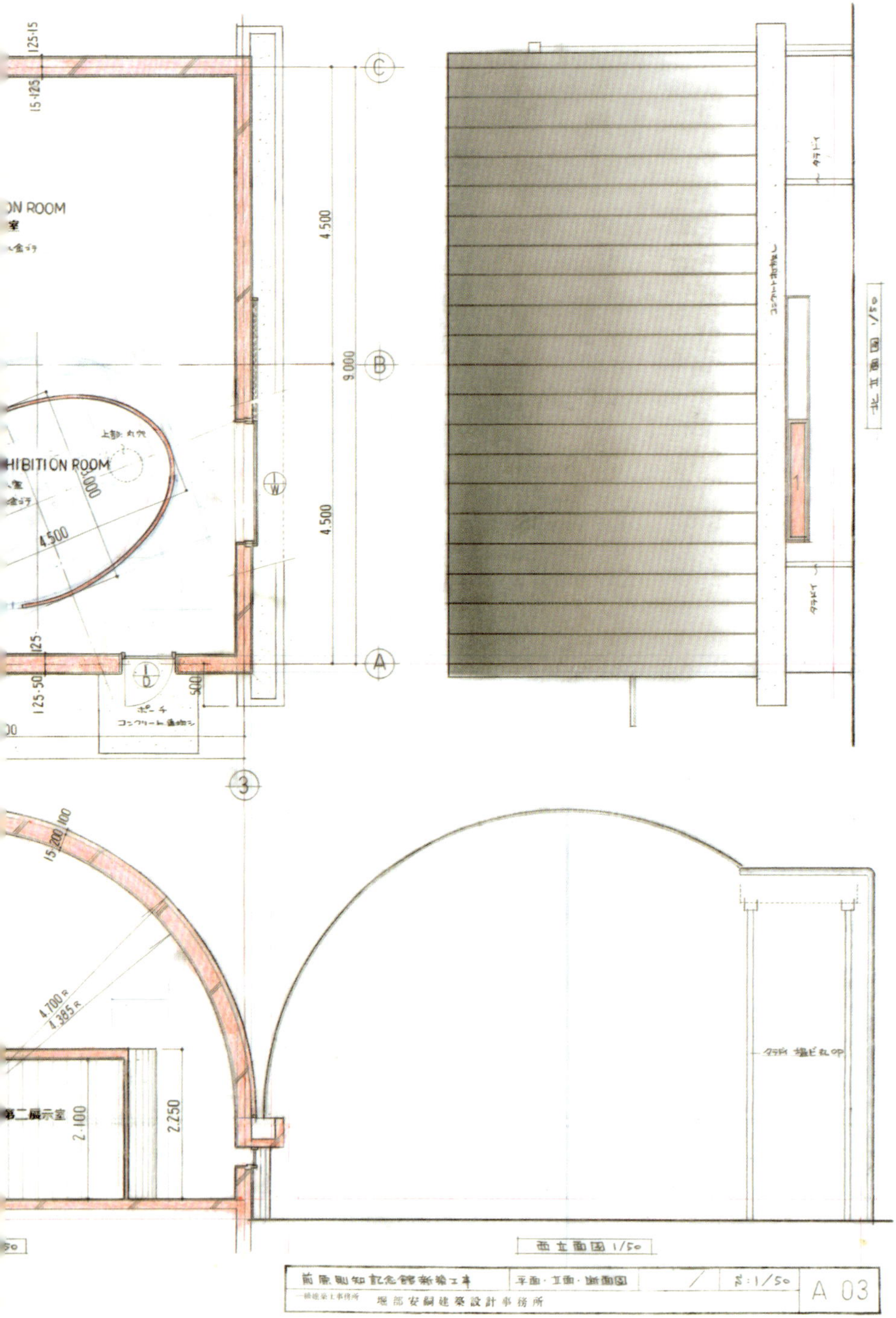

ON ROOM
HIBITION ROOM
上部 丸穴
ポーチ
第二展示室
北立面図 1/50
西立面図 1/50
平面・立面・断面図
S:1/50
A 03
堀部安嗣建築設計事務所

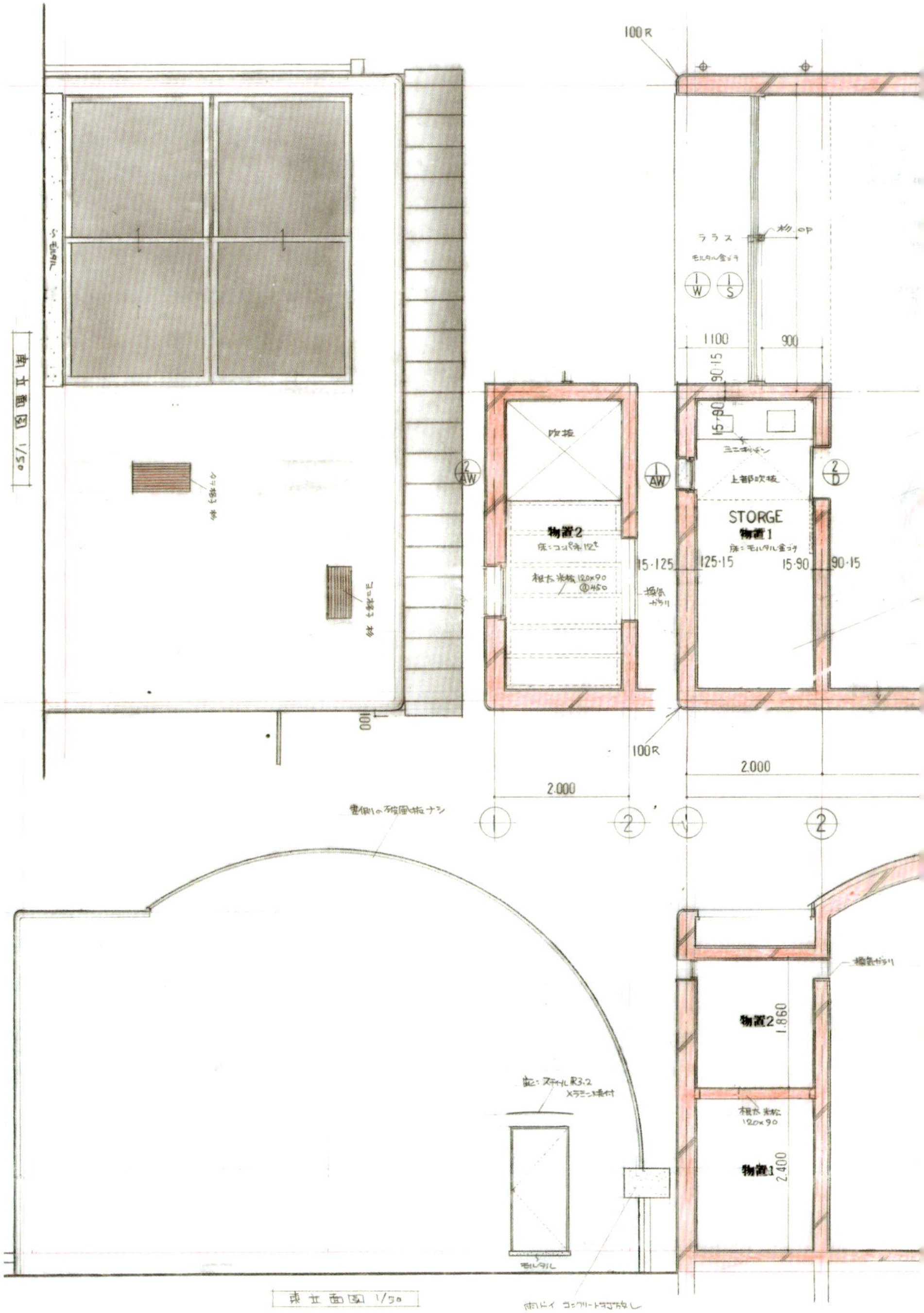

ある町医者の記念館 平・立・断面図

本来の建築の役割を考える

「屋久島の家」「屋久島の家Ⅱ」「八ヶ岳の家」「蓼科の家」
「湘南のゲストハウス」「軽井沢の家」「軽井沢の家Ⅱ」
「北杜の家」「里山住宅博 ヴァンガードハウス」を例に

2

人間はなぜ建物をつくるのか。建物のはじまりを考えれば答えは明らかです。人間はほかの動物よりも身体が弱く、雨に濡れると風邪を引き、強い日射しを浴び続けると体力を消耗します。ゆえに昔の人びとはまず雨や太陽から安定して逃れられる環境をつくろうとしました。これが建築のはじまりであり、本来の建築の役割です。

そのことを具体的に意識したのは「屋久島の家」の仕事でした。屋久島は海からすぐに険しい山がそびえ立つ独特の地形で、それによって海から上昇した水蒸気が山にぶつかって雲が発生しやすく、〝月に35日〟雨が降ると言われるくらい日本有数の降雨量の多い地です。湿度も高く、台風も頻繁に来ます。山には有名な樹齢数千年の縄文杉があり、とにかく自然のパワーが強い場所です。初めて島を訪れたときはそのパワーに圧倒され、自分の創造による人工物などとてもつくれないと感じて仕事を断ろうと思ったほどでした。

そんな場所に建てられる家は自ずと決まっていきます。屋根はとにかくシンプルにして、勾配を付けて雨を素早く流せるようにする。台風のときは瞬時に雨戸を閉められるようにする。シロアリの被害や湿気から逃れるために床を高くする。結果的に、島での家づくりの鉄則にただ従うほかなかったというのが正直なところですが、駆け出しのころに、このような風土とともにある建築の宿命を考えさせられる仕事に取り組めたことは、その後の設計に大きな影響を与えました。

建物のはじまりは〝外で得られない環境をつくること〟という言い方もできると思います。例えば太陽の光の下では本を読めないから、適度な明るさの落ち着いた環境をつくる、周囲に乱雑な風景があるなら、気持ちのいい風景だけを切り取り、自分が選んだものだけが室内に運ばれるようにする、あるいは夏の暑さや冬の寒さに左右されずに済むように、断熱性や気密性を強化して快適に過ごせる環境をつくる。これらも建物の大切な役割だと考えています。

屋久島とはその後も縁があり、「屋久島の家Ⅱ」では海の風景をどう見せられるかがテーマでした。敷地は東側が斜面になっていて、その先にピンポイントで海が見えます。しかし、南側には民家や電柱、殺風景な駐車場などがあります。これらの存在を室内から感じさせず、海だけが見えるようにしたいと考え、正六角形の一辺を切り取った平面が生まれました。特異な形ですが、屋久島の自然のパワーのなかでは違和感がなく、今は外壁に用いた杉板の経年変化もあって、岩のような佇まいになってきているように思います。

屋久島とは正反対の寒い地域、特に長野県では別荘をいくつか設計しています。「八ヶ岳の家」は山の大自然の中に敷地があり、周囲に規則的な木立が続きます。私はこの方向性のない場所においては、秩序というか、人の考えたルールのようなものが人の拠りどころとして不可欠だと感じました。そして、方向性のない幾何学形のプランを考えました。冬、このシンメトリーの屋根にきれいに雪が積もる姿を見たときは感激したことを思い出します。外は厳しく寒い環境だけれども、家の中にはあたたかな守られた人の営みがあるという、建築が果たしている役割が象徴的に浮かび上がる風景だからだと思います。

「蓼科《たてしな》の家」も厳格な幾何学形態です。別荘なのに窓が少なく、壁が多いことを不思議に思う人もいるかもしれませんが、自然の中とはいえ別荘地で、隣や裏には家が建っているため、窓を開けたときにそれらが視界に入らないように、緑豊かな景色だけが望めるように考えた結果です。

この家はプランが入れ子式の構成でもあり、外側の輪郭を形づくる大きな正方形の中に小さな正方形があります。同じ入れ子式の「湘南のゲストハウス」では、平面を正方形ではなく正六角形にしています。入れ子式のプランは周囲の環境から身が守られている感覚を強く得ることができます。

私はこれまでに正六角形の「府中の家」にはじまり、正五角形の「由比ガ浜の家」(224ページ参照)、正八角形を3つ重ね合わせた「桜山の家」など、正多角形の平面の家をいくつか設計しています。竪穴式住居がそうであったように、人間の原初的な居場所は円が基本になっています。正多角形は円に近いので建物に包容力が感じられ、原初的な人の居場所を喚起させるように思います。

原初的な建築を感じさせることのひとつに、火と柱の存在もあります。「軽井沢の家」では煖炉のあるリビングに、構造上必要な柱をそのまま現しました。大樹の麓、人が幹を背にして休んでいる姿と同じような光景がこの家の中で見られます。また、「軽井沢の家Ⅱ」は真ん中の棟にある居間の一角に、囲炉裏と煖炉を合体させたものをつくりました。寒い地域で家のヘソにあたる部分に火の場所があると、古《いにしえ》の人間に戻ったような感慨を覚えます。

2016年11月に竣工した山梨県の「北杜《ほくと》の家」も別荘で、敷地に立つと富士山から南アルプス、八ヶ岳までを望めます。けれども周囲に遮るものがなく、風当たりや砂埃が強い場所でもありました。そこで、3つの棟で正三角形を構成する配置にして、豊かな眺望を楽しめる場所と、内に向いた身近な自然を感じられる場所のふたつを両立させるように考えました。

近年は住宅の温熱環境の向上が社会的に強く求められています。2016年6月に完成した後、モデルハウスとして一般公開していた「里山住宅博 ヴァンガードハウス」では断熱性や気密性の強化に取り組みました。

建築は人間の身体の弱さを補うために生まれたという原点に立ち返れば、断熱性や気密性を強化することもその自然な延長と言えます。私は建築をつくる一番の目的は、人間の原初的な身体感覚にシンプルに応えることだと思っています。そして建築の本来の役割を見失わないように心掛けたいと思っています。

屋久島の家

右上／飛行機から撮った屋久島。御影石でできた島の上を緑が覆う。
右下／宮之浦岳を登山中の風景。自然にできたのに、彫刻作品のようにユニークな形をしている。
左／縄文杉を見るためには、往復10時間以上の本格登山をしなければならない。

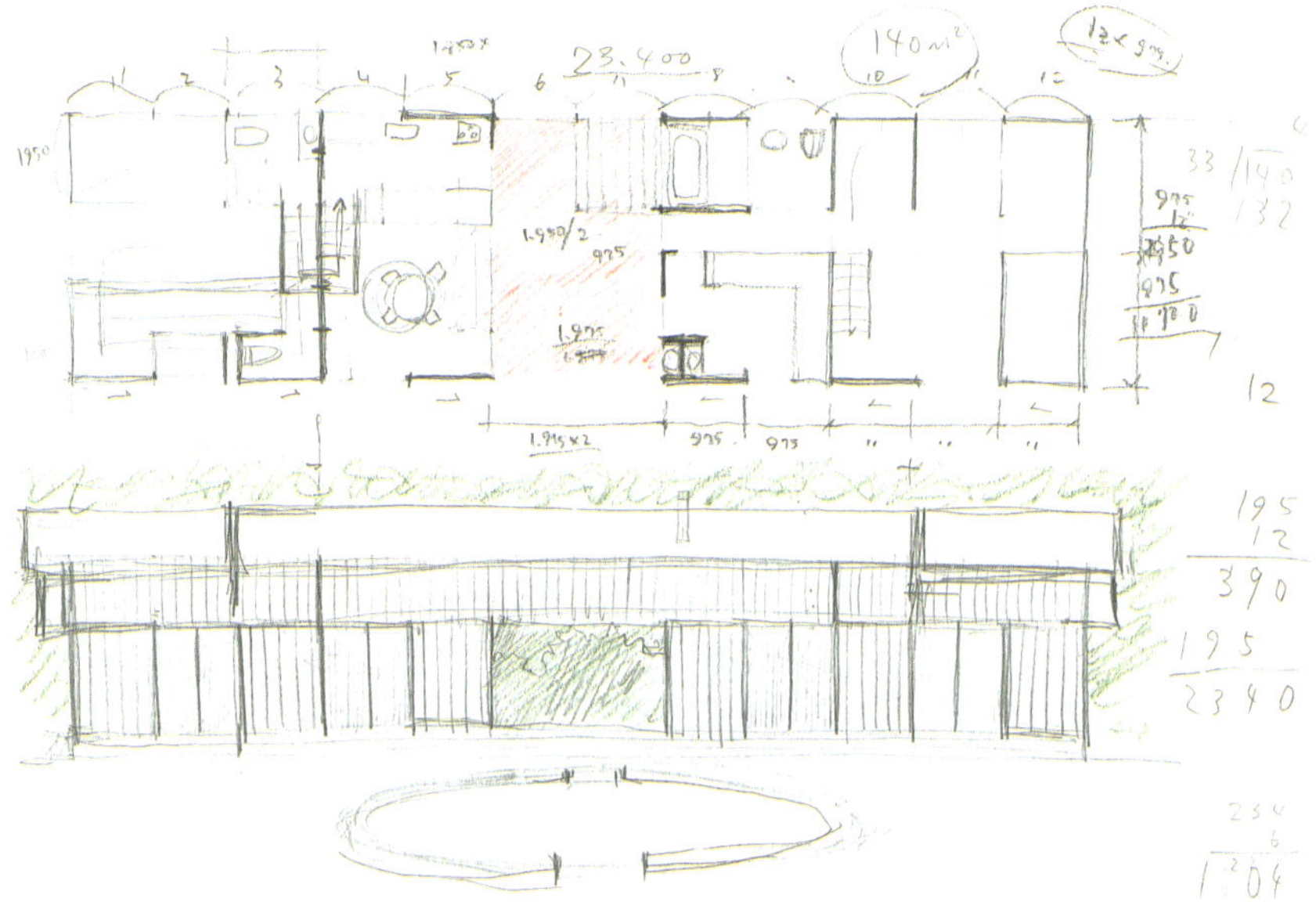

設計中のスケッチ。

竣工直後の全景。無条件であれば、屋根のなかで切妻屋根が一番美しいと私は思う。切妻屋根の場合、勾配が浅いと日本の山の稜線に呼応しない。4寸か5寸くらいの勾配が日本の風景に合い、雨を素早く流すという性能も満たされる。室内空間も広がり、豊かな感じになる。切妻屋根の魅力は、最も原初的で、かつ性能が高いということである。

室内に外の風景を呼び込むとき、窓枠ではなく軒で切り取ろうと考える。窓枠で切り取るよりも奥行きが生まれ、外とのつながりを感じて豊かに思える。軒は建物の寿命にもかかわる非常に大切な部位。もちろん、都市部の狭小地では軒を出せる寸法に限りがある。屋久島のように台風の多い土地では深く軒を出すと風で煽られる心配があるし、寒冷地では雪の重みも考慮しなければならない。軒を出し過ぎて冬にあたたかい日射しが室内に届かなくなることも問題である。だから軒の出し方は慎重に決めている。

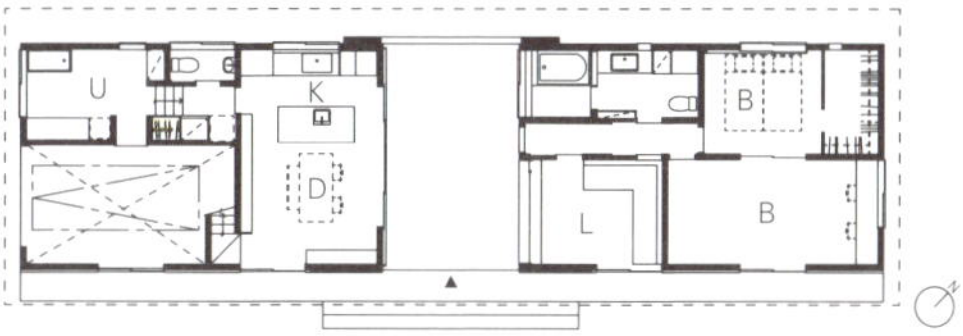

屋久島の家 平面図 1:400

屋久島の家Ⅱ

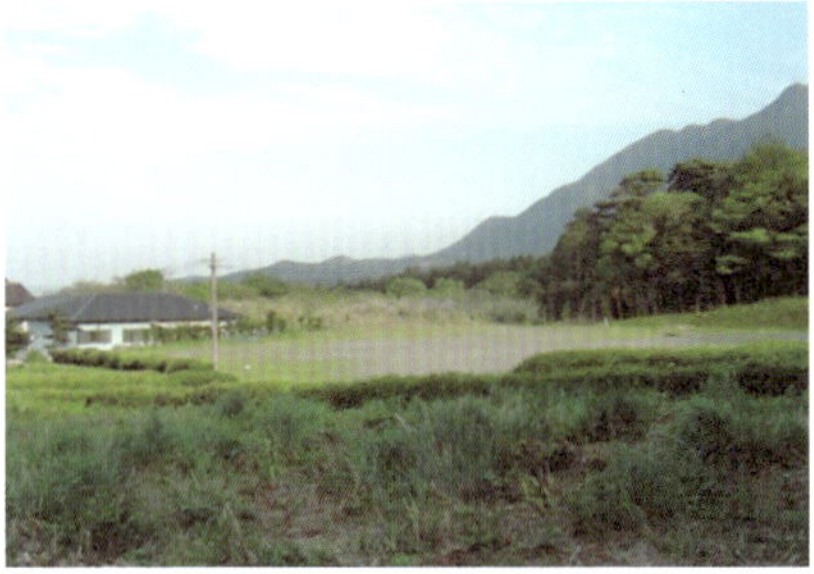

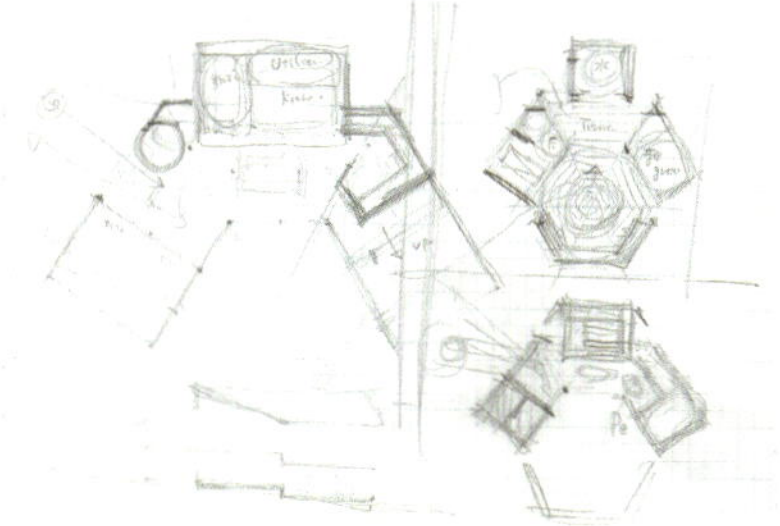

上／更地のときの敷地。東斜面の先にはピンポイントに海が見えるが、南側には駐車場や民家があり、やや殺風景な印象の風景が広がっていた。
下／設計中のスケッチ。

上棟時。模型通りに海の風景を捉えることができ、手応えを感じた。水平線の高さを間違えるとすべてが台無しになるので、脚立に上って確認するなど2階のフロアー・レベルは綿密に計算し決定した。棟梁をはじめ、施工は「屋久島の家」と同じ職人たち。

室内から余計なものを目にすることなく、海だけが見えるようにと考えたプランの模型を現地に持参し、自分が考えたように風景を捉えられるかどうかを確認しているときの様子。このように敷地に模型を持参し、実際の光、風景、雰囲気の中に自分のつくったプランを合わせてみることはとても重要で、その様子を建て主と共有することもよくある。

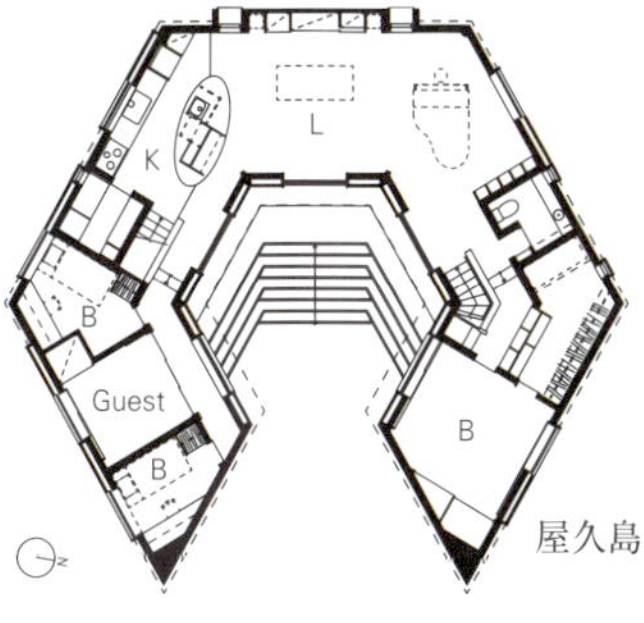

屋久島の家Ⅱ 2階平面図 1:400

上／自分の家から自分の家で切り取った風景を眺めている楽しさ。私は子どものころからカメラが好きで、室内からの外の見え方を考えるときに、ファインダーを覗いているような感覚が蘇る。また、窓の回りに垂れ壁や袖壁を設けて一旦暗くなる部分を用意し、外の景色が印象的に見えるようにすることが多い。出来上がった空間の写真だけを見た人は、人工物などない豊かな自然環境の中に建っているように思うかもしれない。建て主からは、家が建つ前と建った後では風景がまるで違って見えると言われた。中庭はステージのように活用されている。

下／杉の外壁は日焼けによる経年変化でグレーに。

室内から捉えた海の風景。

八ヶ岳の家

上／八ヶ岳を望む。敷地周辺は冬、氷点下 20 度まで気温が下がる日もある。
下／敷地の周りには方向性がなく、規則的な木立が広がる。

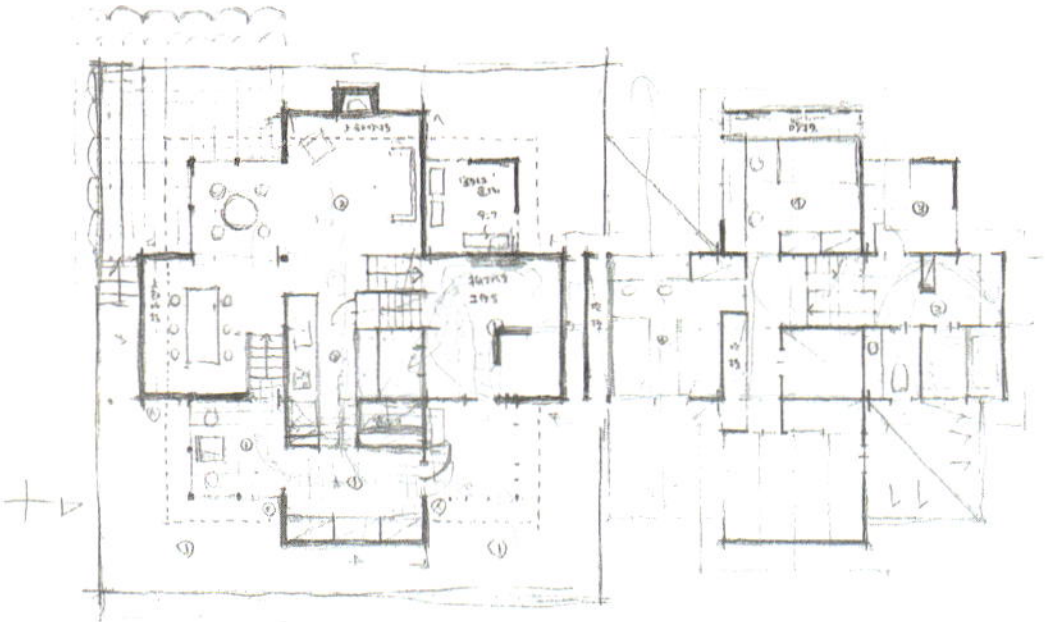

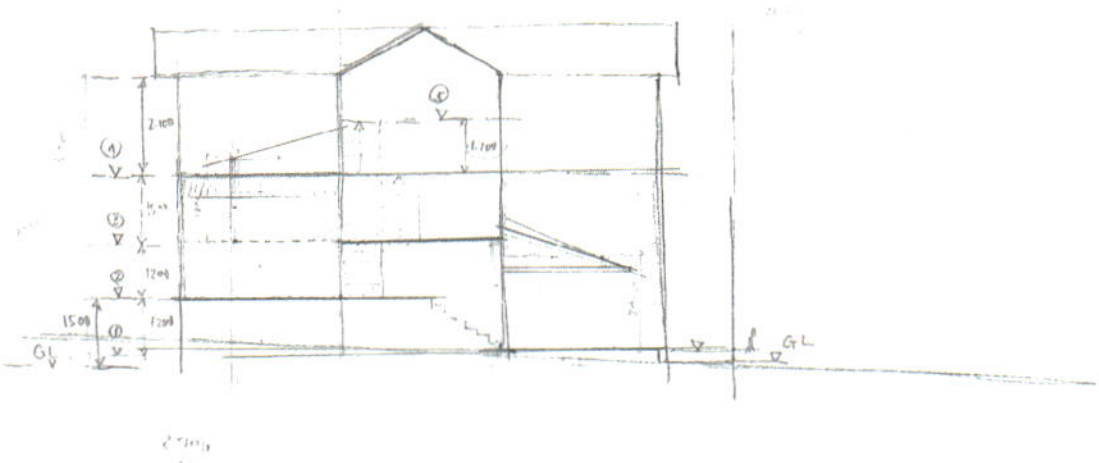

設計中のスケッチ。

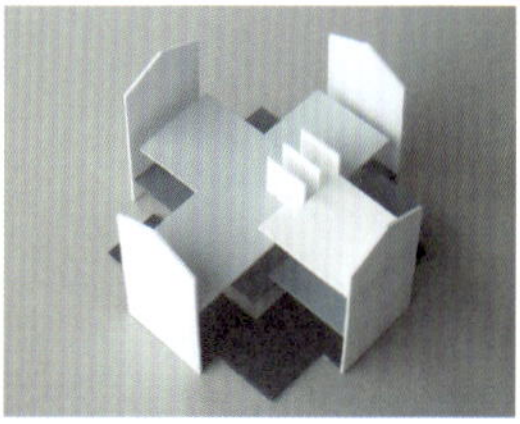

空間構成を表した模型。

上／外の具体的な風景を楽しめる場所だけでなく、光だけを感じる場所も設けた。2 階からの光が吹き抜けを通って食堂を彩る。
左／雪の日の室内の様子。

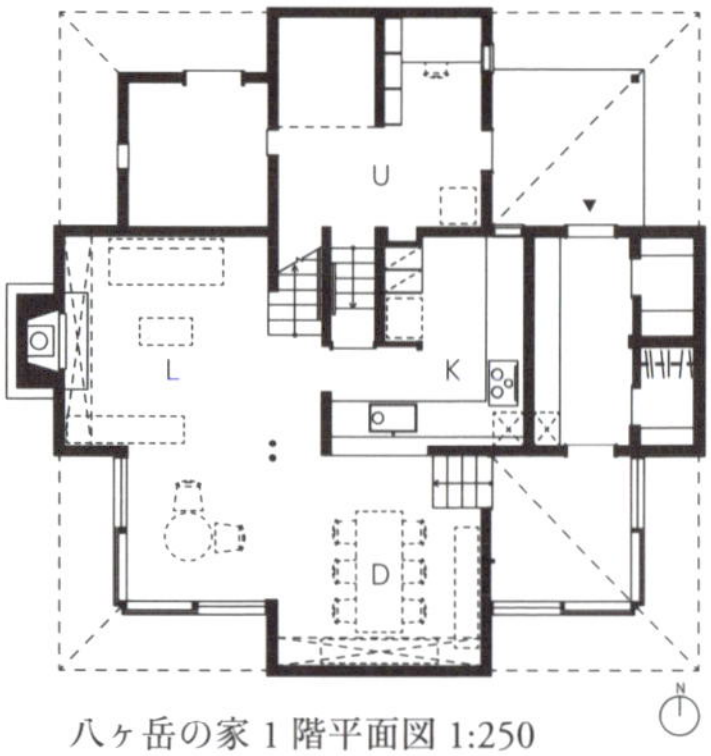

八ヶ岳の家 1 階平面図 1:250

大自然の中に幾何学を挿入することで、人が安心して過ごせる居場所を表現することができる。

蓼科の家

上／敷地周辺の風景。延々と木立が連続する。
下／敷地に以前建っていた家。この仕事は建て替えだった。隣にも裏にも家が建ち、この家だけがぽつんとあるわけではない環境で、どのようなプランがいいのか、スタディを繰り返した。結果的に正方形の入れ子式のプランが導き出され、隣家の存在や気配を感じさせずに、印象的な風景と光だけを楽しめる家になったように思う。

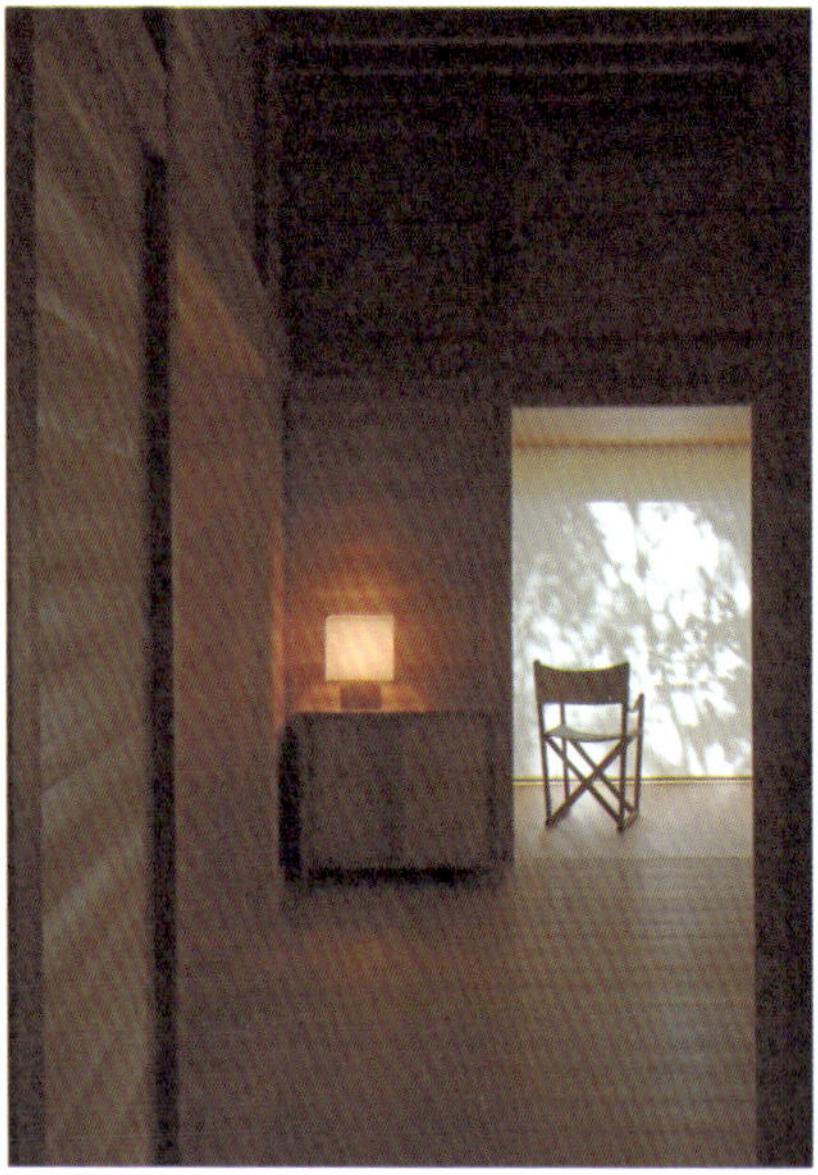

この家のためにデザインした照明器具も、その後、私の設計する家では定番になっている。

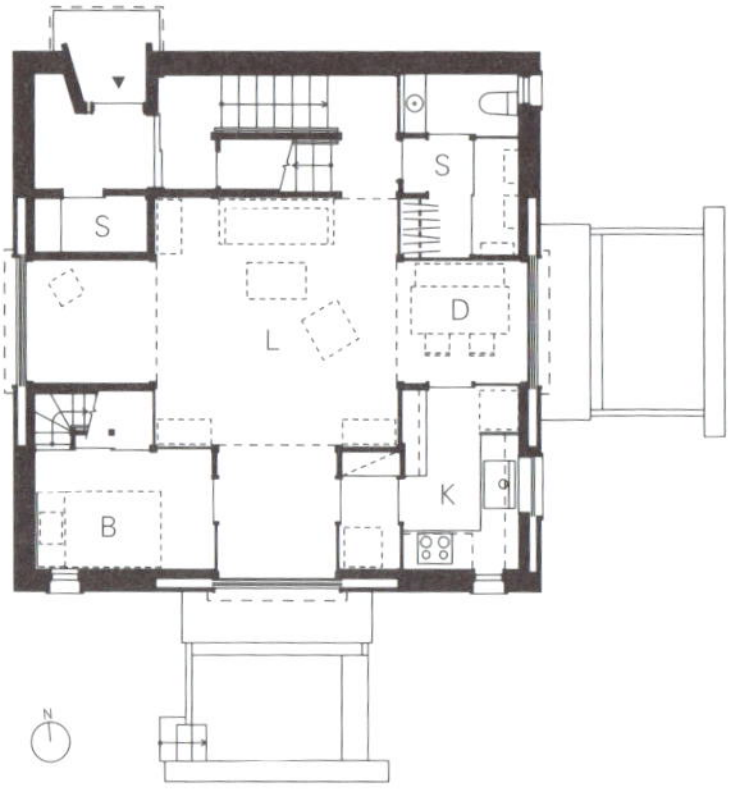

蓼科の家 1 階平面図 1:250

柱と柱の間に板を落とし込む構造。プランは大きな正方形の中に入れ子式に小さな正方形があり、外周部には台所や寝室、玄関などの機能的なスペースを収めている。がらんどうの竣工時には手応えを得られなかったが、家具が入ると様相はがらりと変わり、このプランで間違いなかったのだと感じることができた。

竣工後、新緑の時期の外観。やや閉鎖的に感じるかもしれないが、外壁が周囲のカラマツの幹と同化していく様子もイメージした。内部からは、意外と開放感があるように思う。内外の印象がずいぶん違う家だ。

湘南のゲストハウス

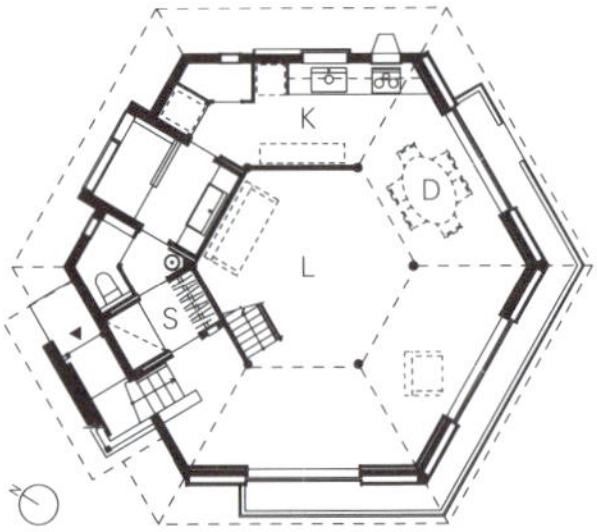

湘南のゲストハウス 1 階平面図 1:300

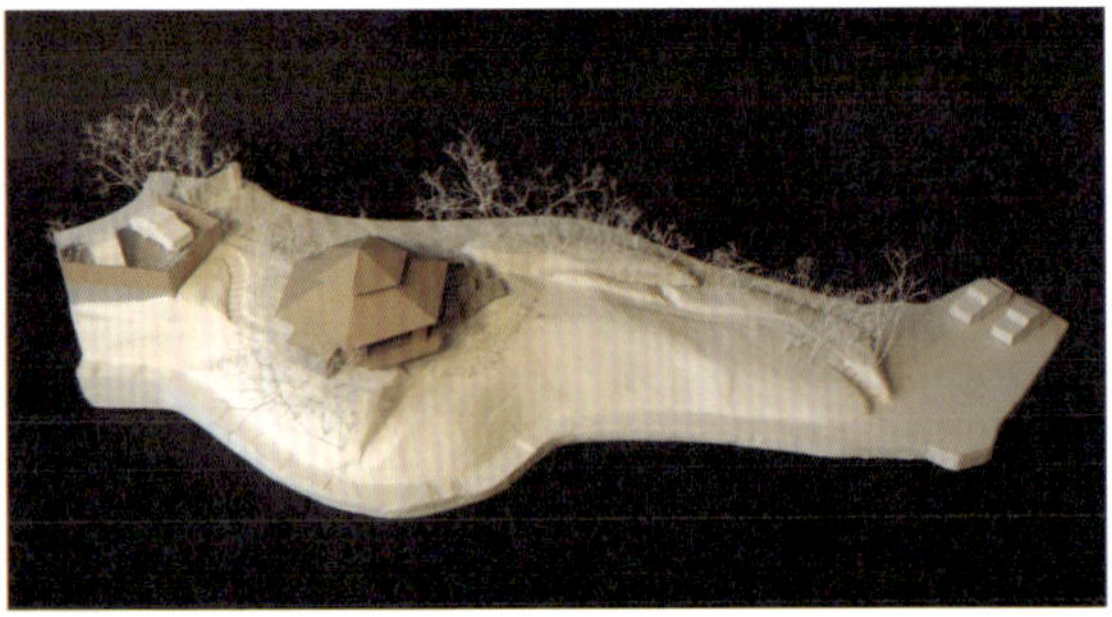

設計時につくった模型。限りなく広く、どこにでも、どんな形にも建てられそうな土地に見えるが、さまざまな制約があり、〝ここにしか、この形でしか建てられない〞そんな状況が自然に浮かび上がった。それにぴったり合う形が正六角形だった。

上／プランは入れ子式で、まるで寺のお堂のような内陣、外陣をもつ構成。包まれた安心感と開放感を同時に得られる。昔からあるこの構成が現代の住宅においても有効なのでは、と考えている。
下／竣工後の外観。

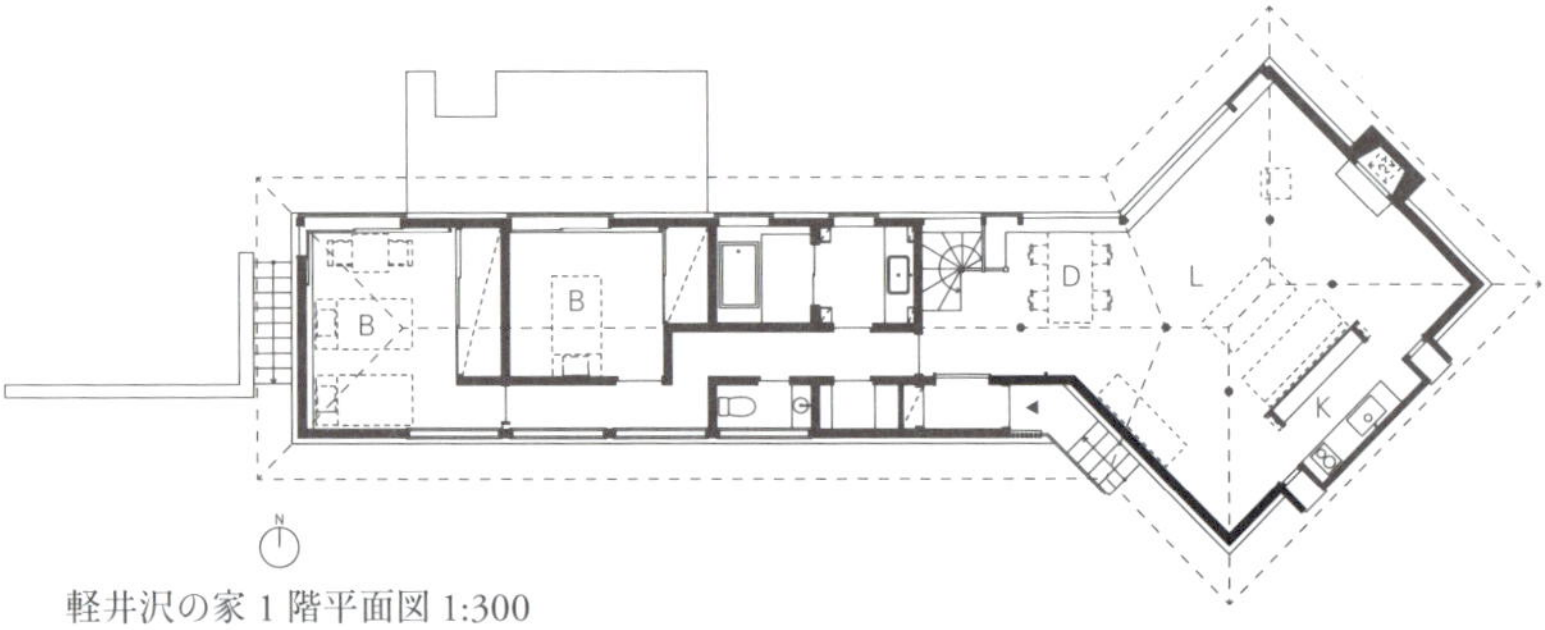

軽井沢の家 1 階平面図 1:300

コンクリートの打設工事。敷地内の大きな木を避けて建てている。

敷地から浅間山を望む。大きな樹木が点在する敷地を建て主と一緒に訪れた際、栗の木の下から浅間山を眺めている建て主を見た瞬間、この木の下にメインの場所をつくればいいのだ、と思った。

地階に設けた洞窟のようなテラス。木立が広がる景色を切り取っている。

広間と食堂では構造に必要な柱をそのまま見せている。窓の外の右手に栗の木があり、更地のときに建て主が眺めていた景色をこの室内からも見ることができる。

年月とともに、建物が自然の中に着地していくことを改めて感じる。建設当時、大きな木を伐っていたら、このような風景と建物の溶け合う姿は見られなかっただろう。外壁はメンテナンス時に着色し、風格が出たように思う。

ゲストハウス2階の広間から見る浅間山。母屋ができて12～13年後に、同じ敷地内にゲストハウスを増築したいとの依頼を受けた。今回も木を伐らずに計画し、その結果ゲストハウスは総2階建てに。この敷地には何度も通っているが、こんな景色があったのかと思うくらい、母屋からの眺めと異なり、驚いた。母屋からは周囲の樹木の幹、ゲストハウスの2階からは梢が目に入る。

母屋の外壁は赤茶色の塗装、ゲストハウスは紺色。

軽井沢の家Ⅱ

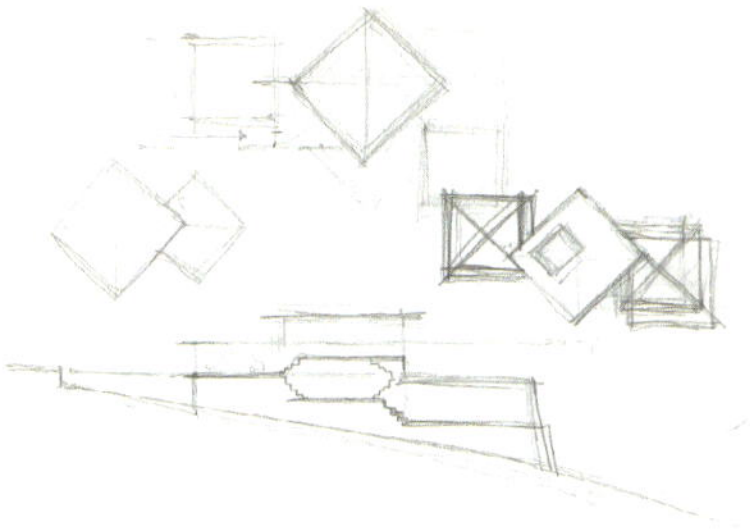

初期段階のスケッチ。敷地はクジラの背中のように起伏のある斜面地。ここにひとつの大きなボリュームの建物をつくることは難しいと思い、棟を分けて、敷地の等高線になるべく逆らわないように配置するプランを考えた。

右／山の尾根に沿って3棟は高低差をもち、角度も変えた。
左／基礎のコンクリートを打ちはじめるところ。

道路側の外観は低く構えた佇まい。

下／竣工後の外観。

左／広間の中央に食卓がある。コーナーの窓から四季折々の風景を眺められる。柱はあえて残し、ひとつの空間の中にさまざまな居場所をつくる役割を担っている。手前にあるのが囲炉裏と煖炉を合体させたもの。原寸の模型をつくり、検討を重ねた。

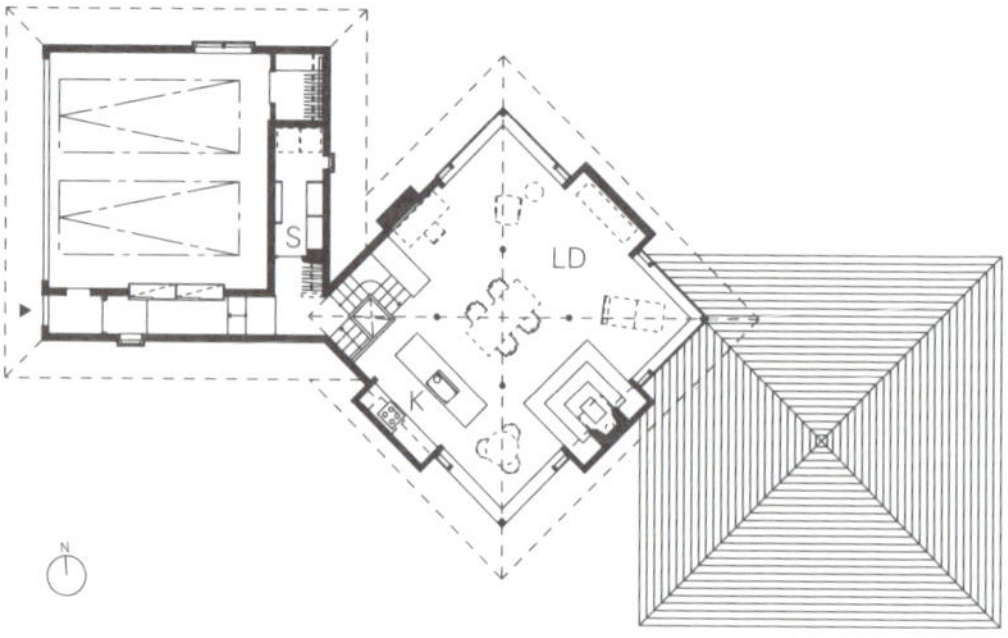

軽井沢の家Ⅱ 1階2階平面図 1:400

右／尾根の高低差に合わせて建てているので、半階ずつ床の高さが変わる。
左／階段室から食堂方向を見る。4本の柱が屋根をしっかり支えていることがわかる。

北杜の家

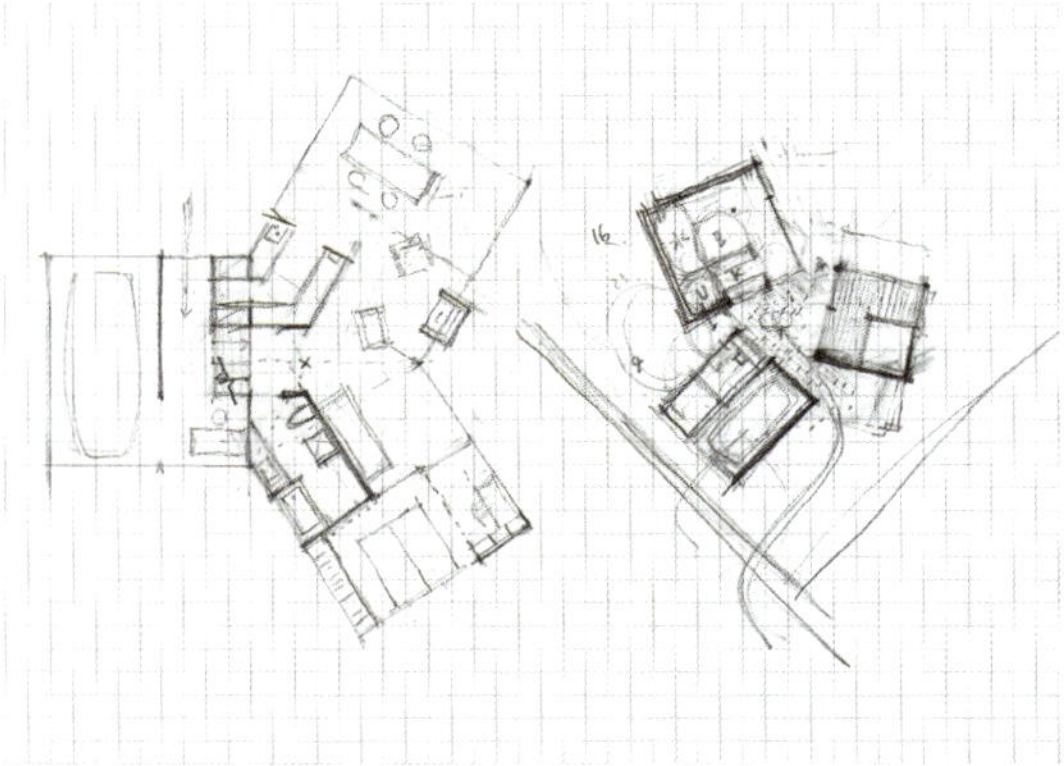

設計中のスケッチ。初めは分棟ではないプランもあった。

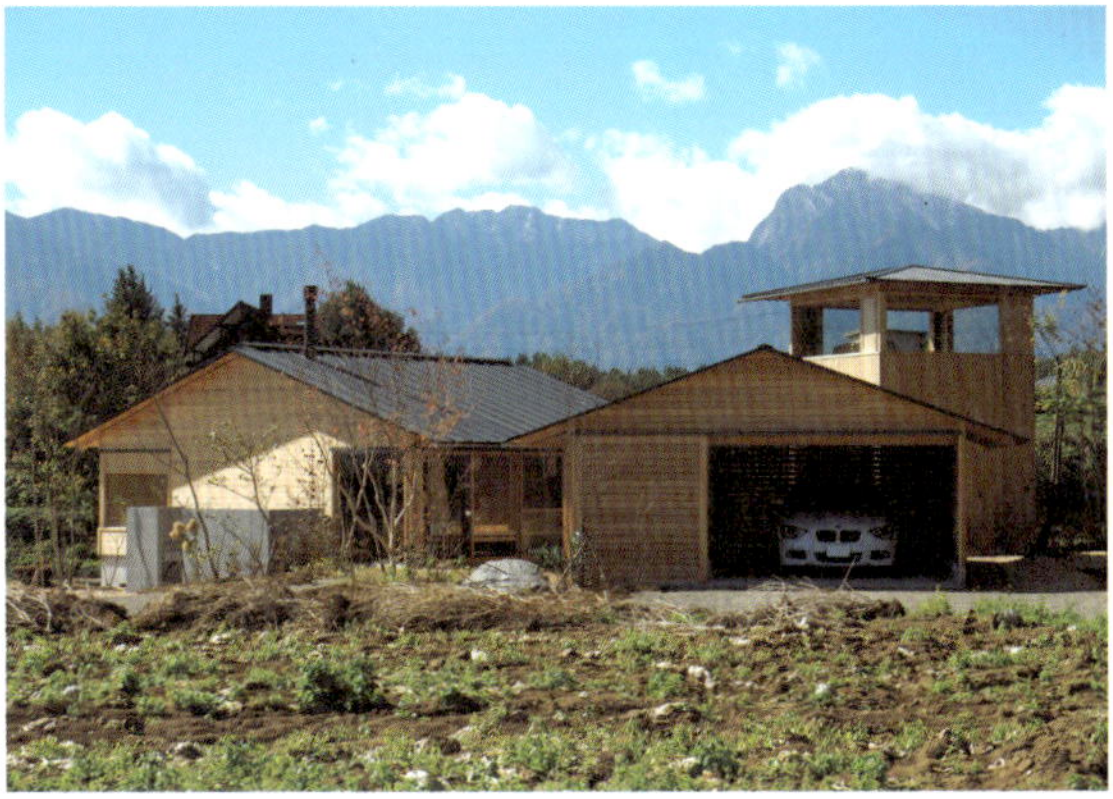

左／2016年11月初旬の引き渡し時に撮った写真。初めての作品集『堀部安嗣の建築』にも書いたように、建物の配置を決めるときは設計者の目で敷地を見ないようにしている。ここにピクニックに来て、どこで弁当を食べようかという気持ちで考える。そうすると、敷地で一番いい場所を本能的に見つけられる。原始人に戻る感覚に近い。設計者の頭になると、そのような野生の勘が鈍ってしまう。
右／この別荘は母屋、物見棟、車庫棟によってできた中庭が正三角形になるように配置している。3棟の屋根の重なりが背後の南アルプスに呼応する。

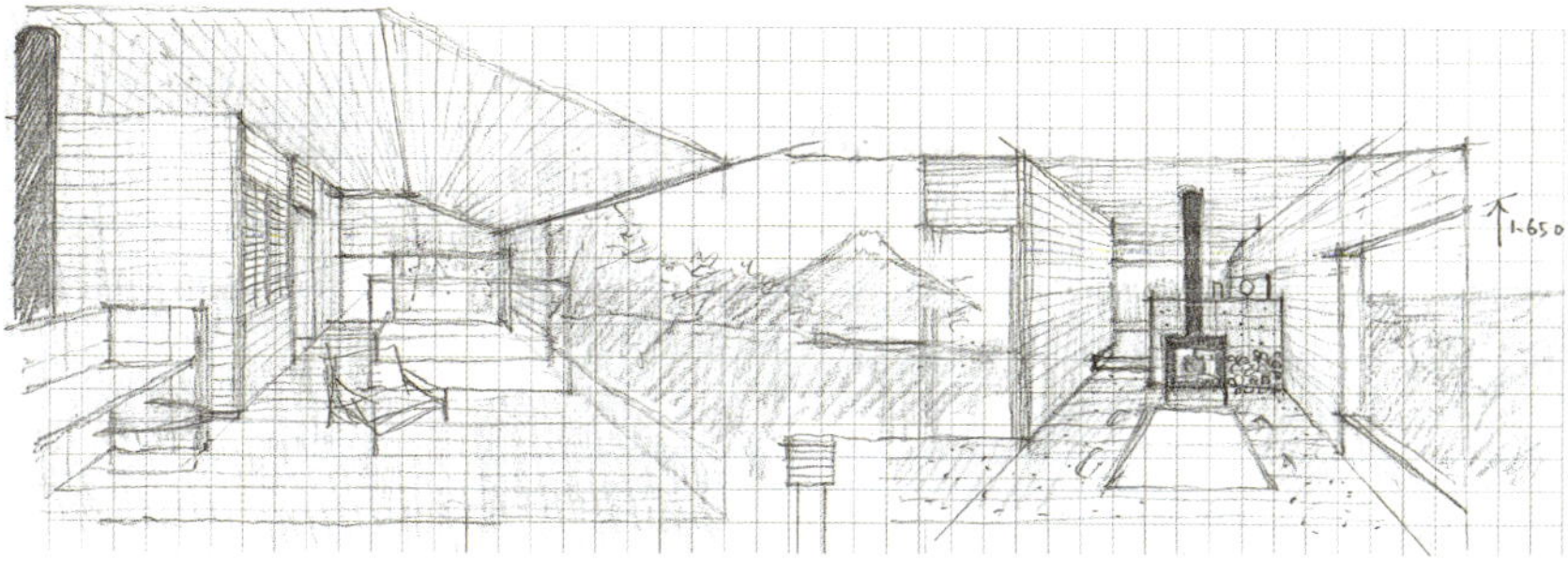

設計中に描いた内観イメージのパース。

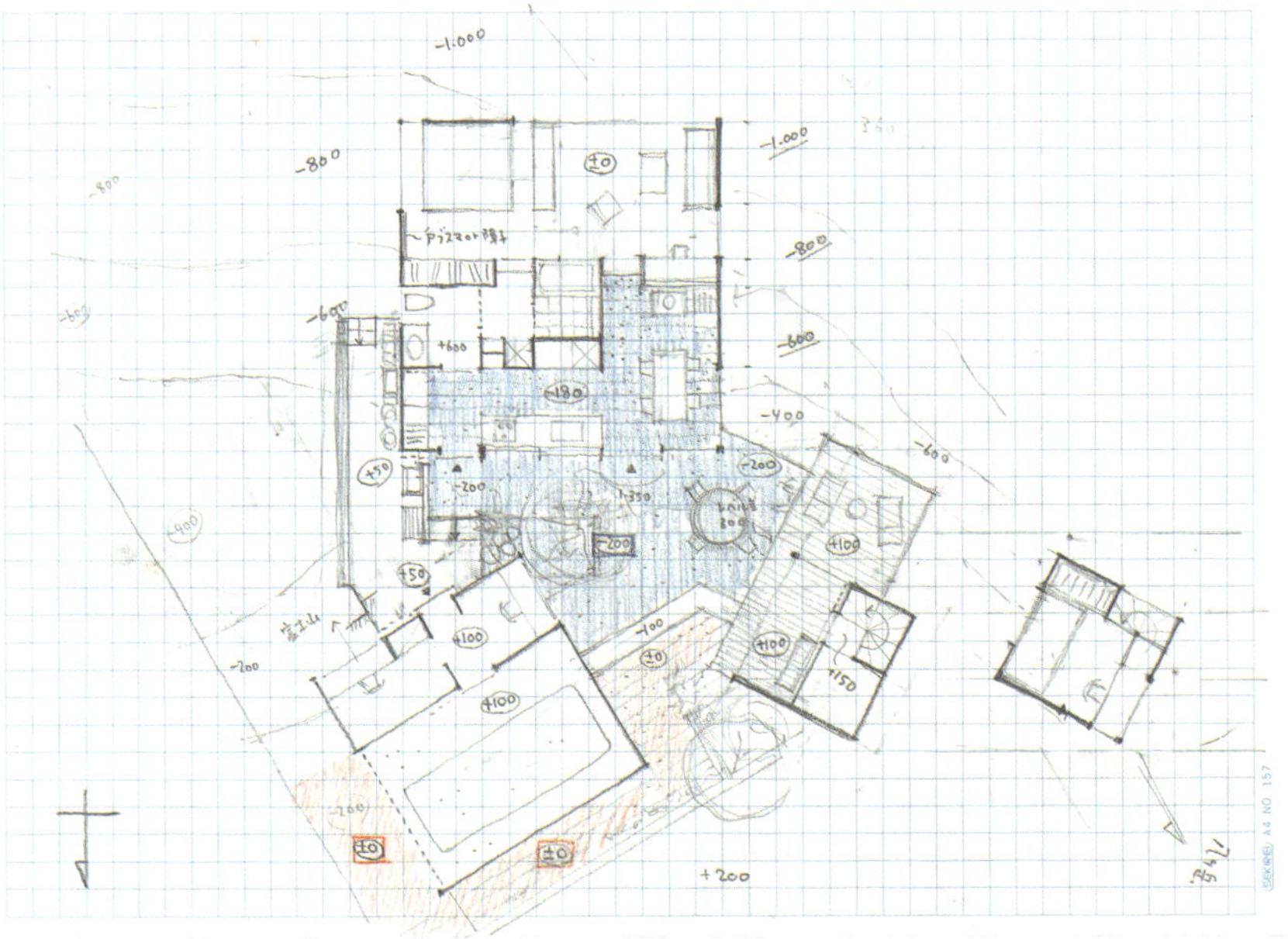

設計中に描いた平面スケッチ。母屋の平面は最終的に東西を反転させた。

右／右手が物見棟と呼ぶ、一番背の高い建物。
上／物見棟から南の風景を眺める。煙突の右に富士山を望む。三角形の中庭には透水煉瓦を敷いた。

里山住宅博 ヴァンガードハウス

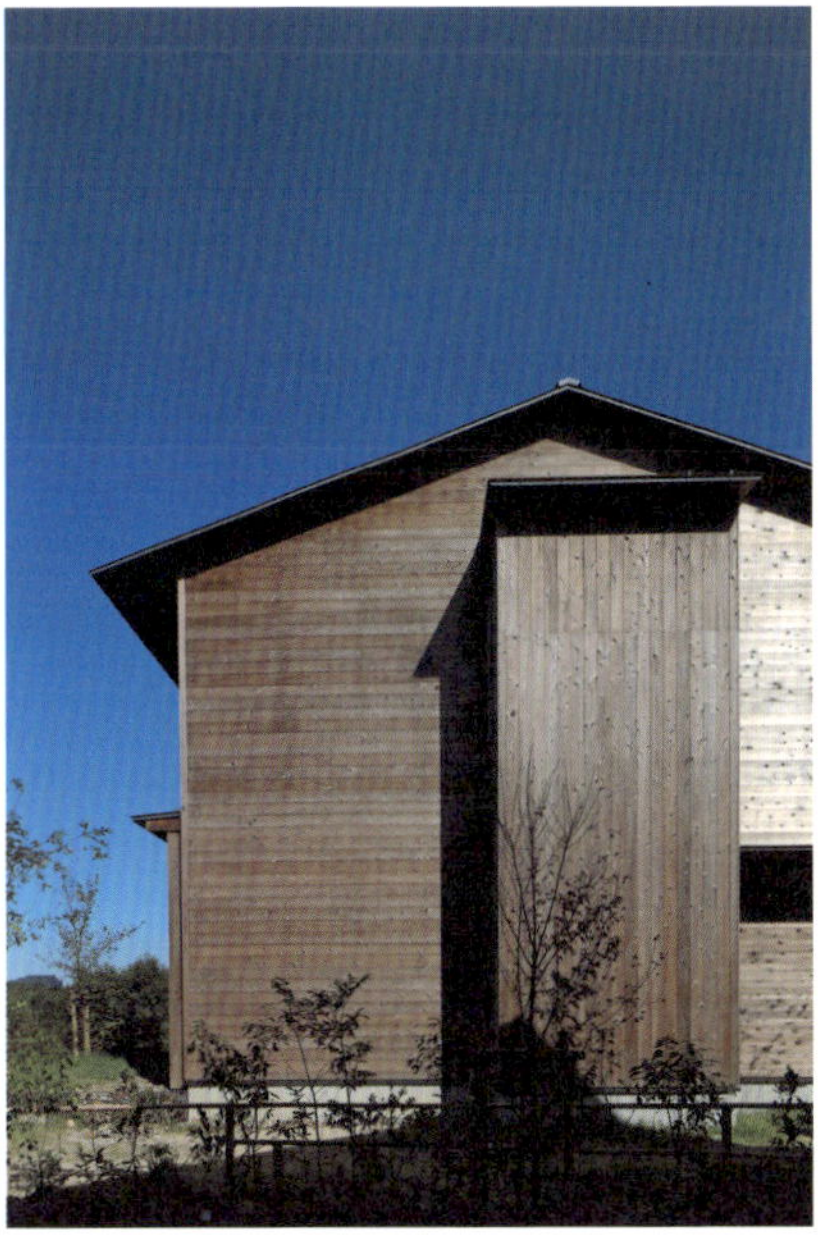

上／杉板を張った外壁。杉板は容易に入手でき、その後の補修も楽で、〝寛容な〟材料だと思う。
中／食堂の床は土間で、前庭から直接出入りすることもできる。内装はビニルクロスや合板を多用。
下／周辺環境との関係を示すイメージスケッチ。
「里山住宅博」は兵庫県神戸市の郊外につくられた期間限定の住宅展示場。これからの住環境をテーマに地域の工務店が20社以上集まり、それぞれに木の家を建て、会期後は分譲住宅として販売するという企画で、私は「ヴァンガードハウス」の設計者として声がかかった。ヴァンガードは日本語で「先進的」を意味する。

上／食堂から居間を見る。建物の平面は4間角で、延床面積は32坪。今までの設計経験から、これからの時代に標準となる家の規模は30坪前後が適正だと思っている。この規模なら、ひとりやふたりで住んでも広さを持て余すことはなく、4人でも窮屈に感じない。住み手が維持管理にかける労力や費用を含めてエネルギーを抑えられる。
左ページ／単純な切妻屋根をもつシンプルな総2階建て。誰もが思い描く〝家〟のイメージに近い形ゆえに原初的で温かな印象を抱かせる。屋根に搭載しているのは太陽熱空気集熱式ソーラー・システムの集熱ユニット。この家で断熱性や気密性の強化に取り組んだことで、自分なりにパッシブ・デザインを見直すこともできた。

里山住宅博 ヴァンガードハウス1階2階平面図 1:250

記憶の継承

「伊豆高原の家」「青葉台の家」「大美野の家」「御殿山の家」
「逗子の家」「荻窪の家」を例に

3

建築が人の記憶を継承するものになること。これも建築の大きな役割だと思います。暮らしていた家の記憶、家族と過ごした時間の記憶、風景の記憶。そうした記憶を新しく建てる家が受け継ぐことは大切なことです。以前の家に使われていた柱や梁、建具などを新築する家にそのまま活用するような目に見える継承だけではなく、目に見えない、心の奥底に眠る記憶を呼び起こすような建築のあり方に興味をもっています。あるいは、樹木のように人と建築とともに成長してゆくような、これからも記憶をともに育んでゆけるあり方に興味をもっています。

このような考え方に至るきっかけを与えてくれたのが「伊豆高原の家」の仕事でした。別荘の建て替えで、建て主の大きな要望のひとつに「以前の家での家族の思い出や、以前の家がもっていた佇まいや気配のようなものを継承してほしい」というものがありました。

ではなにをもって継承するか。この土地にかつて建っていた別荘を訪れたり、建て主と対話を重ねたりして考えた末に、以前の家での身体の動き方や、風景に向き合ったときの距離の感覚、つまり以前の家で無意識に行っていたことや、心の深層に刻まれていることを表現したいと思いました。建築に用いた素材や寸法や色味は全く異なるのですが、玄関の位置や、階段を上って2階に出るまでの身体の動き、2階の窓から海の見える高さなどを以前の家と同じにしています。

横浜の「青葉台の家」も建て替えでした。以前の家は、外観は普通なのですが、中は絵画などの美術品がそこここに飾ってあり、それらと家具や調度品が自然に馴染んでいて、豊かな時間の流れを感じさせるとても雰囲気のあるものでした。そして、たくさんの庭木を大事にされていました。その暮らしぶりを目にして、私がここですべきことは、以前の家の雰囲気や時間の流れ方、室内からの庭木の見え方、窓から差し込む木漏れ日といったものを受け継ぐことだと思いました。

記憶の継承において樹木の力はとても大きいと思います。樹木を残すと木陰も残ります。つまり樹木は光と陰の状態を継承することができるのです。それは人の記憶に大きく影響します。私は南側の樹木をほとんど動かさなくて済む十字形のプランを考え、既存の百日紅《さるすべり》が一番きれいに見える窓を設けました。記憶の継承というテーマに一所懸命取り組むと、建物に安定感と同時に〝必然性〟も生まれてくるように思います。

大阪の「大美野《おおみの》の家」は、建て主の祖母が暮らしていた古い家を取り壊し、新しく建てました。建て主はそれまで、道をはさんで向かいの家に両親と住んでいて、子どものころから祖母の家にもよく遊びに行っていたそうです。庭にはたくさんの木がありましたが、弱っている木もあったので、松の木と梅の老木以外は伐ることにしました。

松の木は敷地の東南の角に、梅の老木は敷地の東側の真ん中にあります。また、敷地の南北に高低差もあることから、建物は母屋と離れの2棟に分け、梅の老木をはさむ構成にしました。祖母との思い出をつなぐ梅の老木が生活のなかで自然に目に入るように、食堂と居間には大きな開口も設けています。

東京の「御殿山《ごてんやま》の家」も、建て主の母が暮らしていた家を建て替えたものです。周りはごく普通の住宅地で、近くに玉川上水の緑道が続き、平穏な空気が流れています。そして随所に、街のキーカラーのように小豆色が見受けられました。敷地に以前建っていた家は外壁が小豆色でしたし、隣の家も破風《はふ》が小豆色に塗られていました。

隣の家には老婦人がひとりで暮らしています。建て主の母は亡くなるまで、老婦人と非常に良好な近所付き合いをしていて、建て主夫人も母の家を訪れたときは隣の家に頻繁に出入りしていたそうです。私は新築する家でも、その友好な人間関係と穏やかな周辺環境の雰囲気を継承したいと思い、家の内外に小豆色を取り入れました。建て主は他所からこの地に移り住むけれど、以前からここで生活している感覚が得られるのではないかと思ったのです。

建て替えでなくとも、記憶の継承はあり得ます。「逗子の家」は計画時、周囲に古き良き湘南の面影が残り、隣に建つ瓦屋根の大きな屋敷の庭には樹木がうっそうと生い茂っていました。建て主はそんな緑豊かな環境が気に入って土地を購入し、設計の際に出された要望も、周囲の緑に埋もれるような家で、この風景がそのまま継承されるようにしてほしいというものでした。

私はこの環境に溶け込む家を目指し、敷地が角地であることから、プランは台形の平面を3つ組み合わせて扇形にし、全体の高さも抑え、街並みへの圧迫感を軽減しようと考えました。家の前に新しい樹木も植えました。この木がどんどん生長し、周囲の緑とつながっていく様子を目にしたときは、うまくいったと思ったものです。

「荻窪の家」では建て主夫人の父が描いた油彩画が着想の起点になりました。趣味で描いておられたそうですが、以前の家に飾ってあったその絵を見た瞬間、すばらしいと感動し、この絵にふさわしい空間をつくろうと気持ちが高まりました。出来上がった家でその絵と暮らしが一体になって濃密な空気をつくっている様子を見たときは、ホッと胸を撫で下ろしました。

なんのために記憶を継承できる建物をつくるのか。最終的には、人がその人らしくいられる建物にするためです。例えば永く疎遠だった友達に再会したとき、見た目は変わっても、ふとした仕草や言葉にその人らしさを感じ取ると、一瞬にして記憶がつなぎ合わされるように、記憶の継承とその人らしさは密接に結び付いています。だから完成して間もない家でも、建て主が等身大でのびのびと自然に暮らしていれば、記憶を継承できたのだと手応えを感じることができます。

伊豆高原の家

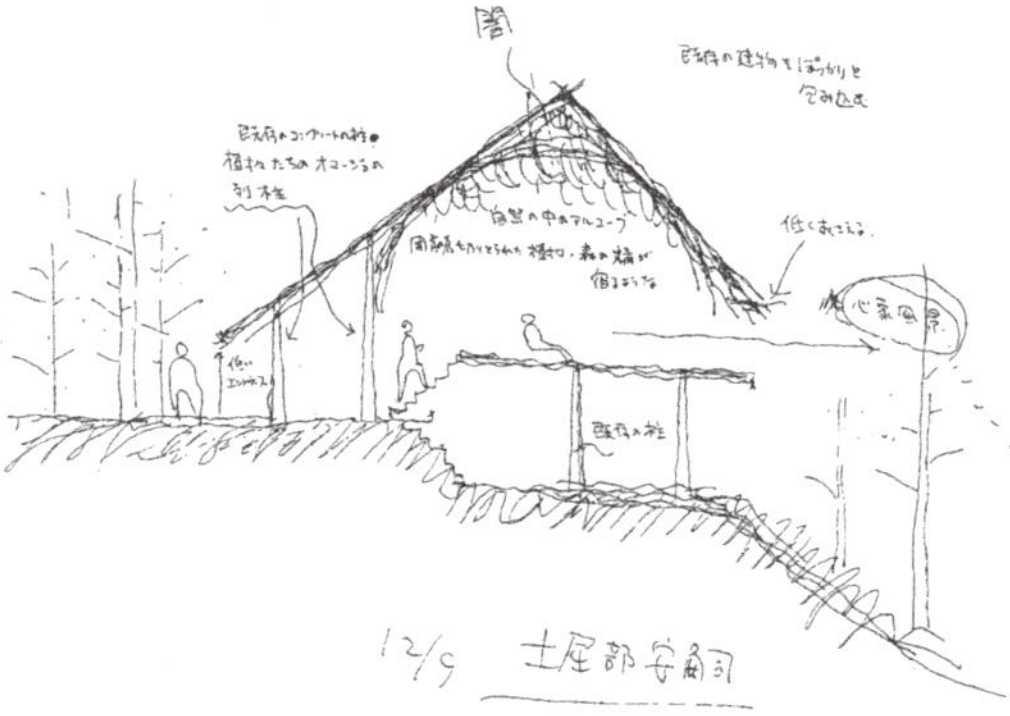

以前は築30年ほどの家が建っていた。建築家の高木滋生《しげお》さんが設計したその家は、1階が鉄筋コンクリート造、2階と3階は木造。当時としては非常に斬新で、意気込みに溢れた建物だった。しかし、構造的には不安定で、開口部が多いことから躯体が歪み、建具の建て付けも悪くなっていた。そのような理由で当初は改築案（右スケッチ）も考えたが、建て直すことになった。

アプローチの石段は以前のまま残した。石段の方向や玄関の位置を新しい建物で踏襲することは記憶の継承につながるのではないかと考えたからだ。2階にリビングがあることと、そのフロアー・レベルも踏襲している。これにより、海の見え方が以前の家と同じになる。

2階のリビングの北側の窓からは、向かいの家の庭を借景できる。その庭が見えることも以前の家と変わらない。

右／アプローチから2階に上がるまでの身体の動きも継承している。以前の家は石段を上がり、ピロティの下を潜って玄関に入り、階段を上って振り返ると、海の見える窓に向き合った。
左／1階の洗面台に置いてある彫刻は、建て主夫人の弟で現代美術家の伊藤隆康《たかやす》さんの作品。

開口部は最小限にした。別荘では撤収の際に戸締まりの確認が必要だが、窓の数が少ないとそれが楽になる。家の完成に合わせて彫刻家の袴田京太朗さんが「夜の誕生」という作品をつくってくれた。それは建て主の娘が大切にしていた以前の家の記憶をモチーフにしている。大きな窓の手前の床に置かれた「ECHO」は、その10年後につくられたもの。壁上部の作品とひとそろいになっていて、どちらも三半規管の形。

海に向かって設けた、ほぼ唯一といえる大きな窓。

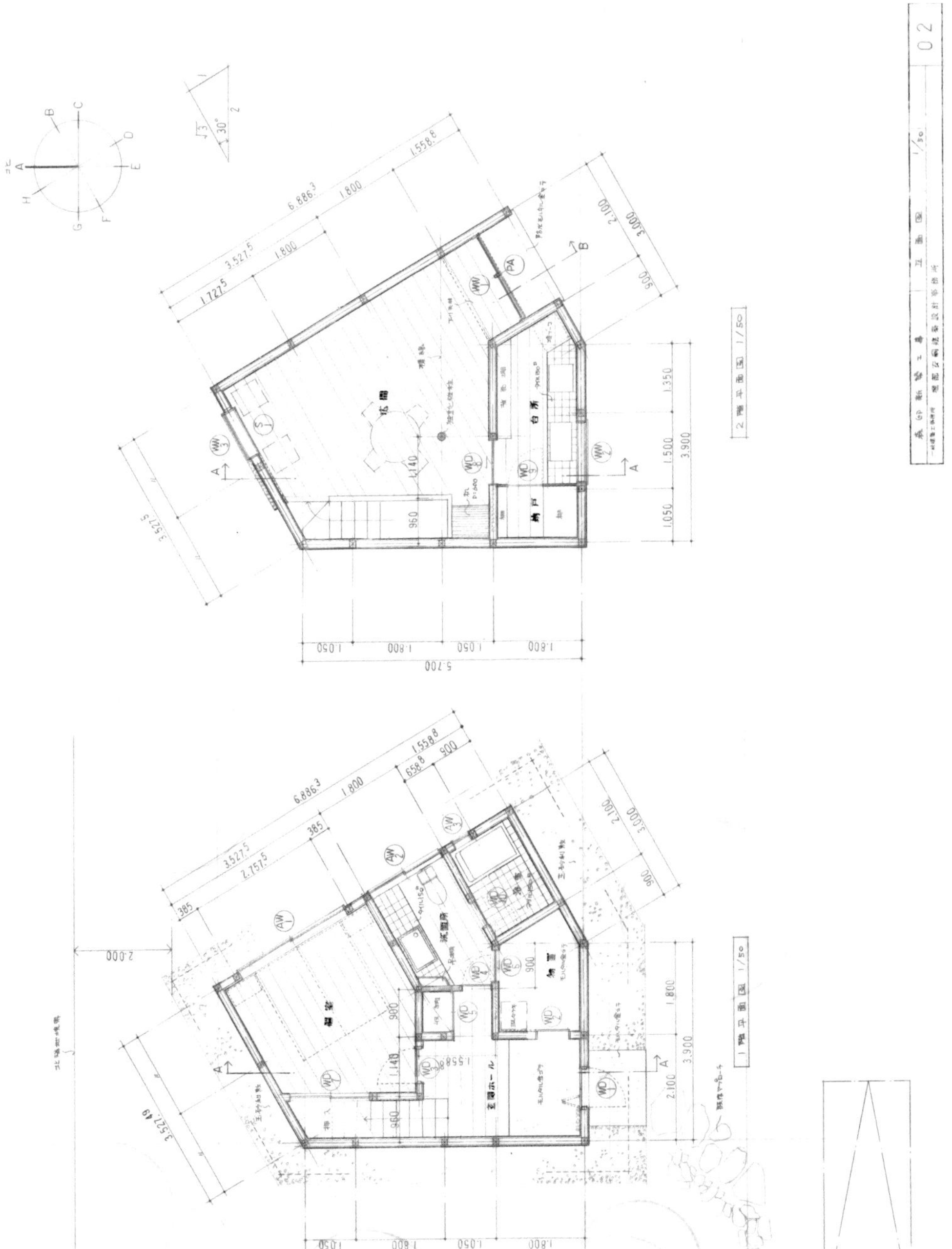

伊豆高原の家　1階2階平面図

青葉台の家

上／以前建っていた家。外観はごく普通だが、中に入ると建て主が選んだ家具や調度品と美術品がよく調和していた。
下右／設計中のスケッチ。

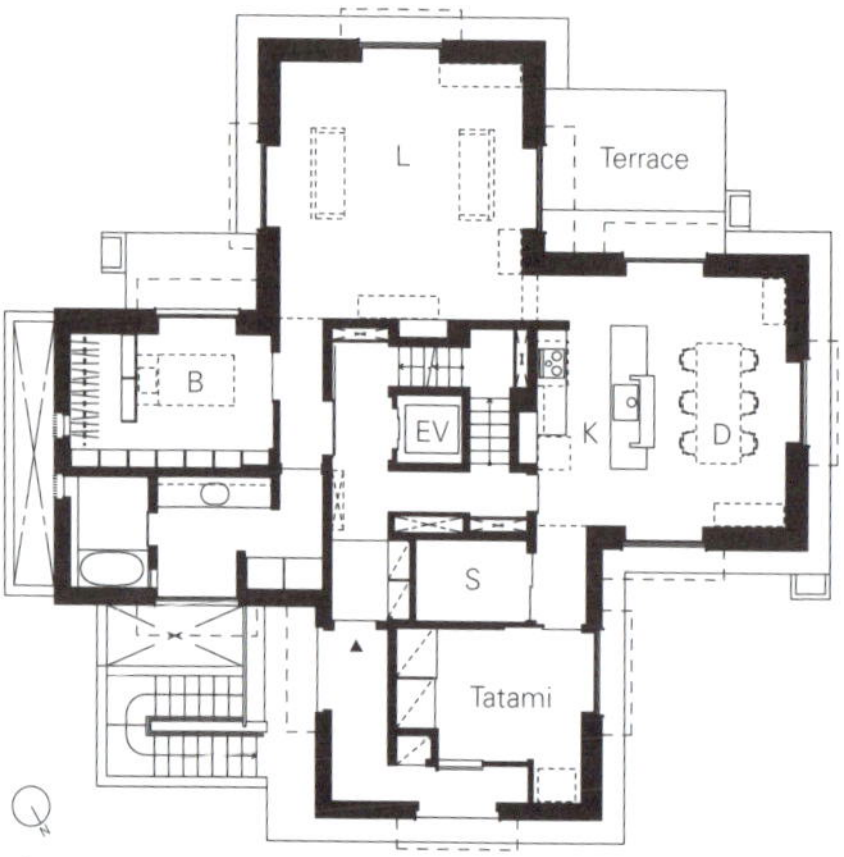

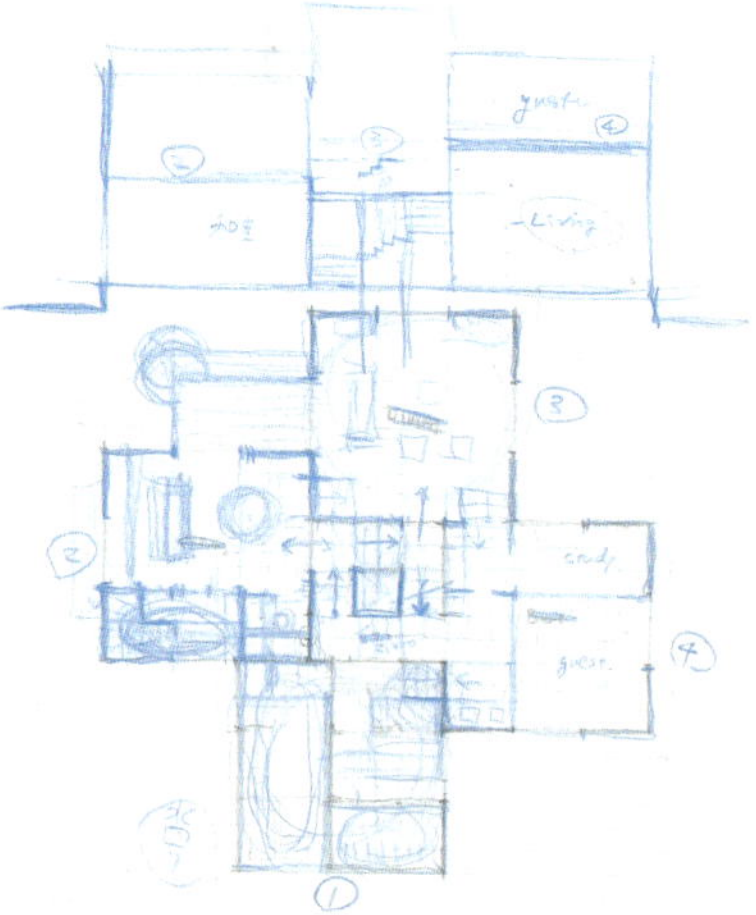

青葉台の家 1階平面図 1:300

建て替えた家に設えた家具や調度品や美術品。これらが自然に配置された光景を見て、〝この計画でよかったのだ〟と思った。

二世帯住宅への建て替え。建物の規模は大きいが、十字形の平面で四隅に庭のスペースを確保し、圧迫感を抑えている。南側の庭木はほとんど動かしていない。

大美野の家

以前の家が建っていたときの計画地。敷地は昔からの高級住宅地の一角にある。区割りが大きく、周りに瓦屋根の大きな邸宅が建ち並ぶ。道をはさんだ向かいに、それまで二世帯同居していた建て主の両親の家がある。新築する家には建て主一家４人の居住スペースと、近所の子どもたちに英会話を教えたり、海外からの客人を迎えたりできる多目的スペースが求められた。

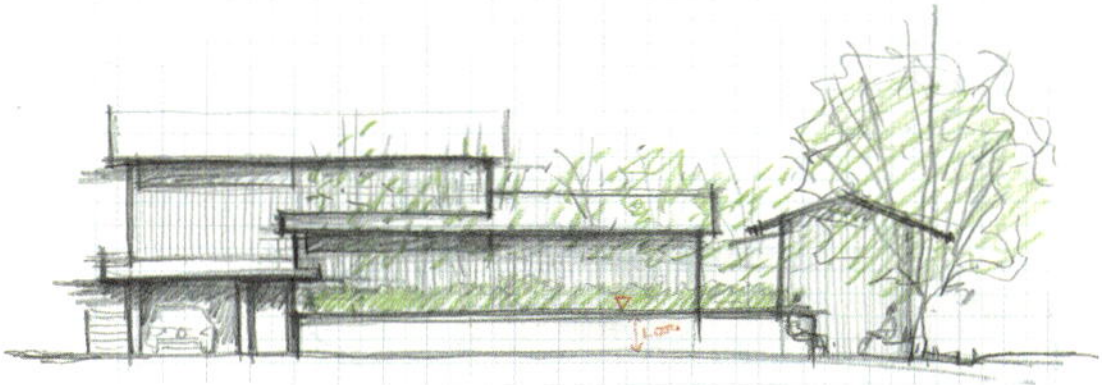

上／祖母の家を取り壊し、更地にした状態。梅の老木と、右手に松の木が見える。この残した樹木が活きるプランを考えるところからスタートした。

下／敷地は南北方向に高低差があり、梅の老木はその真ん中にある。建物を母屋と離れの２棟に分け、梅の老木をはさむ構成を考えた。敷地の高い方に母屋を、低い方に離れを建てれば、離れは地面に埋もれたようになるので、母屋から離れを見たときも圧迫感が少ない。

左／検討中の平・立面スケッチ。最終形とは異なるプランも多々あった。

左手の白い壁の内側には台所があり、2階は子ども部屋。右手には残した梅の老木が見える。窓はフルオープンでき、庭と一体になる。

離れがかなり低く見えることがわかる。母屋にとって離れは塀の役割も担う。このように2棟を平行に建て、真ん中に庭を設ける構成は、自分の家から自分の家が見えて楽しい。

大美野の家　1階2階平面図

新しい家での暮らしがはじまってから、建て主は梅の老木に毎朝励まされていると話していた。木の足元にはツワブキが咲いている。

御殿山の家

左上／建て主の母が暮らしていた以前の家は外壁が小豆色だった。奥に見えるのが玉川上水の緑道の樹木。
左中／緑道の反対側、この家とは目と鼻の先に「玉川上水の家」（写真）が建っている。建て主はその前をよく通っており、佇まいを気に入っていたそうだ。また、建て主は「府中の家」の建て主とも知り合いで、その家を訪れていた。このようなつながりから設計依頼があった。
左下／右手の隣家が老婦人の住む平屋住宅。間に塀はなく、スープをたくさんつくったらもっていくような、昔ながらの近所付き合いがあった。
下／内観スケッチ。

内外にキーカラーの小豆色を用いている。外部の色は内部よりやや濃くした。隣の家との間は境界を暗示しつつやわらかくつなぎたいと考え、牧場の塀のような簡素な小豆色の塀を立てた。庭には新しい木も植えた。隣家の庭木との境目がほとんどわからないが、隣の老婦人も「自分の庭ができたみたい」と、この家のあり方を喜んでくれたと聞く。さらに、奥の玉川上水の緑道の木にまでつながっていく環境をつくれたのではないかと思う。

上／このベッドカバーも以前の家で使われているのを見て色合いがいいと思った。新しい家でもこのベッドカバーが掛けられ、家に合っていることを確認できたときは安心した。
左／ダイニングテーブル以外の家具や調度品は以前から使っていたもの。等身大で飾り気のないこれらの家具が似合う家をつくりたいと思った。建て主がもともと持っていた家具などから新しい家のイメージが膨らむことは多い。

室内にも小豆色を取り入れ、外の景色とつながるようにしている。新築でも建て主は以前からここに住んでいたように感じられたと思う。

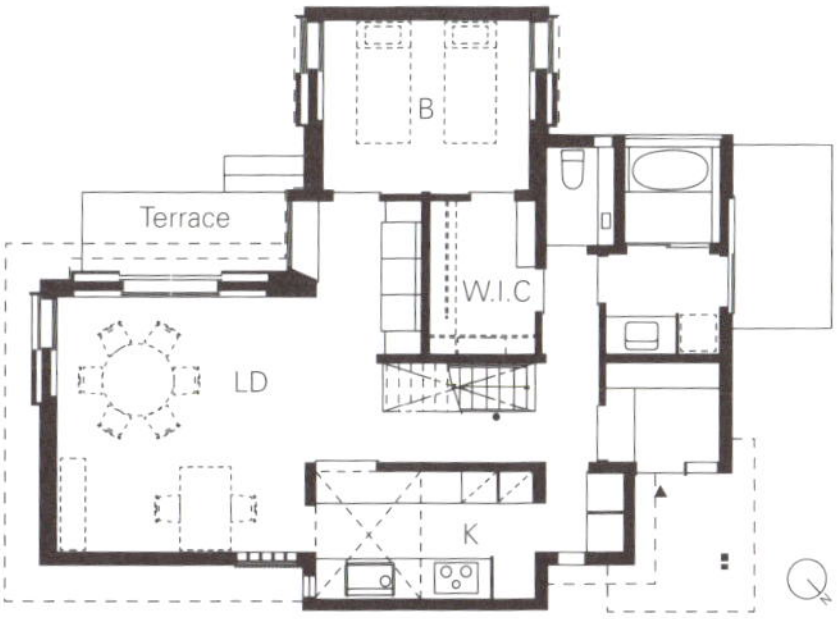

御殿山の家 1階平面図 1:250

逗子の家

上右／敷地は角地で、町並みを眺めたときにやわらかい表情となるように建物の平面を扇形にした。また、圧迫感を軽減するために角の建物を最も低く、順に高くした。
上左／計画がはじまる前の状況。裏に瓦屋根の大きな屋敷があり、庭の樹木がうっそうと生い茂っていた。建て主はその樹木に埋もれるように建つ家を望んでいた。
下右／上棟したときは裏の緑に埋もれていた。
下左／前庭に新しく樹木を植え、それと既存の樹木にはさまれるように建っている。竣工後、周囲の家の緑と新しく植えた緑がつながってきたときは計画がうまくいったと思った。

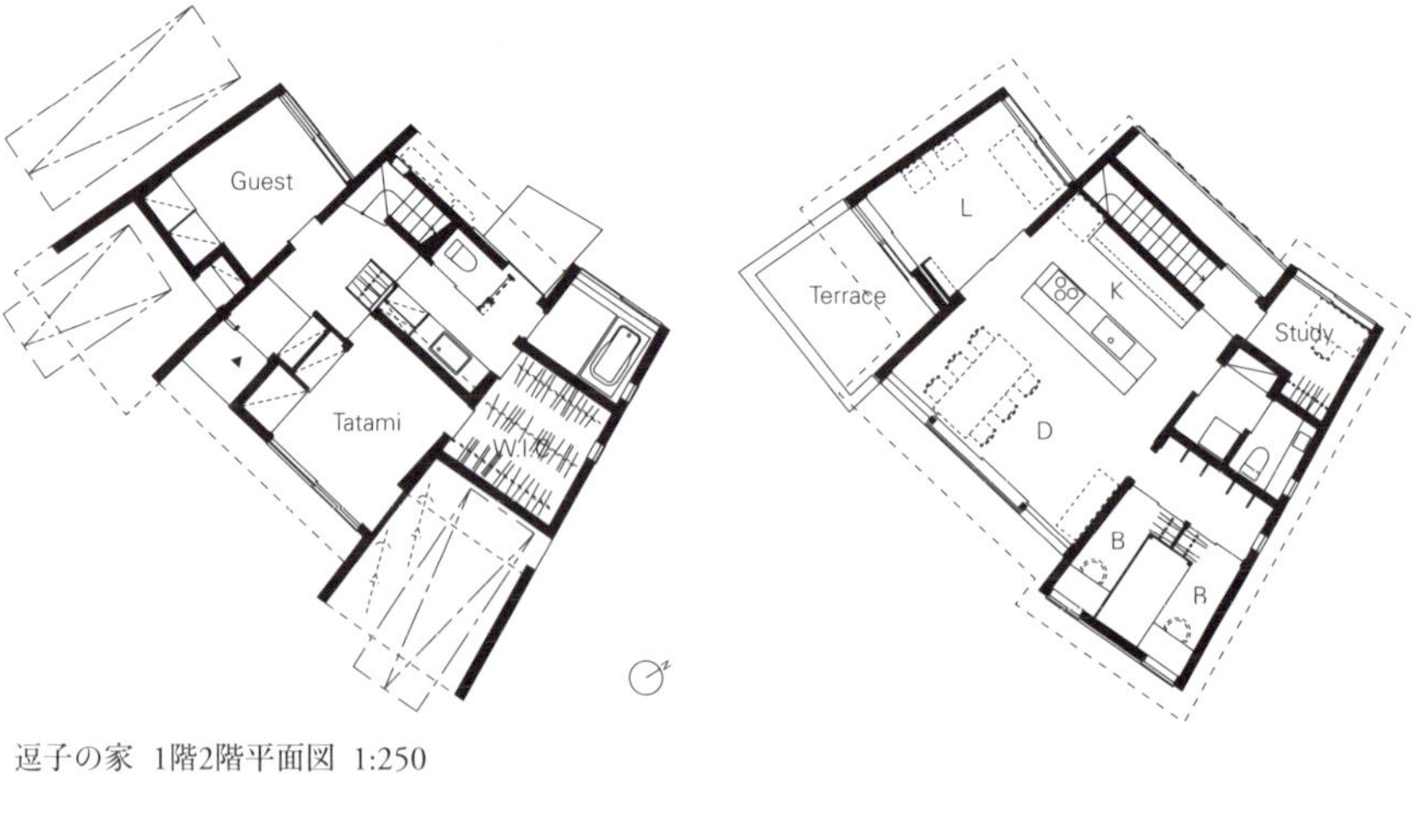

逗子の家　1階2階平面図　1:250

しばらくすると裏の屋敷や緑が一掃され、画一的な建て売り住宅が建ち並んだ。すると周囲に緑があったときはあんなにしっくりきていた家が、突如、この近辺で浮く存在になってしまった。周辺環境によって一変する建築の脆さに愕然としたことを今も覚えている。建て主は、裏の緑があったときは夏もエアコンを使わずに過ごせたが、緑がすべてなくなった後はエアコンを使わざるを得なくなった、それくらい風通しが変わった、と話していた。

その後、前庭に植えた木が大きく生長したことで、建物が樹木に埋もれるようになった。右手の車庫は後に、部屋に改修した。

南側に植えた大島桜も大きく生長し、町に潤いを与えている。2階の食堂の窓からは庭の木がよく見える。

荻窪の家

左／建て主夫人の父が描いた絵からインスピレーションを受けて設計がはじまった。その絵が飾られ、暮らしに濃密な空気が生まれている。食堂と居間の間の円柱は空気集熱式ソーラーシステムのダクト。食堂の漆喰壁と一体になるように施工した。
右／以前の家から使っていた家具や調度品と絵画。

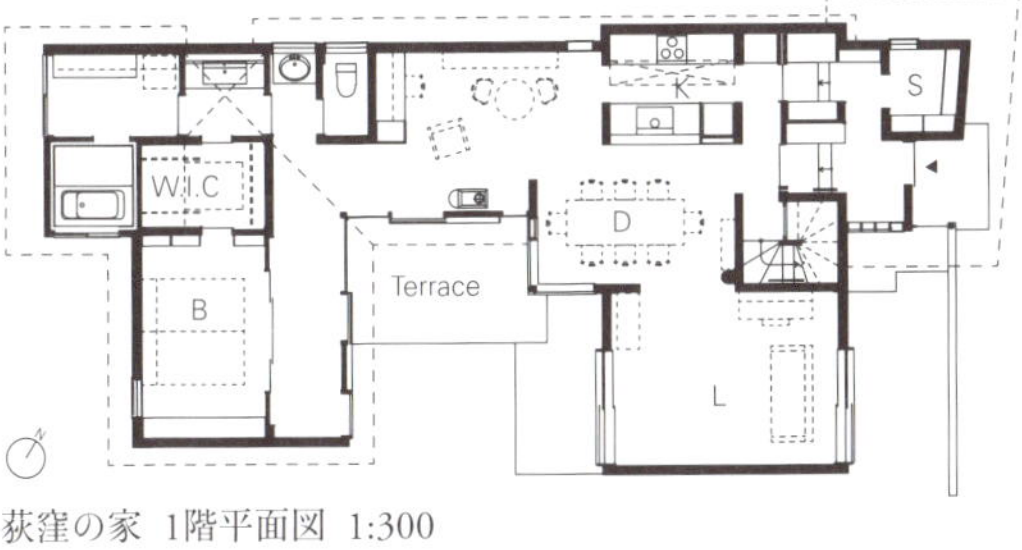

荻窪の家　1階平面図　1:300

中庭を囲むコの字型のプラン。
広縁には薪ストーブがあるので
大谷石を敷いた。食堂は天井の
高さを抑えている。

上／外観。閑静な住宅地に建ち、道路側はなるべく高さを抑えている。
下／中庭から建物の奥を見る。棟の高い部分は洗面室。自然光が入るように、ほかより天井を高くした。

ずっと昔からあったかのように

「由比ガ浜の家」「屋久島メッセンジャー」
「鹿嶋の研修所」「那珂の家」を例に

4

建築を計画している更地の敷地を見ると、建築の設計に携わっていない人には、そこに新築ならではの自由な表現、手法、可能性があるように思えるでしょう。更地が〝なにもない〟ように見えるからです。しかし実は、その更地にはなにもないわけではなく、さまざまなものがすでに存在しています。気候風土、風、日照、地盤、重力、法律、予算、隣の家、道路、風景。さらには住み手の価値観や住み方など、多種多様な要素が更地から浮かび上がって見えます。あたかもあぶり出しのように浮かび上がるそれらが自然に、そして確かに見えるかどうかは建築の設計において最も大切なところです。浮かび上がってこなかったり、浮かび上がってきてもそれらを無視して設計したりすると、出来上がる建築の質が必ず下がり、支障を来すように思います。また、そうやってつくられたものは時間の試練に耐えられず、すぐに飽きられてしまうようにも思います。

更地に〝すでにあるもの〟を見つめて設計するということは、設計の自由を束縛し、創造の幅を狭めることではなく、むしろ設計の〝確かさ〟を生むために不可欠なもの、と捉えることができます。例えば、隣の家が気候風土に素直に建てられ、形成する町並みの屋根の形状や色などが統一されているのであれば、更地に建てる家の外観や佇まいはそれらの胸を借りるように従うべきであると思います。外観や佇まいをこねくり回して自己主張するよりも、内部の空間や使い勝手の新しさと豊かさを求めてゆく方が、好ましい建築の佇まいをつくると思います。

そのような考えで設計すると、新築もどこか改築に近い行為につながるような気がします。すでにあるものの存在と骨格を見つめ、その与えられたもののなかに新しい空間と生活の可能性を探ってゆくことになるからです。

「由比ガ浜の家」の敷地周辺は、かつては日本家屋が並ぶ風情のある場所でしたが、近年の開発により新しい箱形の住宅が建ちはじめていました。私はモダンな住宅をつくることも、旧来の佇まいをもつ住宅をつくることも、どちらもこの環境には不釣り合いであるように思いました。ではここにどういう建物がフィットするのか、たくさんのプランを考えましたが、どれもしっくりきませんでした。

あるとき、ここに〝住宅〟を設計しようと思っているからうまくいかないのでは、と気づきました。新しく〝住宅〟を設計しようと思うと、どうしても〝正解〟を求めてゆく固い頭になってしまってイメージが広がらなくなるのです。

そこで、この場所に昔からある、忘れ去られた小さな礼拝堂のような建物を住宅に蘇らせた——そんな妄想を広げていったら、あれよあれよという間にプランができました。それは平面が正五角形で、いかにも住宅には適さないような変な輪郭です。けれどもなぜかそれまでは解けなかった物理的、機能的な問題がこの輪郭のなかではすんなり解けてしまった。新しい〝住宅〟の設計という気負いが消え、代わりに豊かなイメージが広がったからでしょう。設計というのはこんなふうにいろいろなアプローチと解決法が眠っているからおもしろいのです。

私は新しく建築をつくるとき、〝この場所にすでに何十年も、何百年も前から建っていたように〟することを設計の理想、目標としています。つまり〝新築のようにはつくらない〟ということです。しかし、故意に古臭くつくるわけでも、単なる郷愁でつくるわけでもありません。現代に求められる条件をしっかりと満たし、同時代的であるけれども歴史的な、風土的な文脈にもつながるデザインが必要なのです。そう捉えると今、この時代に建築を考えることの意味を見いだすことができます。

「屋久島メッセンジャー」や「鹿嶋の研修所」を設計するときは、まさにこのようなことを考えていたように思います。両方の敷地に共通するのは、設計の手掛かりはいろいろあるけれども、どこか殺風景な雰囲気で、ここに安心した人の居場所をどうつくるかということが見えにくかったことです。もしここに何十年も何百年も前から建っていたような建築の佇まいをつくれたら、そこには信頼の置ける安定した人の居場所も同時に生まれるという確信がありました。

その目標に向かって、寸法やプロポーション、材料を吟味して設計を重ねました。また、地元の職人が無理なく、そして納得してつくれる工法やディテールを考え、この地の気候風土をよく知る地元の大工や監督の話に耳を傾けました。それらも建築の自然な佇まいを実現する上で大切なことと感じました。

「屋久島メッセンジャー」が完成したとき、島の住人が「島にあるどんな建物よりも古く、昔からあったように見える」という感想を伝えてくれました。この言葉はなによりも嬉しく、やってきたことが報われた気持ちになったものです。

「那珂の家」は2005年に竣工した延床面積25坪の小さな平屋の住宅です。やがて子どもがふたり生まれ、さすがに手狭になって増築の相談を受けましたが、これは設計当初のシナリオにはなかったことです。また、この建物は方形の完結したシンプルな屋根のため、なにかを加えることは大変難しかったのですが、アイデアをひねり出して、玄関のポーチ部分に小さな方形屋根をもつ2階建ての棟を入れ込み、合体させました。屋根に谷は生まれず、不自然さもなく、あたかも当初からこの姿であったかのような佇まいになったと思います。

私が感銘を受けた建築のなかには、最初の役割を終えた後に改築され、別の役割を担っているものが多くあります。以前の使われ方よりむしろ今のほうがこの建物にふさわしいのでは、と思うことも少なくありません。古い城が美術館やホテルに、廃校となった校舎がレストランに、工場が博物館に、風呂屋がギャラリーに。そのような建築に出合うと、建築というのは建設当初の人のシナリオを超えたたくましい存在であると思うことができます。さらに杓子定規ではない気楽さや適当さ、遊びがあっていいのだとも思え、とても楽しく建築を捉えられます。

由比ガ浜の家

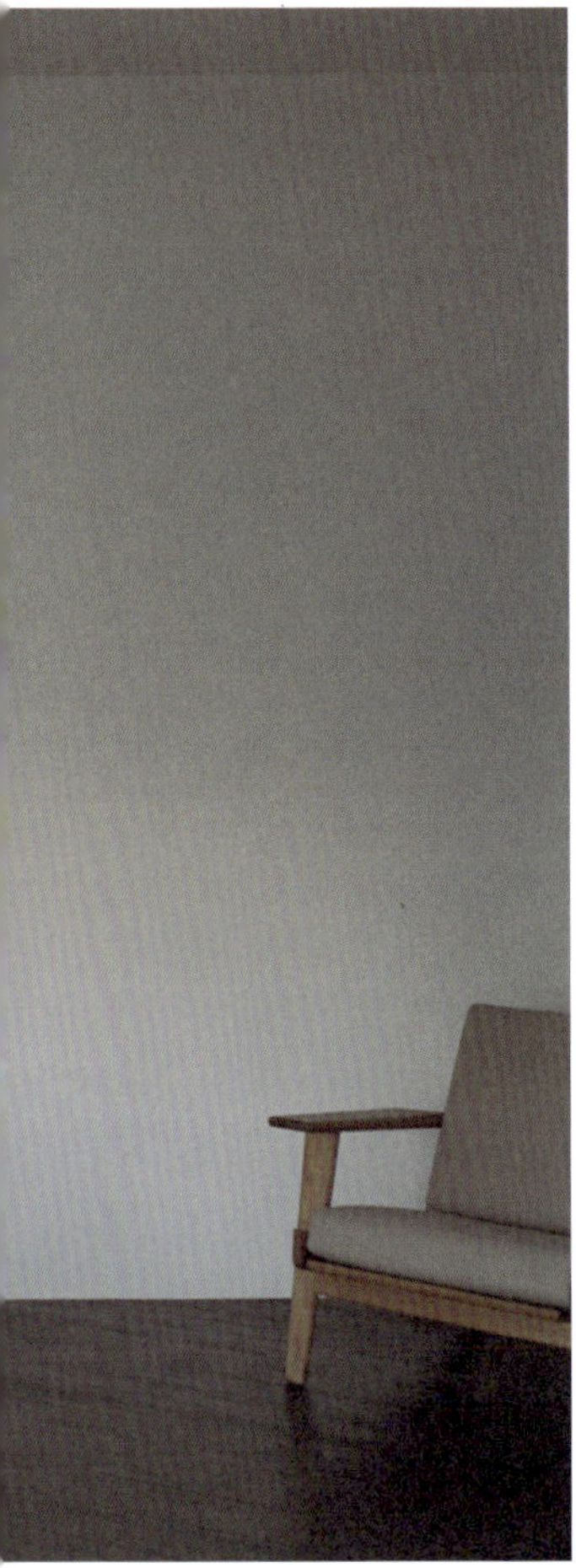

初めて敷地を訪れたとき。古都鎌倉の住宅地の一角、川の護岸の敷地だった。この場所にあたかも昔からあったような佇まいとはどんなものだろうと考えた。

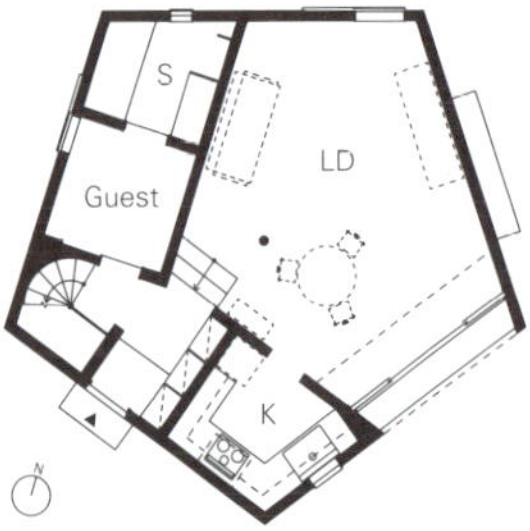

由比ガ浜の家 1階平面図 1:250

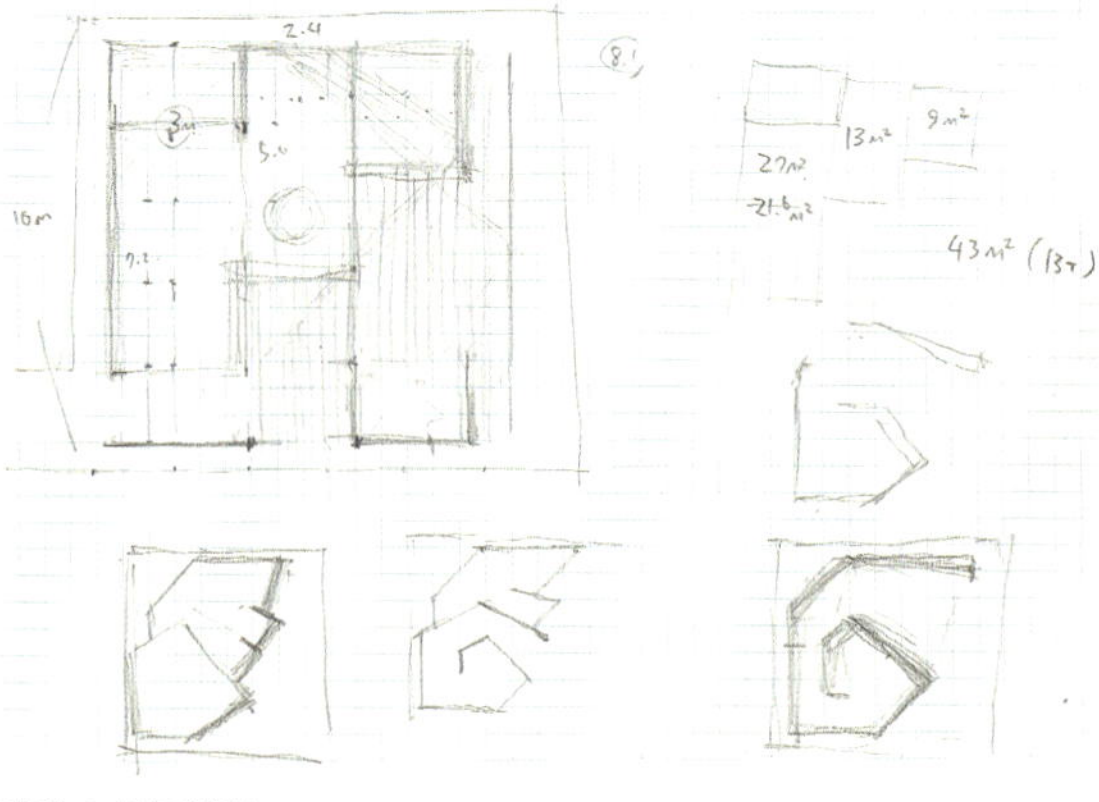

設計の最初期案。

1階の広間。白い丸柱は正五角形の中心に位置している。

四角い敷地に五角形の平面を置くと、周囲に三角形の余白が生まれる。そこを〝庭〟としている。開口部には垂れ壁を設けたり、彫りを深くしたりすることで、外の緑が映えて見える。

屋久島メッセンジャー

右上／屋久島での３軒目の仕事で、アウトドア用品を販売し、観光ガイドの基地ともなる建物。敷地は県道沿いにある。周辺はこれから開発されるだろう状況で、マクロで捉えれば大自然の中だが、ミクロで捉えるとやや殺風景な場所だった。この違いをひとつの建築にどう収束させるかを考え、ミクロに対しては少し閉じ、マクロに対しては開くプランにたどり着いた。遠くの山の風景を瓦屋根と塀で切り取ればきれいに見えるだろう、中庭にいれば県道沿いの殺風景な風景が目に入ることもない、と計画した。

右下／敷地をコンクリートの塀で囲み、その上に木造の小屋を架けた構成。屋久島は湿度が高く、シロアリの被害も多い場所なので、腐りやすい木部は地面から浮かせている。台風に対しても、この塀が有効に機能すると考えた。コンクリートの塀の両側には、島で産出される頁石（けっせき）を積んでいる。降雨量の多い屋久島で、コンクリートの汚れ防止と意匠性から石を積もうと思った。また、島で余っている石を有効活用したいとも思った。

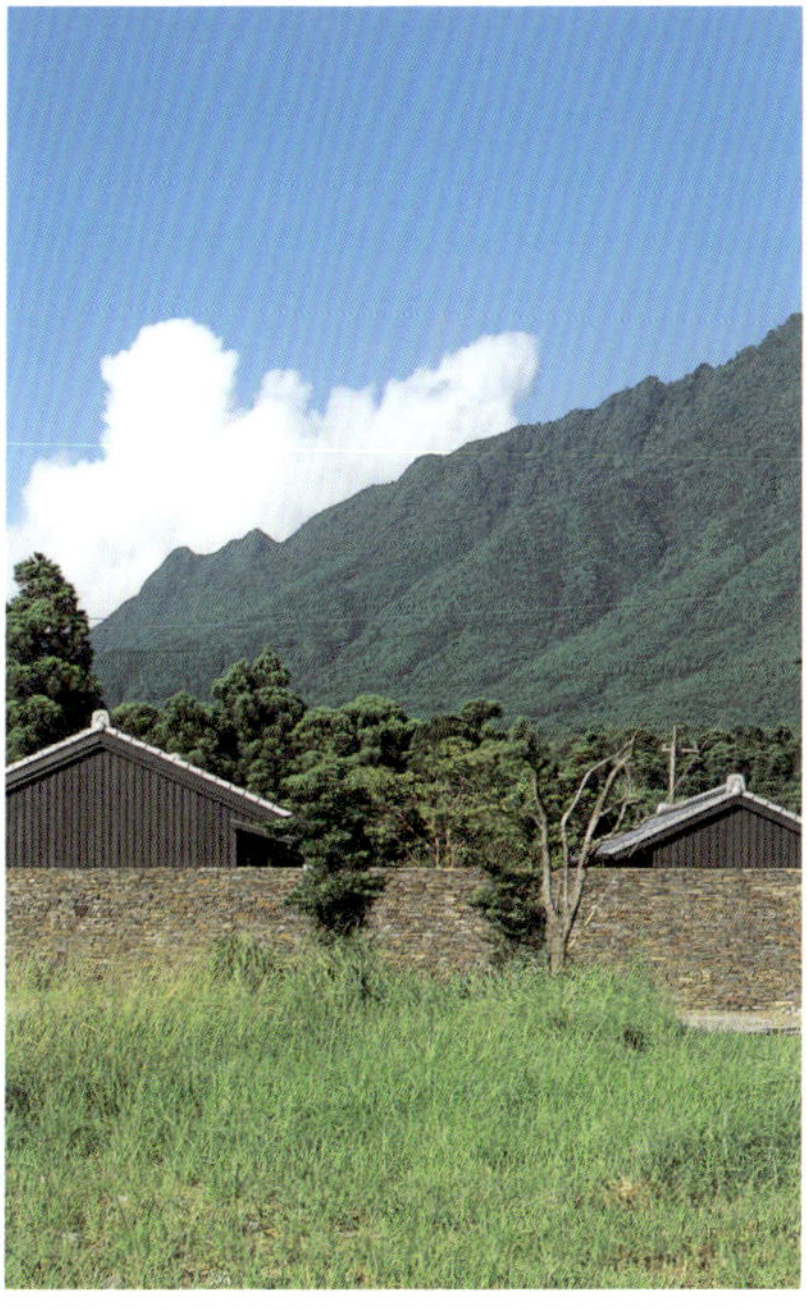

完成したときの様子。建物の高さは全体に低い。

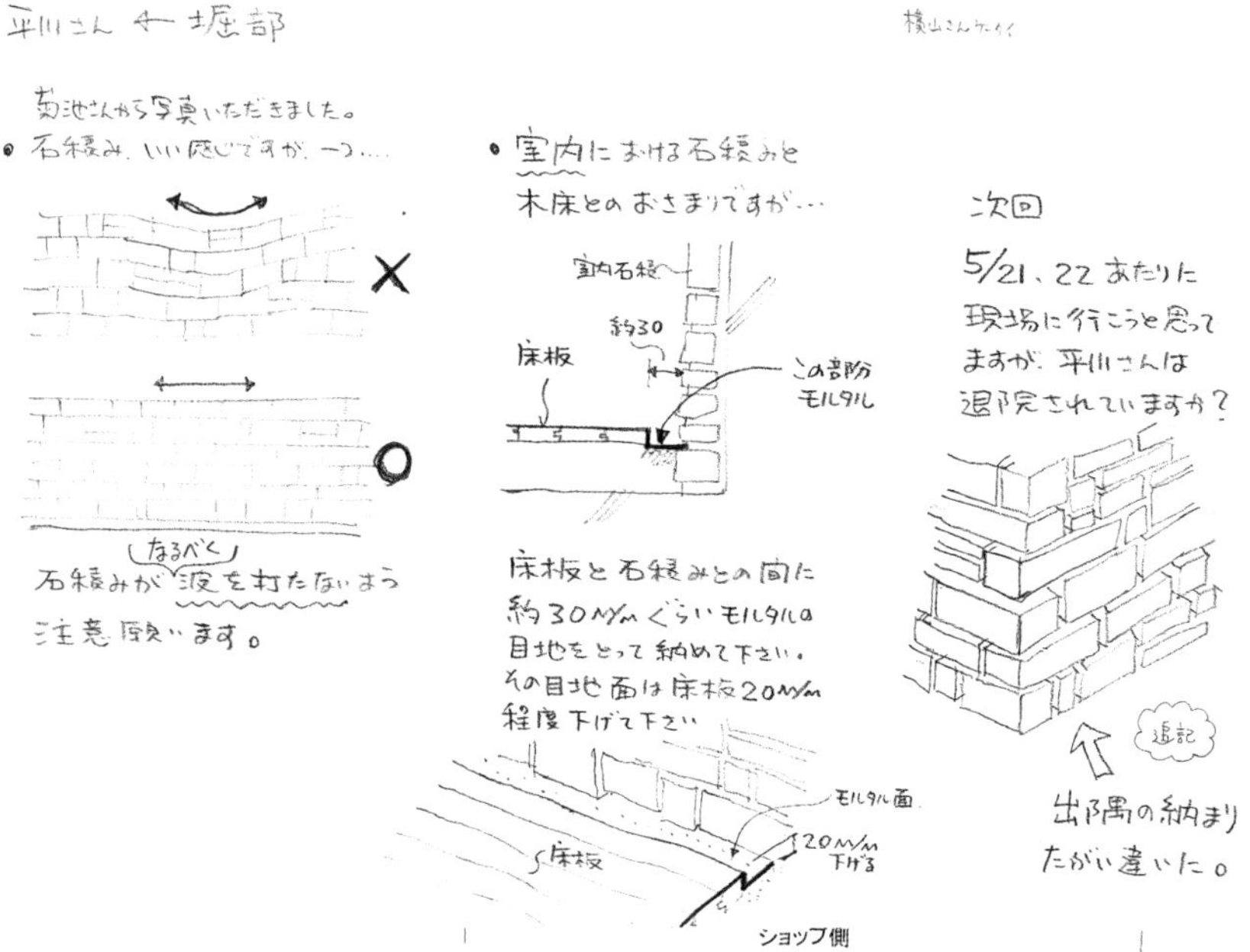

平川さん ← 堀部　　　　　　　　　横山さんケイク
・菊池さんから写真いただきました。
• 石積み、いい感じですが、一つ…
なるべく
石積みが波を打たないよう注意願います。
• 室内における石積みと木床とのおさまりですが…
室内石積
約30
床板
この部分モルタル
床板と石積みとの間に約30m/mぐらいモルタルの目地をとって納めて下さい。その目地面は床板20m/m程度下げて下さい
モルタル面
20m/m下げる
床板
次回
5/21、22あたりに現場に行こうと思ってますが、平川さんは退院されていますか？
追記
出隅の納まりたがい違いに。

ショップ側

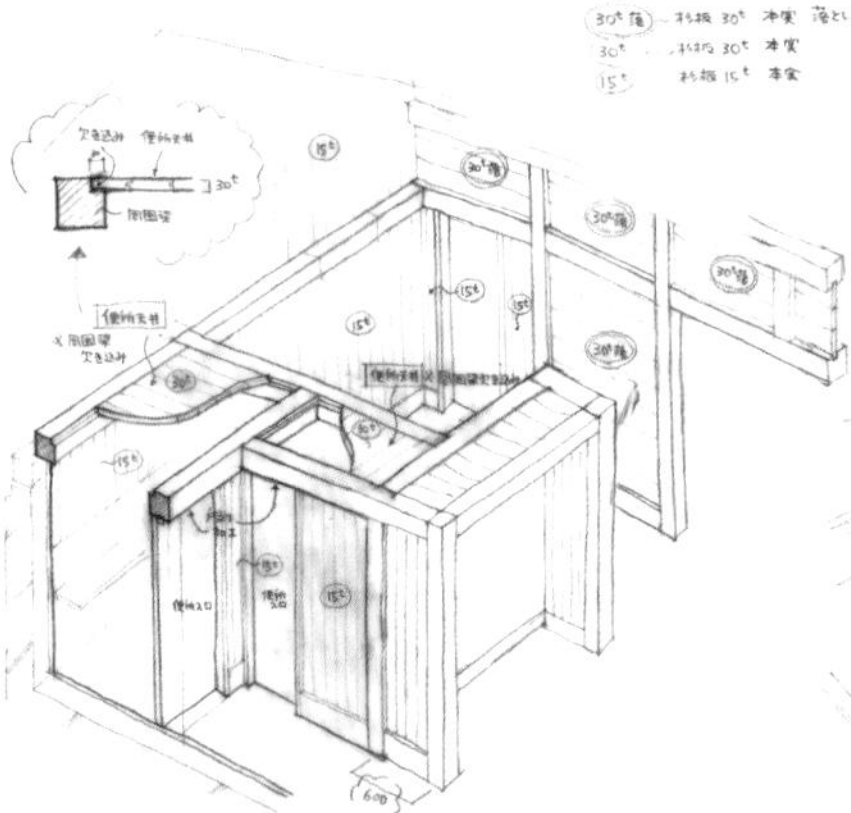

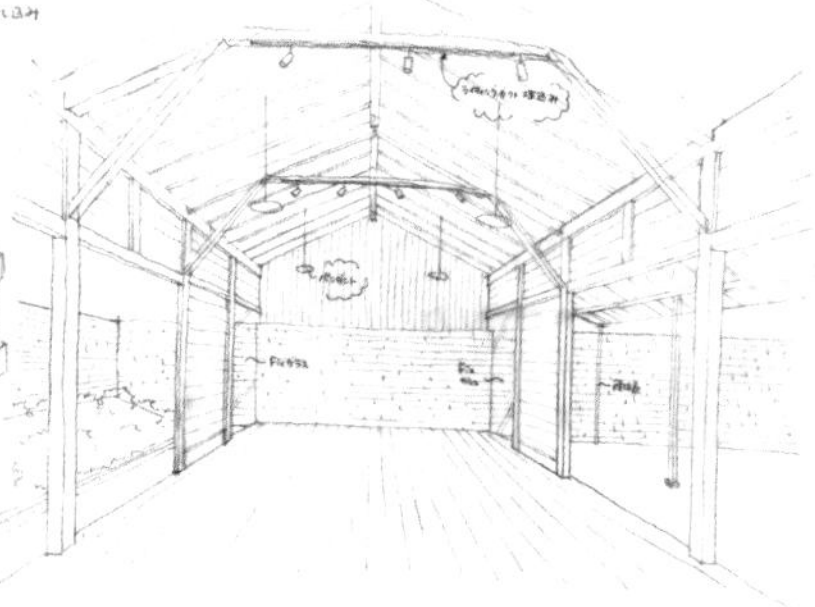

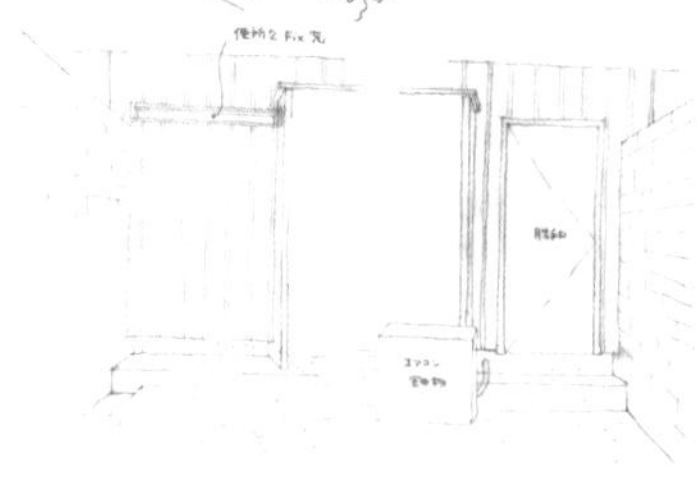

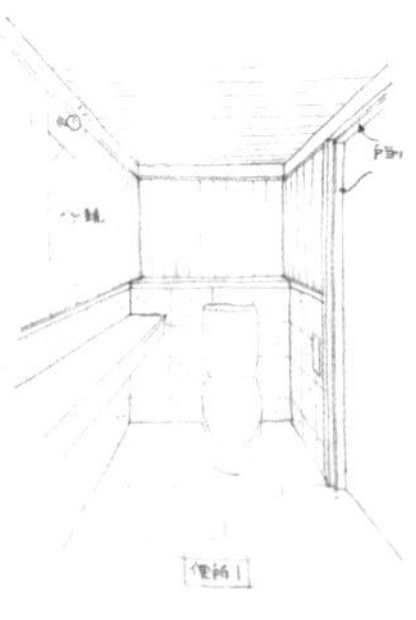

便所1

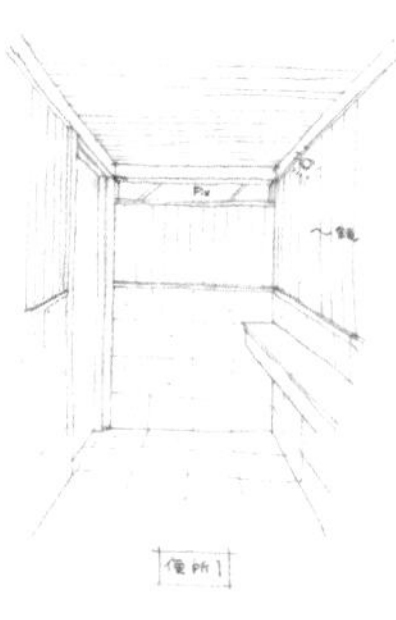

便所1

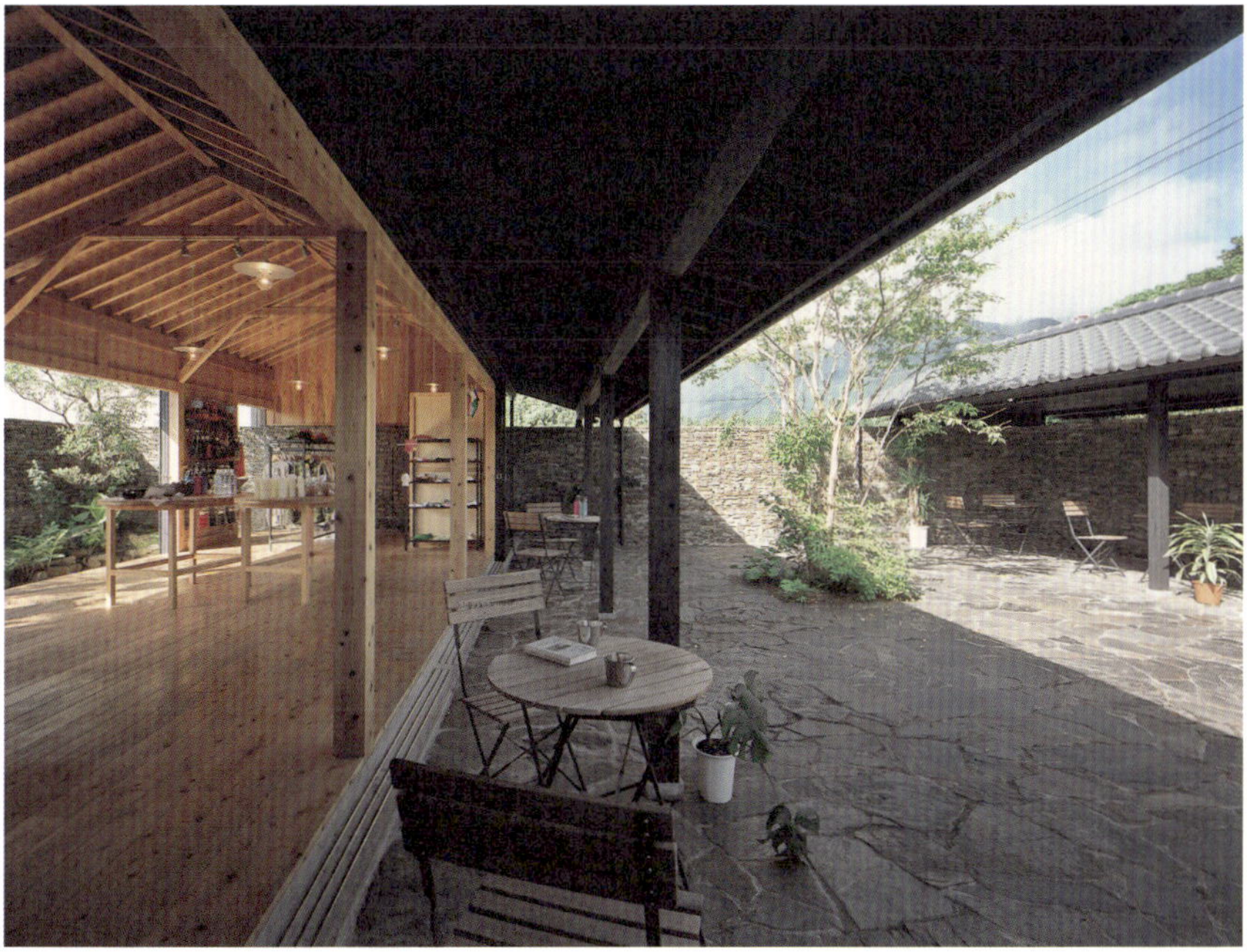

建具を開け放てば、中庭と一体になる。観光客が登山を終えてここに来ると、「山に戻って来たみたいだ」と話すと聞く。島で採れた自然素材でつくっているからだろう。

屋久島メッセンジャー 平面図 1:400

右ページ／施工中に、大工にファクスで送ったディテールの指示書。

鹿嶋の研修所

上／初めて現地に行ったときの様子。右手の常緑樹の林は敷地内。正面の落葉樹の先に太平洋の水平線が見える。この反対側が見渡す限り畑で、風は冷たく、砂埃が激しく、砂漠のように思えた。
下／上棟時。中庭からは水平線を望める。普通は上棟すると一種の手応えを感じるものだが、このときはなにか足りない感じがしていた。工事が進み、ほぼ仕上がってきても、まだ寒々としていて不安だった。そこで、塀で囲うだけのつもりだったアプローチに築山をつくろうと思い立ち、計画を急遽変更した。
左上／竣工時。築山が出来てようやく建物が着地した。築山は楕円形をしており、その楕円に沿ったラインが建物への動線になる。建物の手前に築山があることで建物の屋根がきれいに見える。砂埃なども防いでいる。
左ページ下／このような場所に人が安心できる場所をどうつくれるのかを考えた結果、母屋と離れの2棟をほぼ平行に建て、中庭をはさむ構成にした。右手の離れはかなり高さを抑えた平屋で、常緑樹の林の懐に抱かれるように配置。母屋は2階建て。

上／母屋の広間。屋根には塩害に強い瓦を採用。瓦は日本の風景を最もきれいに切り取る材料だと思う。ここで母屋から離れの低い屋根越しに常緑樹の林を見たとき、同時に目に入る建物の屋根が瓦か否かでは印象がずいぶん違う。瓦は長さのある切妻屋根に使うと魅力が増す。この建物はそういう意味でも瓦が適していた。照り返しがなく、経年変化も圧倒的に美しい。

下／2014年ごろの様子。何十年も前からここに建っていた納屋のような風情がある。周辺に住む人たちも好意をもってこの建物を見てくれていると聞く。

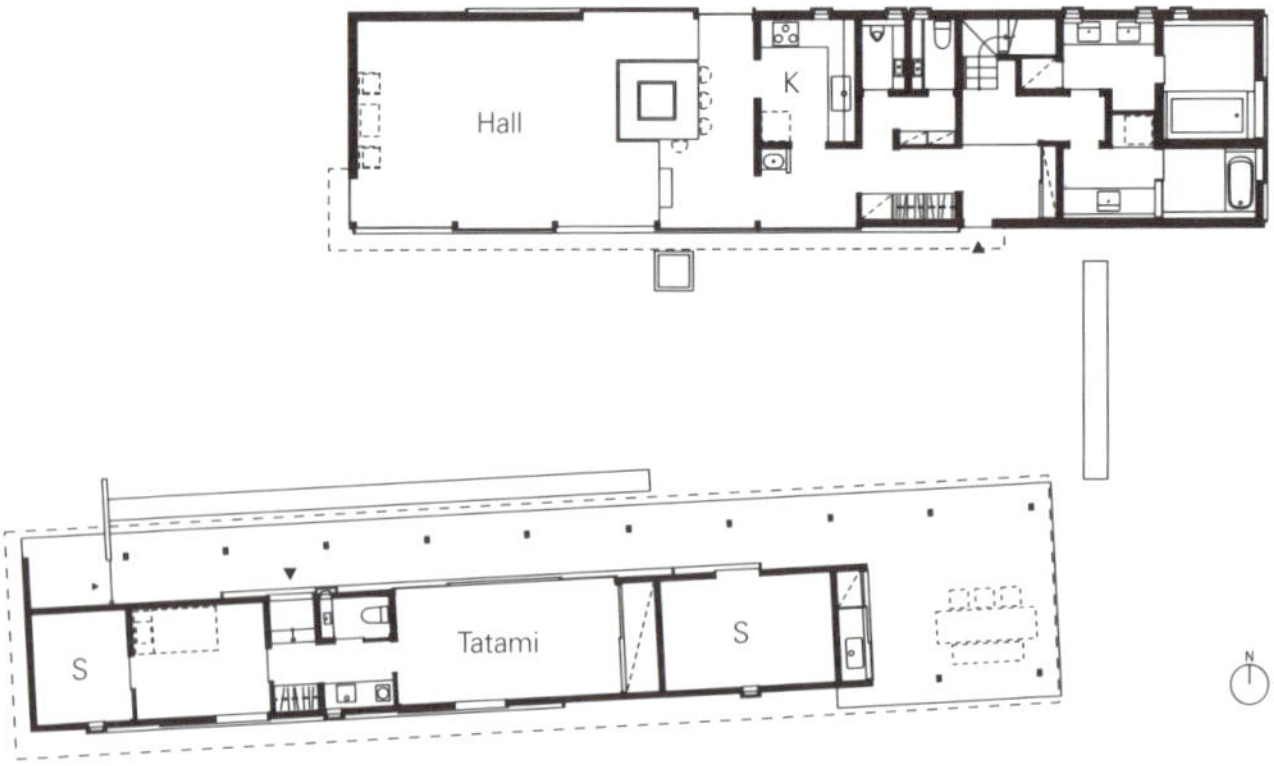

鹿嶋の研修所 1階平面図 1:350

那珂の家

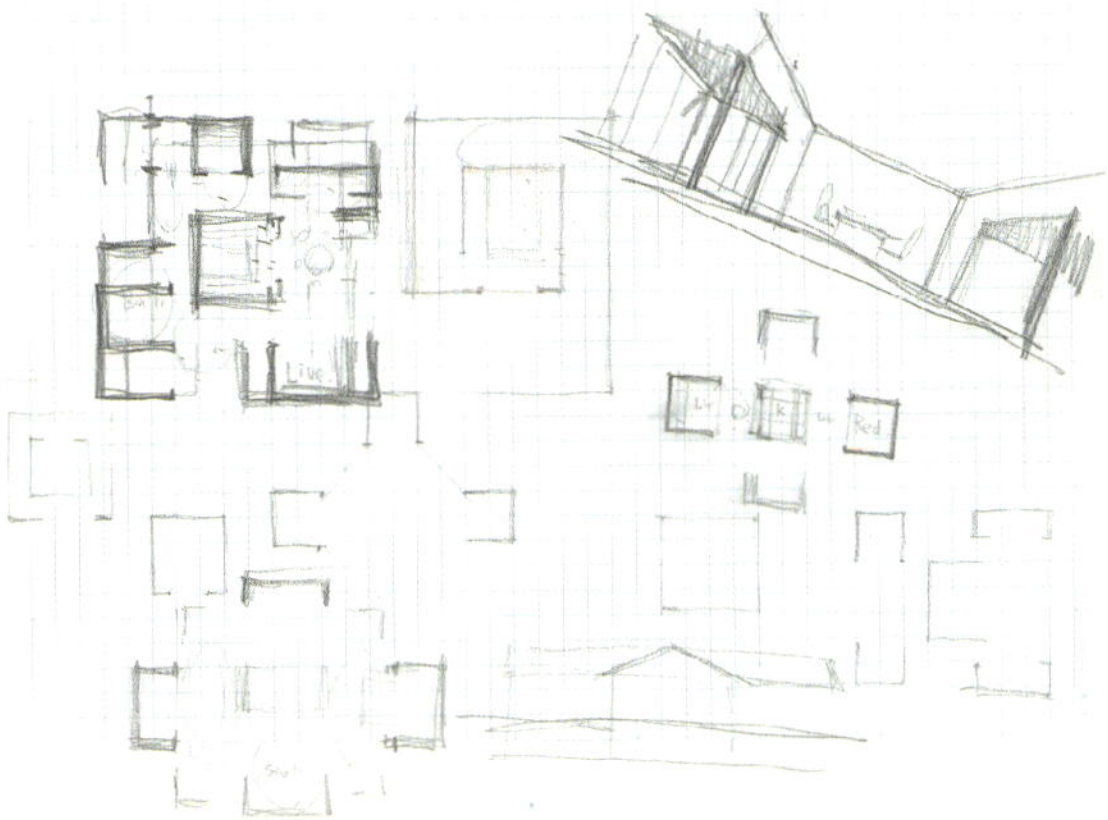

母屋を設計中のスケッチ。

左／母屋の内観。室内にいても、建物の周りに広がる庭を、コーナーに設けた開口部から楽しめる。
下／増築前の南側外観。

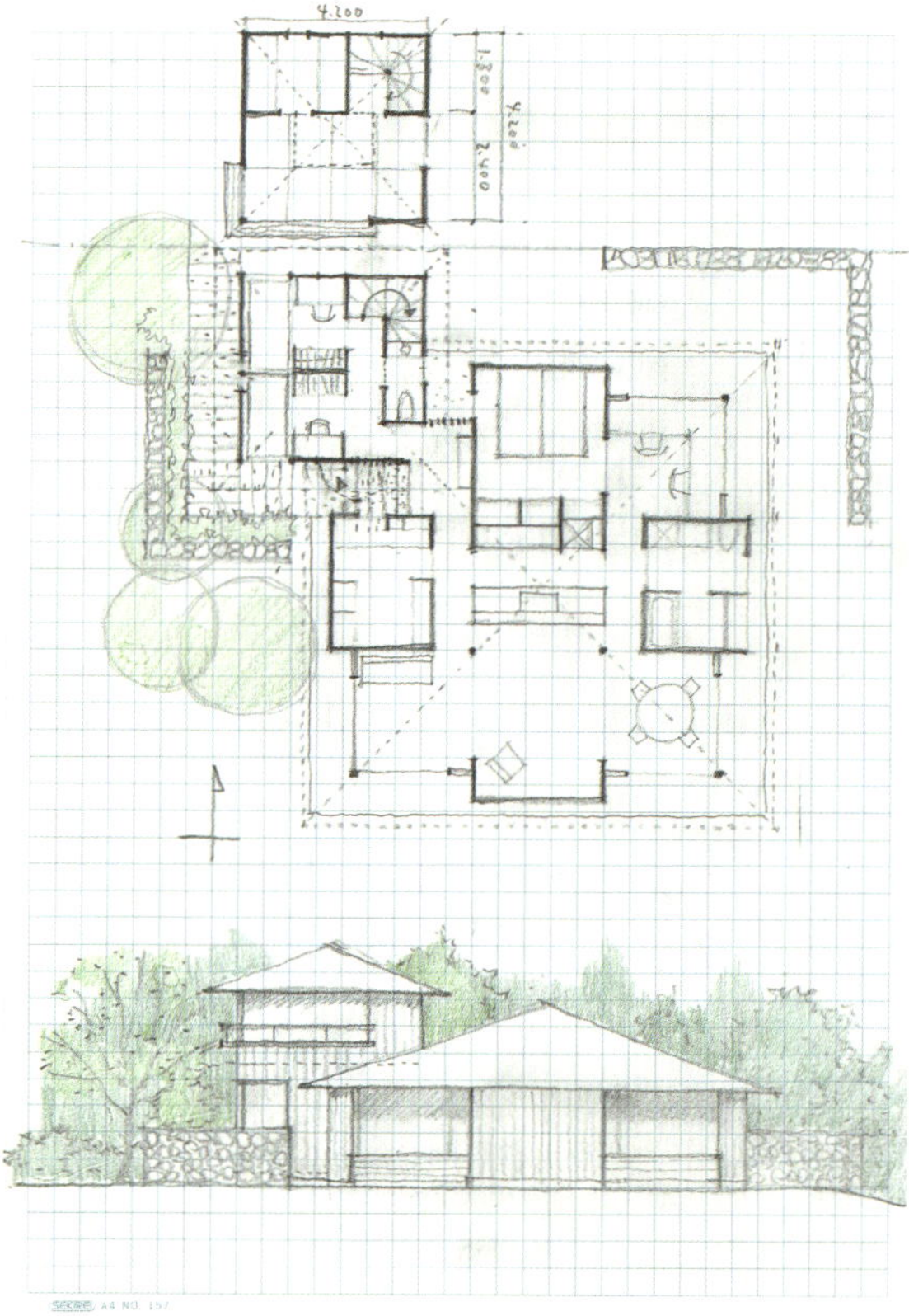

那珂の家 増築後の平・立面図

雪の日の風景。

上／増築後の西側外観。増築棟は、1階に個室がふたつとトイレ、2階に畳敷きの部屋と納戸がある。既存と増築の接続部分が新しい玄関になった。
下／増築後。以前はポーチだった部分に小さな2階建てを加えるため、既存の屋根の一部を切り欠いた。

庭から生まれる建築の多様性

「市原の家」「我孫子の家」「善福寺の家」
「六郷の集会所」「倉敷の家」「住吉の家」「砧の家」を例に

5

その土地の環境や暮らし方に合わせて、建物にはさまざまなプランが生まれます。そして、そのさまざまなプランに呼応するように、庭にもさまざまなあり方があります。ふたつとして同じ庭は存在しません。建物よりも庭のほうがむしろ自由度は高く、今後まだ見ぬ新しい庭のあり方が見えてくるかもしれません し、建物以上に多くの可能性を秘めているように思うこともあります。また、庭のあり方やイメージをまず考えて、その後に建物のプランを考えることも少なくありません。

むしろそのようなプロセスでつくった方が、結果的に好ましい建物の佇まいが得られるように思います。庭から多くの可能性をもらって建築することを心掛けています。

千葉県の「市原の家」は、すでにあった広い庭の中に母屋の離れとして建てる計画でした。私はその既存の庭を活かすと同時に小さな庭をいくつかつくり、あたかも緑の中を建物が縫ってゆくような雰囲気をつくりたいと思いました。建物は軒を低く抑えてその雰囲気を強調しています。

また、庭に直接出られる掃き出し窓と、直接出られないけれども庭を眺めるには快適な腰窓とを部屋の性格に呼応させて設置しました。それにより家の中に多様な居場所が生まれたように思います。庭に面する窓は、建物の内外をつなぐ大切な役目があり、つくり方ひとつで暮らしの豊かさが大きく変わります。建物の方からも庭に対して働き掛けられることを、設計の際はいつも念頭においています。

同じく千葉県の「我孫子の家」は、郊外の住宅や工場が建ち並ぶ場所のはずれにひっそりと建っています。こういう〝忘れ去られた〟雰囲気の場所には、子どものころを振り返ると秘密基地があったように思います。そのような性格の場所に〝住宅然〟とした建物は似合いません。小屋のようなものをポンポンと置き、その間の〝できてしまった〟スペースに庭のようなものをつくりました。

庭の具体的な設計は、ランドスケープ・デザイナーである建て主に任せました。いつお邪魔しても庭に変化があります。暮らしの延長にある、生活と一体化した庭というのはいいものだなあ、と改めて感じます。つくり込まれていない、いい意味で〝いい加減な〟この建物にふさわしい、おもしろい庭ができたのではないかと思っています。

「善福寺の家」は典型的な東京郊外の狭小敷地に建っています。ここでは建物を設計する前に、限られた敷地に庭のスペースをどうつくり出すか、というところから計画をはじめました。結果、いくつかの性格の異なる庭のスペースを確保し、その余った場所が建物に割り当てられたのです。

大きなまとまった庭をつくることがふさわしい場所もありますが、近年の都市の敷地ではこのように小さな庭をいくつか配置してゆく方が効果的な場合が多いように思います。また、のどかな地方よりも都市部において、庭の存在がより必要になっているように思います。人の住まいはやはり緑の存在抜きには語れません。緑は人間という動物にとって不可欠なものです。それが乏しいところにこそ緑の庭が必要なのです。

「六郷の集会所」は東京の住宅密集地に建つ寺院の客殿です。周囲には公園が少なく、また家の敷地は狭く、庭や緑がほとんどありません。そこで、この場所ではまず緑豊かな庭をつくり、建物はその緑の背後に隠れるように存在する雰囲気にしたいと思い、計画当初から、建て主である住職、そして住職の旧知の造園家と私の3人で意見を交換しながら設計を進めました。通常は建物が出来上がった後に具体的な庭の計画がはじまりますが、ここでは造園家が最初から、かなり具体的な計画を描いていました。

そうなると、私はあえて建築的な主題を用意する必要がなく、また計画に気負うこともなく、リラックスして、建物に求められる機能や役割を淡々と解決してゆくことに集中できます。庭を主題にすることで、建物はその背後を支える存在になり、私としては理想的な建築の姿を表現できたのではないかと思っています。

さて、岡山県の「倉敷の家」は小高い山の頂付近に建っています。敷地の北側からは倉敷市街を一望でき、南側は穏やかな住宅地の道路に接しています。つまり北も南も魅力的で、私は庭を北と南につくり、それぞれに異なる性格を与えて建物はそれらの庭をつなぐように計画しました。北は竹などを植えて静かな庭に、南は生活と直結した明るく動的な庭にしました。道路との境界も牧場のような丸太の柵だけにして、庭が街とつながるように工夫しました。

私は建物だけを設計するのではなく、むしろ建物と道路や街との接点を設計することに興味があります。家の内部は建て主のためだけのものでいいのですが、その接点は建て主のみならず、隣家や街を行き交う人のためのものにもなります。住宅は個人のためだけのもの、という視点ではなく、みんなのものという視点で設計しています。

どんな小さな家も、かけがえのない日本の風景の一部です。そう考えると住宅も公共建築としての責任が生まれてきます。隣や道路との塀のあり方、カーポートのあり方、庭木のあり方など、利他的な考えで注意深く設計してゆく必要があるでしょう。「住吉の家」や「砧《きぬた》の家」の写真をご覧いただくと、私の考えたことが伝わるでしょうか。

個人と公共の接点を住宅が担っているという意識をもち、常にその接点を豊かで奥行きのあるものにしてゆくことが、これからの時代はとても重要だと思います。また、その接点を考えると、建物そのものにも新しいアイデアが生まれてくるのです。

市原の家

広縁の腰窓は〝庭を眺める窓〞としてFIXガラスとし、上部に開閉部分を設けた。全体に高さを抑え、重心を下げている。窓台は深く、ここに腰掛けて庭を眺めることもできる。左手は寝室。

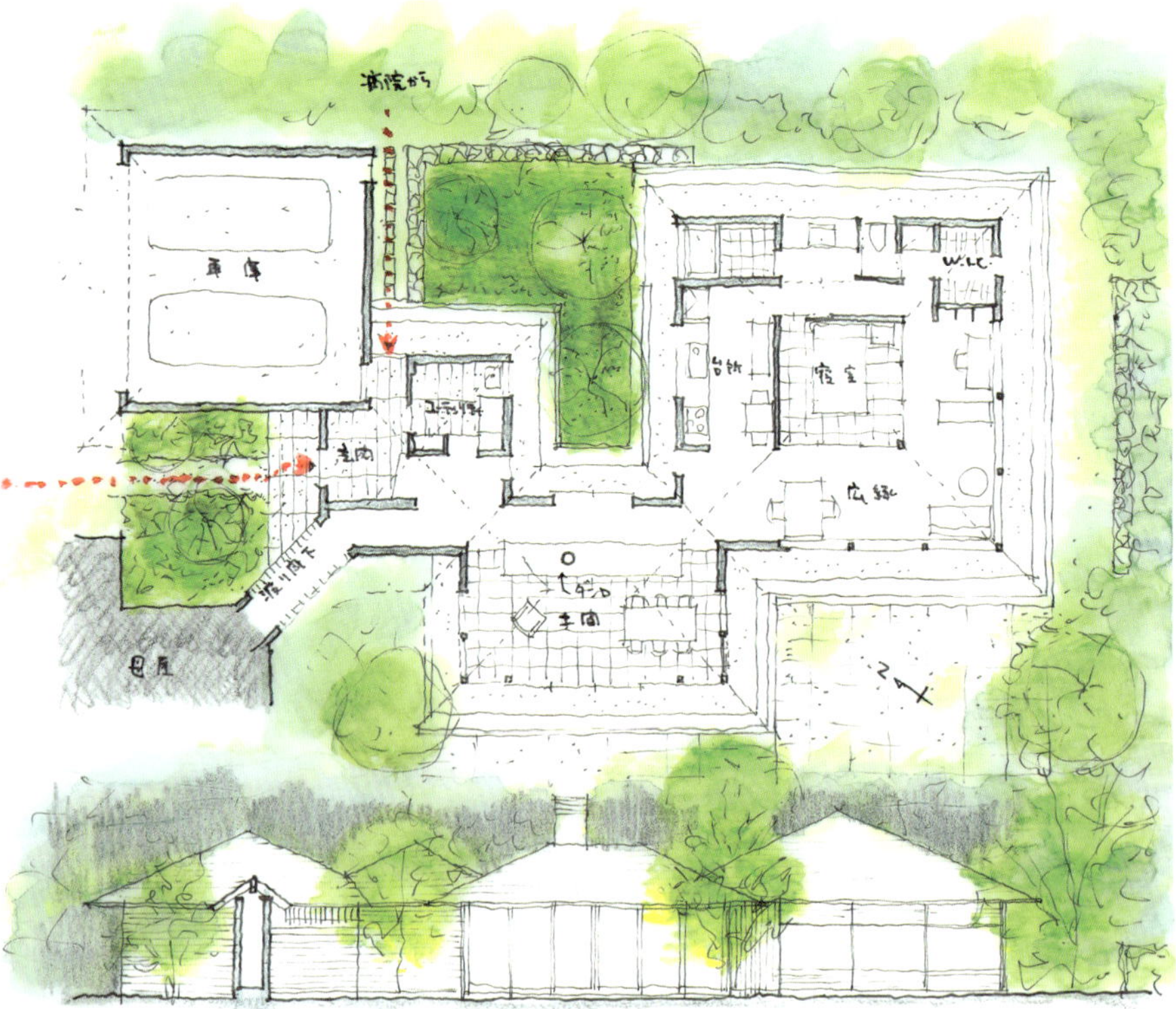

市原の家 平・立面図

左／家族が集まったり来客を迎えたりする土間は、掃き出し窓を全開すれば庭と一体になる。中央のコンクリートの箱には煖炉が入っている。天井は屋根架構をそのまま見せている。
下／この家は４つの棟から成り立ち、それらは雁行しながら連結している。

我孫子の家

アプローチの階段。ランドスケープデザイナーである建て主の手になる庭と生活が渾然一体となっている。

切妻屋根を架けた3棟が等間隔に並ぶ外観。まるで納屋のような佇まい。屋根はガルバリウム鋼板小波板。

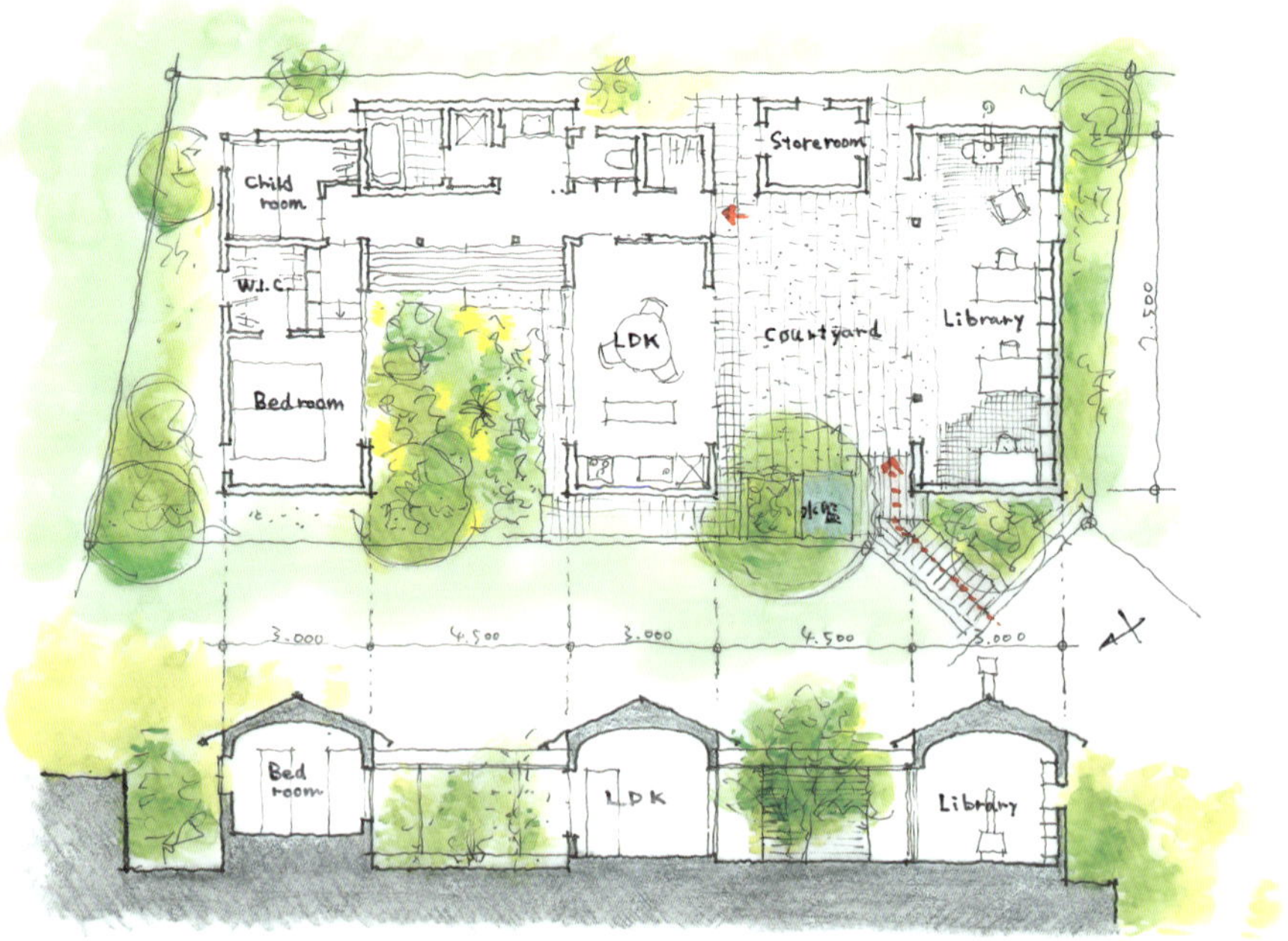

我孫子の家 平・断面図

上／中庭から食堂、さらに奥に図書室を見る。
下／図書室は建て主の仕事部屋と子どもの勉強部屋を兼ねる。図書室と食堂の間の庭は大谷石を敷いている。

右上／１階の寝室に設けた地窓から北庭を見る。
右下／アプローチから南庭を見る。アオハダ、ハラン、ツワブキなどを植えている。
左上／庭をいくつかに分け、その性格に合わせて建物を配置したため、大きさの異なる矩形の平面が雁行するプランになった。庭木の大半は常緑樹。落ち葉をさほど気にすることなく、年間を通して庭を楽しめる。

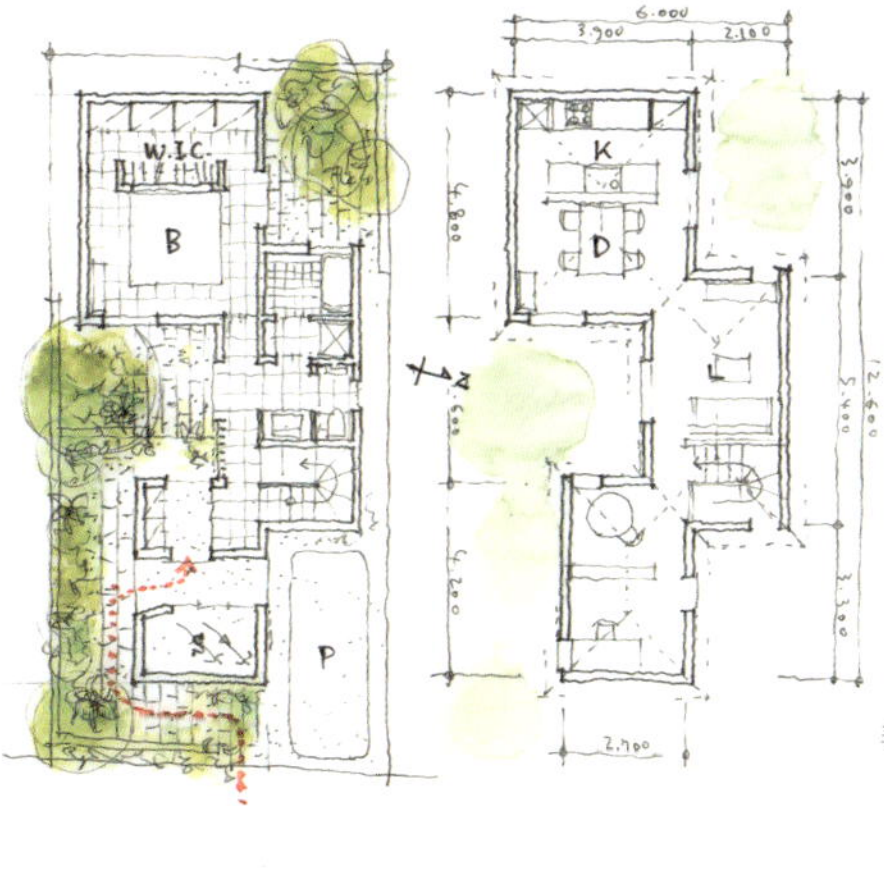

善福寺の家　1階2階平面図

六郷の集会所

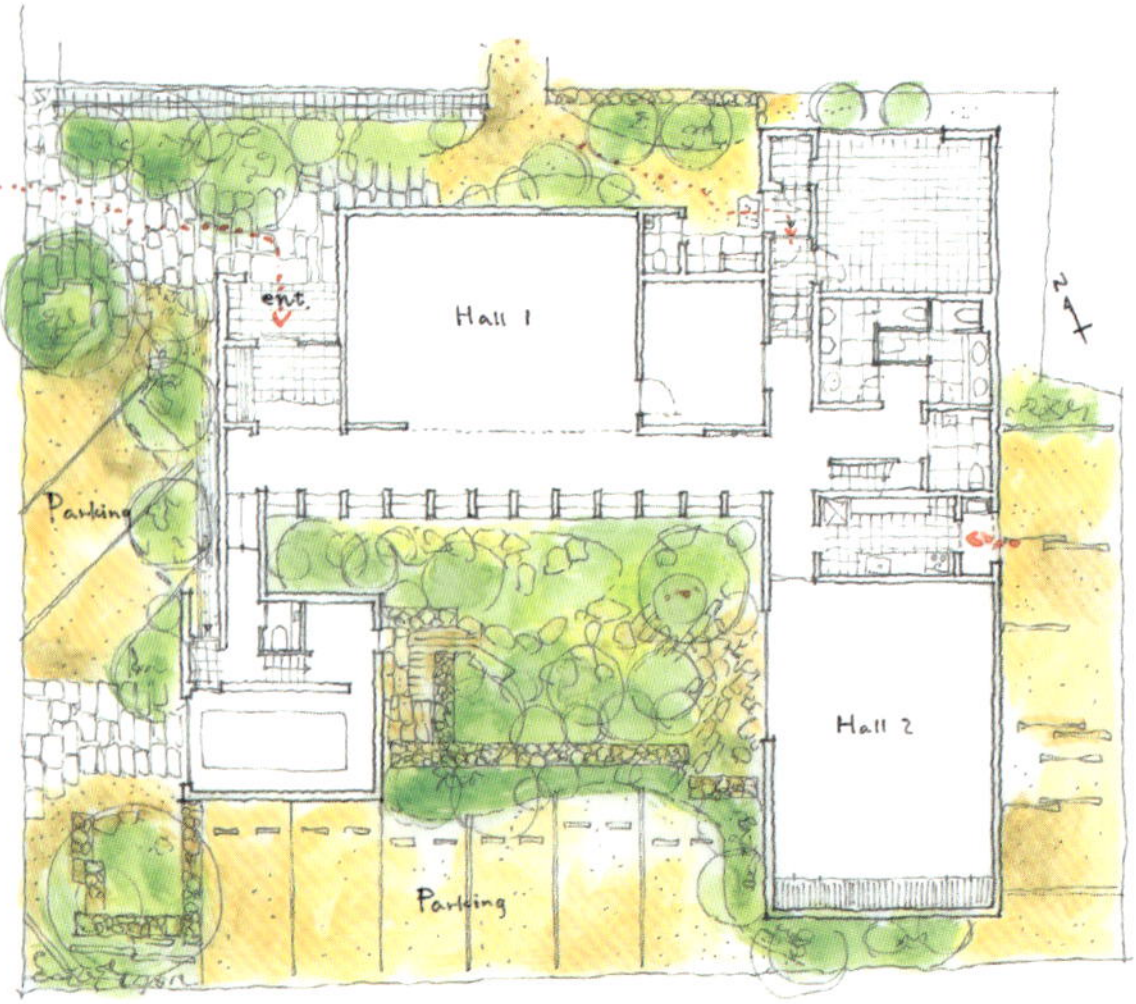

六郷の集会所 平面図

右ページ上／アオダモやナツハゼ、ミツバツツジなどが彩る庭。右手のホールや奥の柱廊からも望める。

右ページ下／庭に面した柱廊とホール。

下／正面道路から見た外観。公園や庭がほとんどない周辺環境に対して緑を提供すると同時に、ゆくゆくは建物が緑に覆われるように計画した。

倉敷の家

穏やかな住宅地の道路に接する南側は動的な庭。既存の大きな樫の木を残しつつ、さまざまな樹木を植え、また菜園を設けた。

食堂から南の動的な庭を見る。道路との境界は簡単な丸太の柵だけとし、庭と街がつながってゆくようにと考えた。車庫棟の外壁も塀のような役割を担っている。

北側の庭は居間と連続する。こちらは植える樹木の種類を抑え、眺望が主役となるようにした。垂木は扇状に配し、やわらかくコーナーが連続している。

倉敷の家　1階平面図・立面図

住吉の家

3間角の平面をもつ小さな家。庭も広くはないが、周辺の環境や植生と連続してつながってゆくものをイメージし、点が線になってゆく建物と庭のあり方を考えた。

道路側の前庭は緑豊かで、街に潤いをもたらす。この二世帯住宅の玄関は石段の奥のトンネルの途中にある。トンネルを抜けると中庭につながり、そこにも多種の植物を植えている。

砧の家

静けさと光

「大泉の家」「屏風浦の家」「牛久のギャラリー」
「芦屋川の家」「北青山のマンション(改修)」より

6

「生と死」が共存する空間

「阿佐ヶ谷の書庫」「竹林寺納骨堂」

7

2013年の春を迎える前に、ふたつの建物が続けて竣工しました。東京の「阿佐ヶ谷の書庫」と高知の「竹林寺納骨堂」です。このふたつは敷地の条件も、周辺環境も、建物の目的や規模、プログラムも全く異なります。しかし、いずれも死者を祀る空間で、人の「生と死」がひとつの空間の中で交わります。

並行して設計を進めながら、この共通点に気づいたのは「阿佐ヶ谷の書庫」の本棚に仏壇が収まった後でした。

「阿佐ヶ谷の書庫」は社会経済学者で東京大学大学院教授の松原隆一郎さんの書庫兼仕事場として設計しました。松原さんは一万冊にもおよぶ本を、以前は大学の研究室と自宅と自宅近くに借りた古いアパートの1室に保管していました。そのように本が分散している状態は、執筆にはとても具合が悪い。目当ての本が見つからず、すでに持っている本をまた買うことも珍しくなかったといいます。また、50代も後半に差し掛かり、定年で大学を辞めた後、研究室の本をどうするのかも悩みはじめていたそうです。

そこで松原さんは書庫を建てる決意を固めたわけですが、もうひとつ大きな目的がありました。それは、おじいさまの仏壇を置く場所をつくりたいということ。松原さんは、松原家はこのおじいさまからはじまったと考えています。その来歴は松原さんと私の共著『書庫を建てる―1万冊の本を収める狭小住宅プロジェクト―』（新潮社刊）に譲りますが、松原さんはいろいろあってご実家を手放すに至り、そのお金で書庫を建てることを決めました。そして、唯一残った仏壇を守ることは、松原さんにとって使命ともいえました。つまり、この書庫は松原家を継承するものであると同時に、おじいさまの鎮魂の場でもあったのです。

松原さんから相談を受け、購入前の敷地を見に行ったときは、わずか8坪に一万冊もの本を収蔵するものが本当に建つのかと頭を抱えました。とはいえ、松原さんは私が駆け出しのころのクライアントで、奥さまの幸子さんが雑誌で「南の家」を目にして自宅の改修設計を依頼してくれたことにはじまり、その増築設計（「阿佐ヶ谷の家」1997年／2003年）、幸子さんが営むカフェ「ひねもすのたり」の内装設計（2006年）も任せてもらいました。そんな恩人のような方の依頼ですから、断るわけにはいきません。急いでプランを考えたところひとつできたので、松原さんにこの土地を買っても大丈夫だと伝えました。

しかし、そのプランは仏壇の置き場所がしっくり来ていませんでした。また、一気に本を眺められる場所もなかった。それではどこに何の本があるかが一目でわかりません。もうひとつ、私はアスプルンドが設計した「ストックホルム市立図書館」を見たときの感動が忘れられず（32ページ参照）、円形の図書館にずっと憧れていました。ここは土地の狭さから、円形は無理だと初めは諦めていましたが、急ごしらえの初期プランも検討を続けるうちに限界を感じるようになり、乗り気になれずにいました。

あるとき、この土地で法律から導き出される塊はどんなものだろうと思い立ち、模型を作ってみました。書庫を円形にしたいなら、その塊の内側をえぐればいいのではないだろうか。考えに考えを重ねていると、突然、発想の転換が促されることがあります。今回も頭のなかにこのような方向がふとひらめきました。早速、模型の中に大きな円をひとつ、余った部分にも小さい円をふたつ、くりぬきました。

これはいける。確かな手応えを感じ、意気込んで松原さんにプレゼンテーションしましたが、松原さんと幸子さんの反応は鈍かった。言葉を尽くしても、さっぱりわかってもらえませんでした。私は落胆し、出直してきます、と帰りかけたとき、松原さんが「堀部さんがいいと思うなら、このプランで進めて結構ですよ。信頼して任せているのだから」と言ってくれた。この一言に、私はどれだけ救われたことでしょう。


こうしてコンクリートの塊の中に、大小の円がスキップフロアでつながるプランが生まれました。平面の外形は敷地に合わせて変形の四角形です。内部は、大きな円は書庫兼階段室で、地下から2階までの壁面に本棚を造り付け、その手前に螺旋状の鉄骨階段を設置し、中央は3層吹き抜けています。小さな円の中には階ごとに、下から寝室、洗面・シャワー室、書斎、キッチンの機能を入れました。

我ながらうまくいったと思っているのは、仏壇の収まり具合です。四角い外形から大小の円をくりぬき、残った肉の厚みを利用することで、奥行きの異なる本棚と仏壇の前面をぴったり揃えることができました。あたかも本棚の一部に仏壇をビルトインしたかのように見えると思います。同様に、エアコンや冷蔵庫の置き場所、収納などもこの部分に設けています。さらに、この肉厚の部分に開口部を設けると、自動的に庇が付きます。また、この肉厚によって、玄関のドアを閉めると、喧騒な大通りに面しているのが嘘のように中は無音になります。どこも無駄にしていません。

円形の本棚は当初の目論み通り、全くデッドスペースがなく、本同士のヒエラルキーもなく、ある1点からすべての本を見渡すことができます。また、本棚は脚立や踏み台を使わずとも、大人であれば手が届くように設計してあります。この本棚は単に本を保管するものではなく、使うためのもの。どの棚にどんな本を入れるかは松原さんご自身が決めていて、そのときに執筆中の本に合わせて適宜入れ替えるそうです。つまり、本棚は松原さんの脳内を表しているのです。

松原さんのおじいさまは、そんな孫の蔵書に囲まれて眠っています。本というのは記憶の象徴で、本棚は記憶が集積する場所。仏壇も故人の記憶を象徴するものですから、本棚と仏壇は相性がいい。それが今回、わかりました。

結果として、この書庫には松原さんの生とおじいさまの死が一緒に存在し、そのことによる空間の深みを感じます。なにより、建物のモジュールからなにからおじいさまがすべて導いてくれたという感慨をもっています。

一方、高知の竹林寺は約千三百年の歴史を有する名刹です。住職の海老塚和秀さんは境内に納骨堂を建てる構想を10年以上前から描いていたそうです。跡継ぎがいない、子どもは離れて暮らしていて故郷に戻る見込みがない、子どもに維持管理の負担を掛けさせたくない、といった社会背景から、現代はお墓の継承がなかなか難しく、納骨堂の必要性を強く感じていたと聞きました。

設計の依頼を受ける際、海老塚さんといろいろな話をしたなかで私が特に共感したのは、寺には大きな役割がふたつあるという話でした。その役割のひとつは、死者を祀り、偲び、祈りを捧げる場所であること。もうひとつは、エンターテイメントの場所であること。寺は人の生と死、その両方受け入れる場所であるべきだ、という信条を海老塚さんはおもちでした。

確かに寺は、盆踊りや夏祭りなどの会場になったり、昔は写経やご詠歌の場所となったり、人の生とも密接に結び付いて今日に至っています。竹林寺は海老塚さんのそのような信条のもと、境内で講演会やコンサート、展覧会、数々の教室を開くなどして、寺をさまざまに活用していました。

私の幼少期の体験からも、海老塚さんの話はすんなり納得できました。子どものころ、横浜市鶴見の總持寺《そうじじ》という大きな寺の境内に隣接した家に住んでいたことがあります。その寺は曹洞宗の大本山で、森のようにたくさんの木々が生い茂る境内を通り抜けて幼稚園に行ったり、境内で友達と遊んだりしていましたが、一角にはお墓があるし、本堂からは読経も流れるし、どこか不気味さも感じていました。山門には仁王像が立ち、日が暮れると怖くて通れませんでした。同じ場所なのに、両極の感情を抱かせる。つまり、寺はその両面をもつ。そのことを、身をもって体験していたのです。

計画地には先代住職の墓がありました。納骨堂を建てるにはそれを掘り起こし、移動させなければなりません。海老塚さんは先代住職の墓だから、仏さまも理解してくれるだろうと話していましたが、私は気後れしてしまい、設計することが怖くなりました。

設計に対する恐怖心、私はこれを悪いこととは思っていません。むしろ必要なこととさえ思っています。自分が謙虚になり、今までにない新しいなにかを生み出そうという欲求が自ずと抑えられるからです。ここでは死者と向き合うことで、自分を取り囲む大きな存在を意識し、それを静かに鎮魂したいという気持ちになりました。

私は設計のとき、自ら主題を探すことがほとんどありません。

そういう方法論が抜け落ちているとも言えますが、新しい建築の物語を自分が紡ぎ出そうと思うことはなく、すでにある物語を引き継ぐことを好みます。だからこのときの建築のはじまりも自然に受け止められました。

設計当初はボリュームをいくつかに分けた複雑なプランを考えていましたが、最終的には長方形の真ん中に、手前から奥まで一直線の通路を設け、その両脇に納骨室を配置したシンプルなプランに落ち着きました。単純なプランほど初めは複雑に考えていて、手を動かしているうちに余計なものが削ぎ落とされるという過程を繰り返しています。一気に辿り着くことはありません。

納骨室は耐火構造にしなければならず、鉄筋コンクリート造でつくることは決まっていました。万が一の火事で、どれが誰のお骨かわからなくなることを防ぐためです。コンクリートだけだと趣がないので、これを覆う屋根は木造でつくりました。構造設計の山田憲明さんいわく、コンクリート造のふたつの納骨室は山にある岩で、そのふたつの岩に木の葉が舞い降り、かぶさっているような構造です。

境内には伝統的な木造建築がすでにありますから、納骨堂では現代にふさわしい木造を自分なりに追求しました。いろいろと考えた末、105ミリ角の杉材を敷き並べています。それによって密実な空間がつくれるのではないかと思ったのです。また、一本一本に生命が宿る角材がたくさん並ぶことは、死者を祀る納骨堂にあって、生の粒子を広げていくことにもつながる気がしました。

建物の一番奥に設けた水庭からは、水の音が通路にまで響き渡ります。ポーチでもかすかに聞こえますから、訪れた人はその水の音に誘われて建物内に入り、死者と向き合う時間を過ごします。

死者と向き合うと言うと、多くの人が暗い、あるいは重い印象を抱くでしょう。しかし、死と生は常に隣り合うもので、死の世界への畏敬があるから生の世界がまぶしく感じられる。前述のように、私はそのことを幼少のころから感じていました。それに死者、すなわちこれまでに生きてきた人たちがいるから今の私たちが存在するわけで、たくさんの先人からつながる大きな時間の流れのなかで今、自分が生きているという実感をもつと、豊かな気持ちになります。

そんなふうに「生と死」というテーマは私にとって馴染みやすいものでしたし、建築への向き合い方そのものでもありました。建築には相反する要素や感情を覆う役割があり、それらを内包するときのうねりが大きくなるほど、いい建築になると思っています。

竹林寺の納骨堂に眠る人たちが安らかでいる雰囲気があれば、うまくいったと言えるでしょう。阿佐ヶ谷の書庫も、松原さんのおじいさまが喜んでくれていることを願っています。

阿佐ヶ谷の書庫

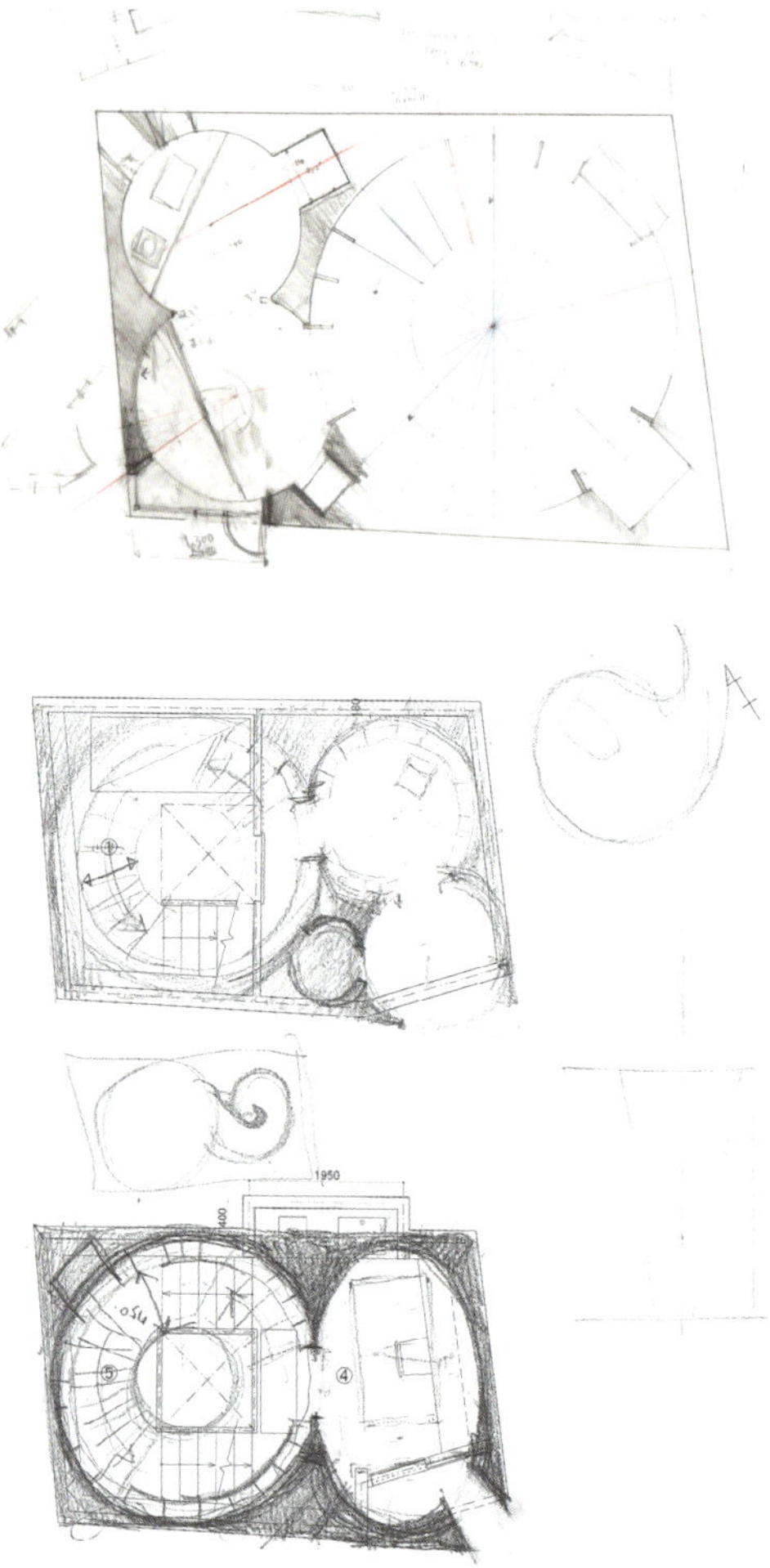

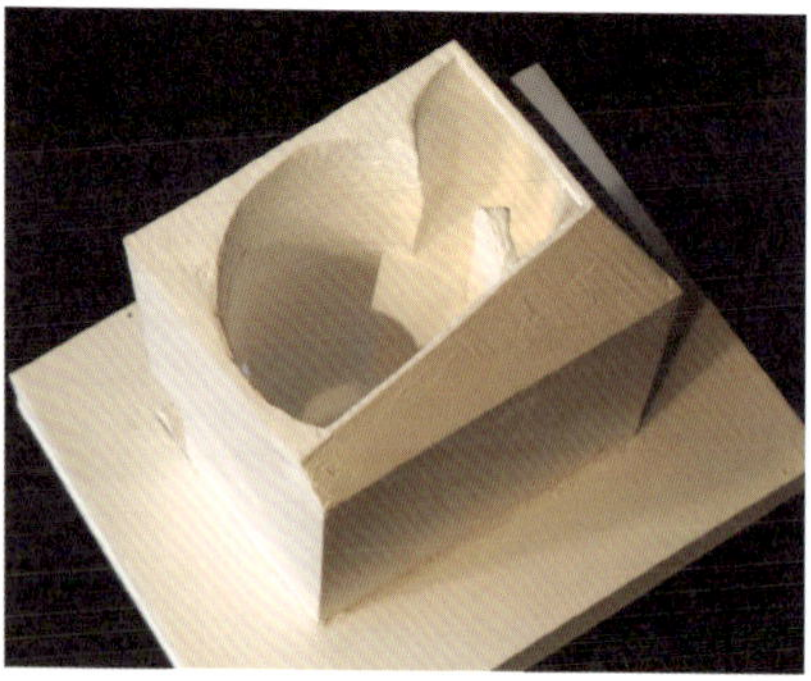

上／コンクリートの躯体からくりぬく丸い部屋の大きさや形を検討しているスケッチ。
下／敷地の斜線制限から建設可能な最大ボリュームを塊でつくり、その中に、書庫にあたる大きな円をくりぬいた模型。日本では日照や採光、美観などの観点から、敷地に対して道路斜線や隣地斜線、北側斜線といった斜線制限が建築基準法で定められていて、建物の高さはこれらの制限内に収めなければならない。言いかえれば、斜線制限から敷地に建てられる建物の最大ボリュームを見いだすことができる。

右／屋根スラブの内側に転写された計算式。職人は型枠に書いているので文字が反転している。まるでレオナルド・ダ・ヴィンチの文字のよう。

下／コンクリートの床スラブに描かれた墨出しの跡。とても美しかったので、思わずシャッターを切った。建築工事では、工事を進める際に基準となる線や位置をこのように構造体に記す。昔は大工が墨つぼを用いて墨で描いたことから墨出しという。この後に仕上げ工事が行われ、墨出しの線は隠れて見えなくなる。

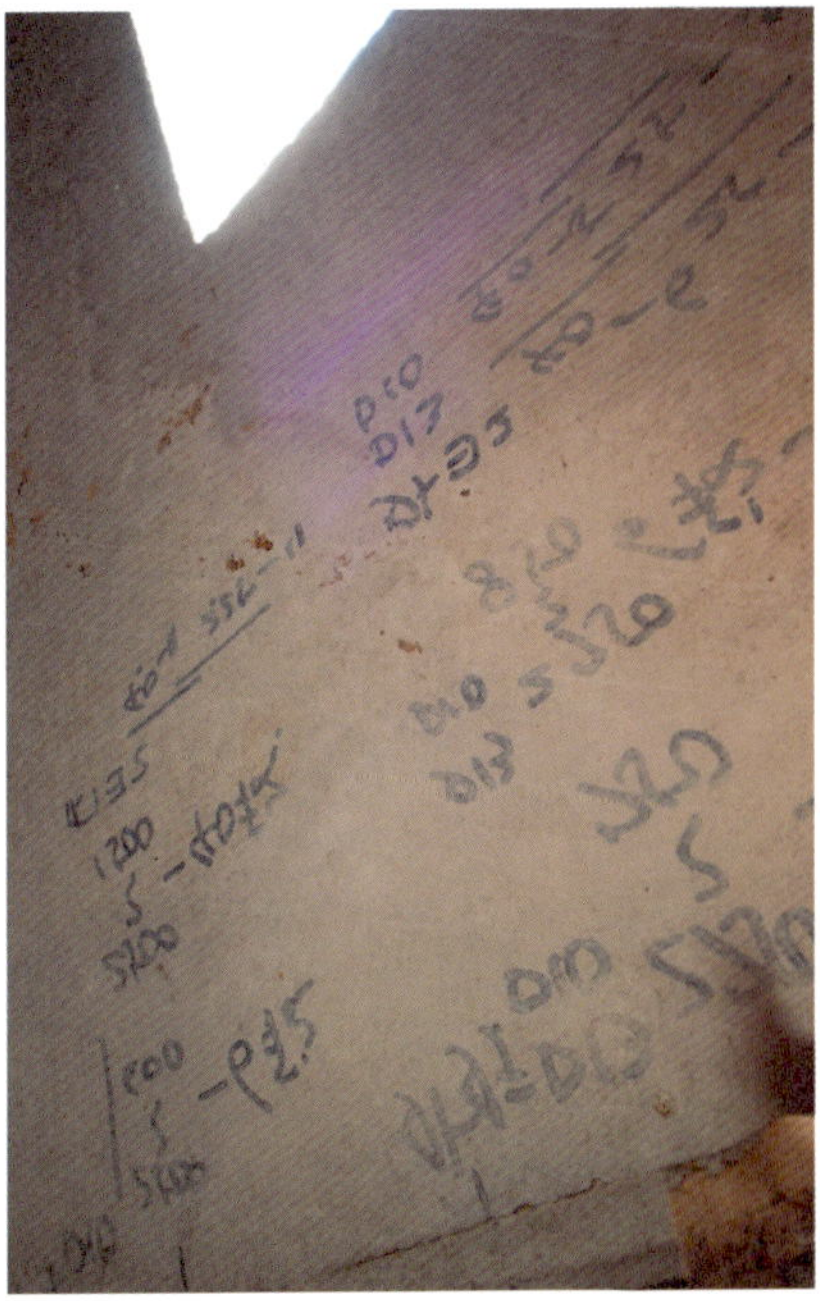

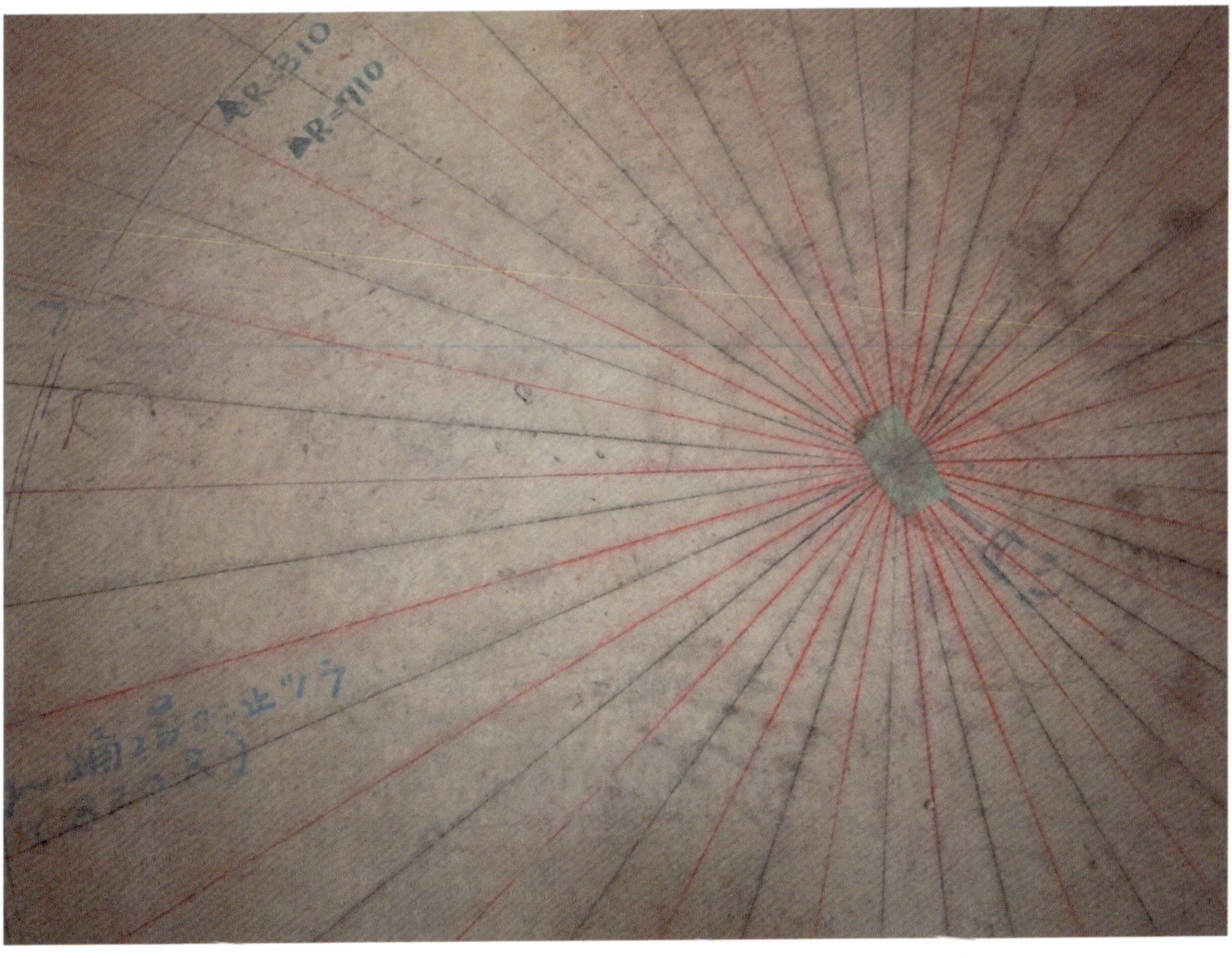

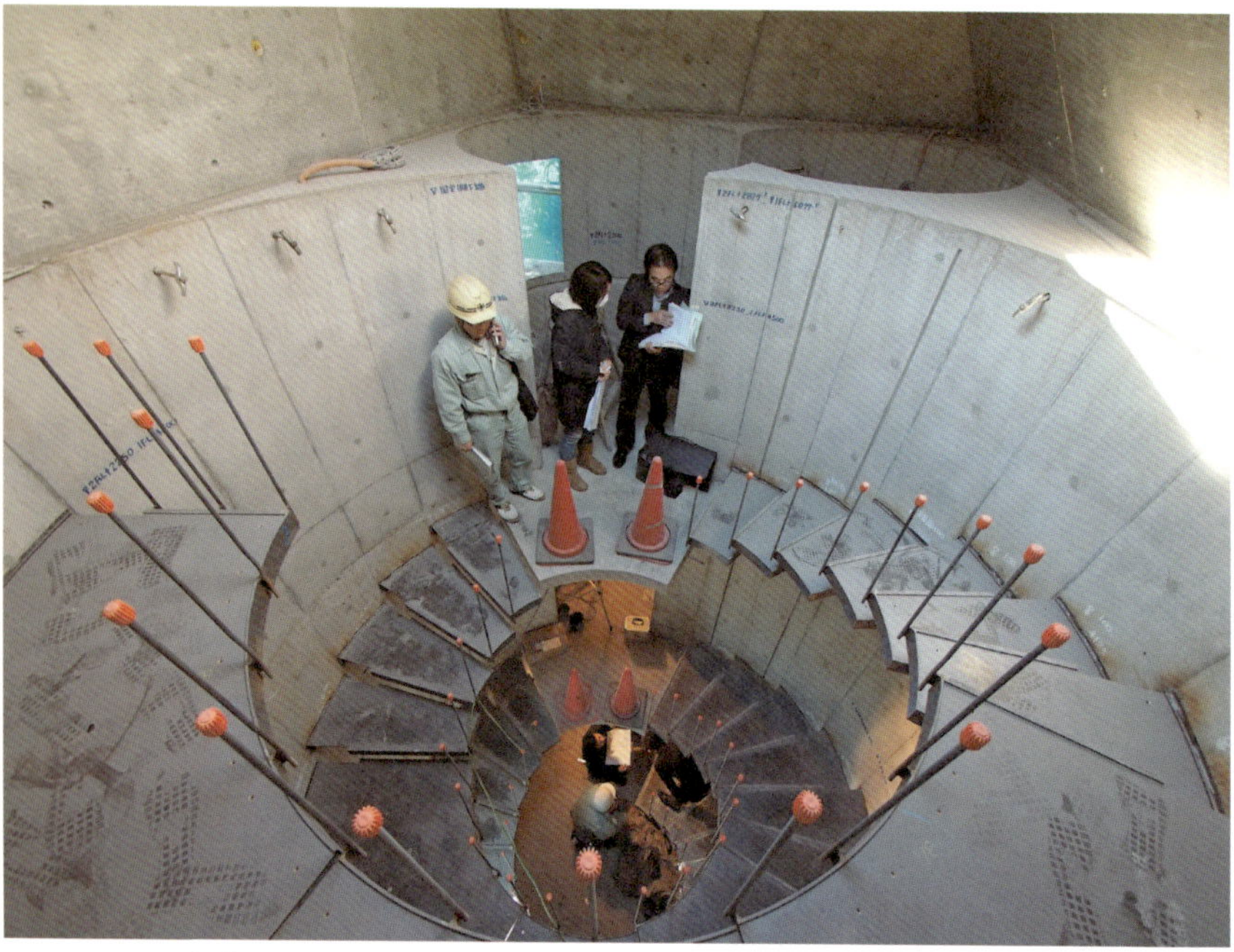

コンクリートの躯体に鉄骨階段を設置。躯体は現場でつくるため、どうしても少し歪みが出て、微妙に正円にならない。そこに、正円を前提に工場で製作された鉄骨階段を取り付けようとしても、なかなか馴染まず、何度も調整を繰り返した。

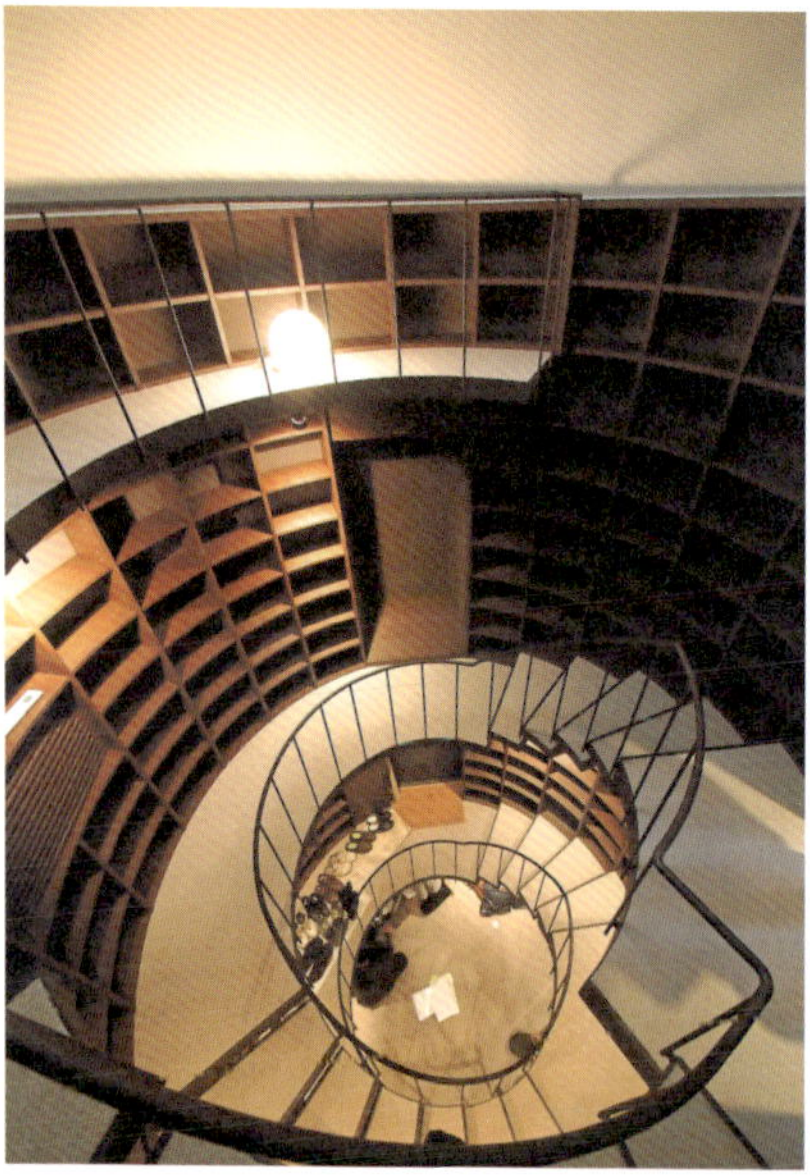

右／中央の小豆色の建物が「阿佐ヶ谷の書庫」。
左／木製の本棚が設置された。設計当初は、それぞれの棚板の前面は直線で考えていた。つまり正円ではなく正27角形だった。しかし、大工が棚板の前面を円弧に加工してくれ、全体として正円になった。

本棚のひとつの棚の横幅は、螺旋階段1段分の奥行きに対応。このモジュールに合わせて、すべての寸法が緊密に関係している。仏壇は本棚ふたつ分の幅にぴったり納まり、仏壇の真下は玄関。本棚の色は仏壇の色に合わせて決めた。昔ながらの仏壇を現代の住空間に調和させることはなかなか難しいが、本棚の中にしっくりと収まったように思う。

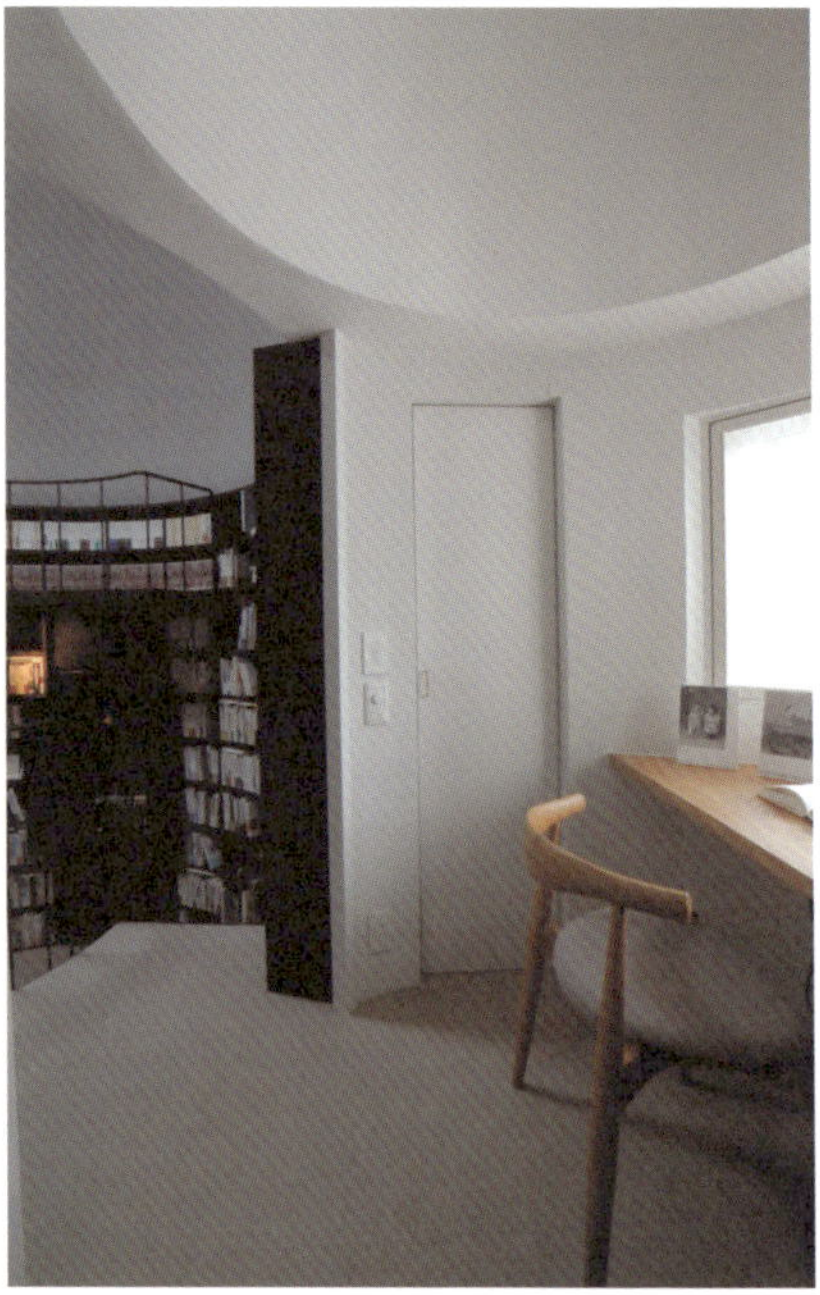

右上／書斎。2.5階の高さにある。
右／トップライトからの光が地階まで届く。本棚の内側の直径は3.6m。来客時は地下に人が集まり、自然に車座になる。直径3.6mは奇しくも縄文遺跡の竪穴式住居に近いスケール。人間が快適に感じる空間の大きさは原始時代から実はそれほど変わっておらず、そのような空間に出合った瞬間、人の本能的な居場所感覚が目覚めるように思う。

トップライトを見上げる。時間によって、トップライトは太陽のようにも月のようにも見える。

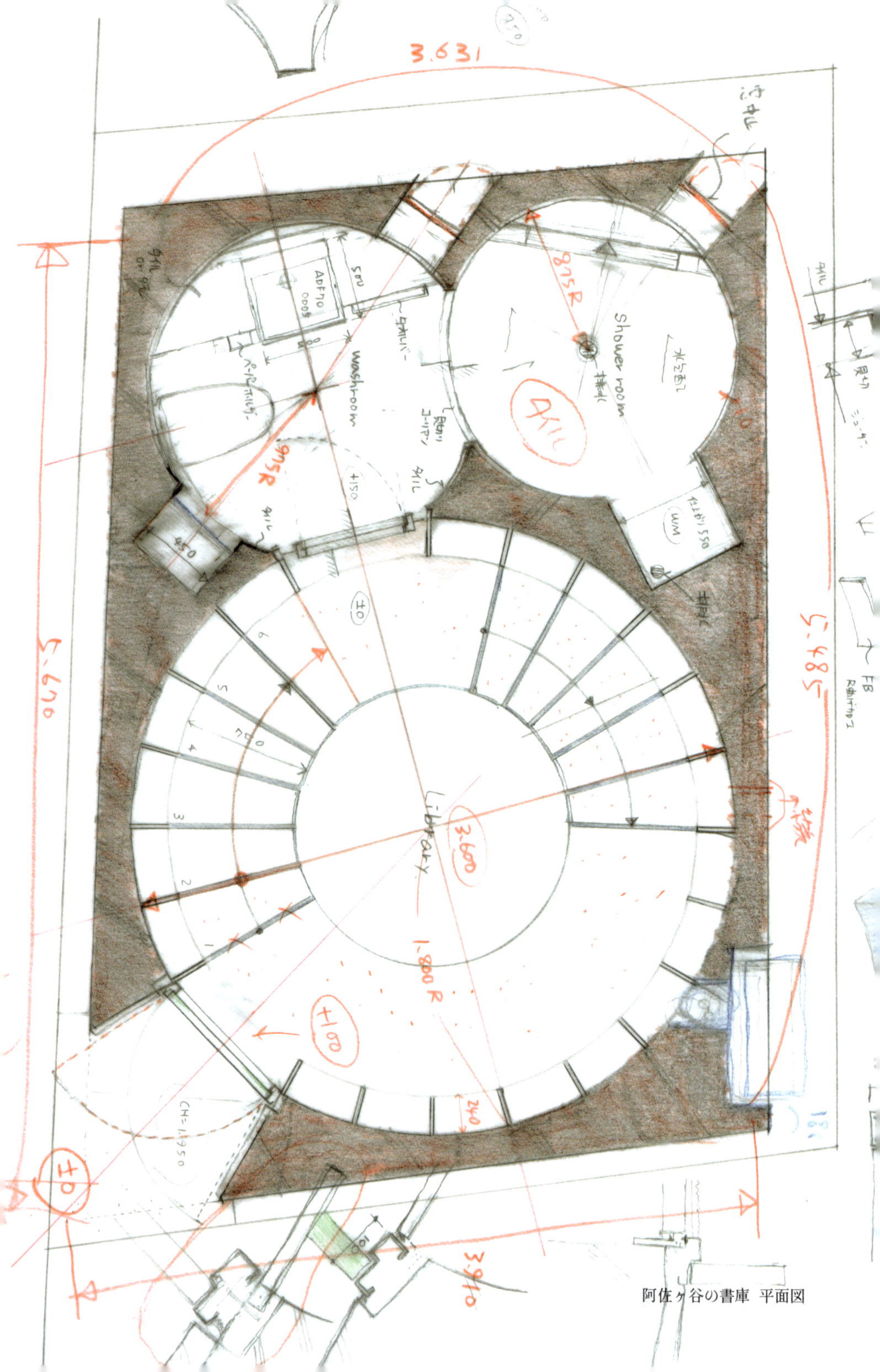
3.631
5.485
5.690
3.910
Library
Shower room
washroom
3.600
1.800R
975R
+100
±0
+150
CH=1.950
240
450

阿佐ヶ谷の書庫　平面図

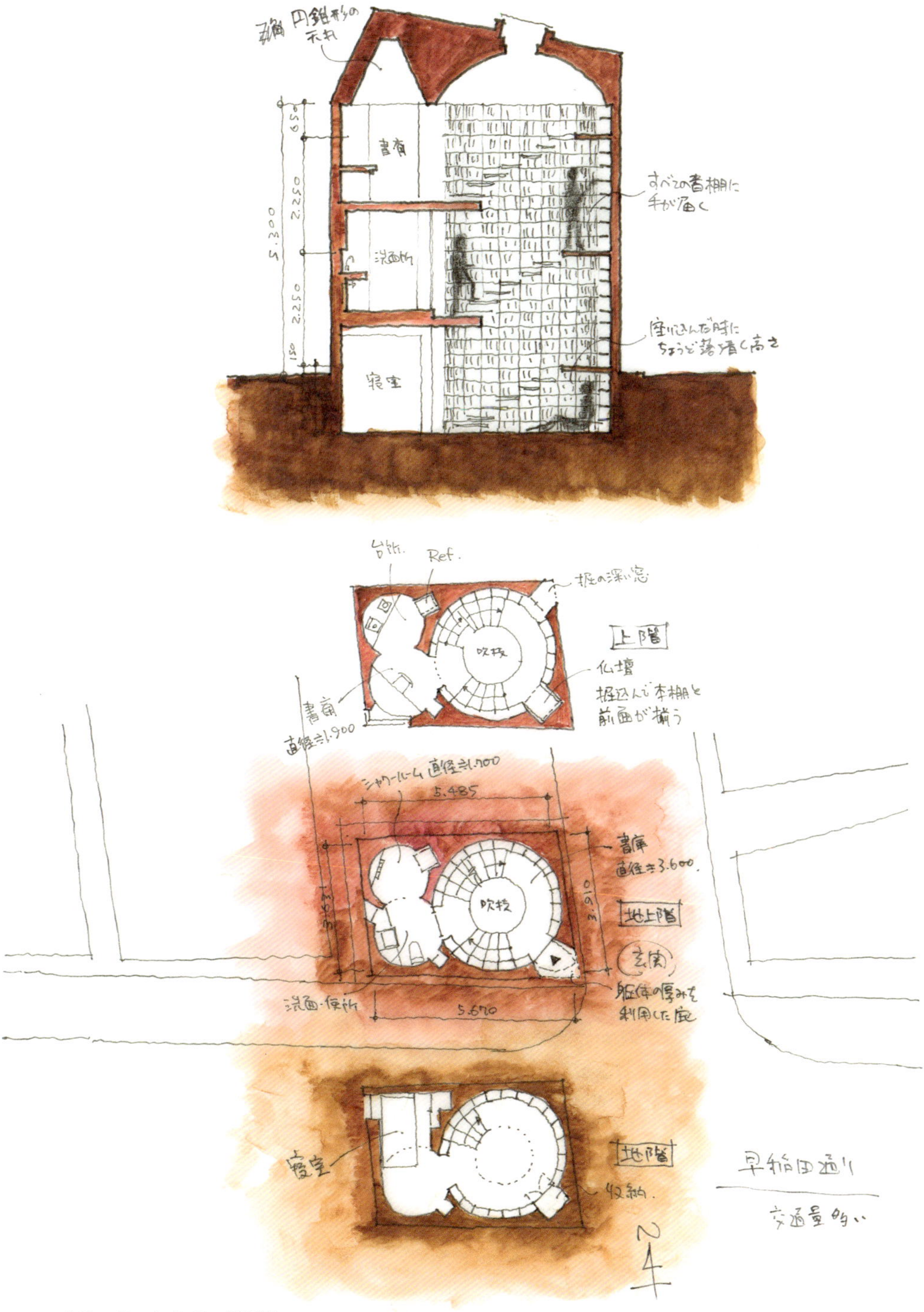

阿佐ヶ谷の書庫 平・断面図

竹林寺納骨堂

緑豊かな境内と年月の蓄積を感じさせる石段。このようなものにはまず敵わない、このような魅力は絶対に自分にはつくれないと初めから前向きに諦めてしまうところがある。

竹林寺の境内に残る古い山門。この山門を抜けると石段と美しい緑が広がる。竹林寺は五台山の中腹にあり、広い境内には国の重要文化財の指定を受ける本堂や書院が建つ。庭園も国の名勝に指定されている。四国霊場第三十一番札所に定められ、年間を通してお遍路さんや観光客が多く訪れる。

設計当初は小さなボリュームを集合させようと思っていた。このようなスタディは落書きのようなもので、うまくいく、いかないは関係なく、ただひたすら鉛筆を走らせる。それを繰り返すうちに考えが収斂していき、一直線の現在のプランに落ち着いた。

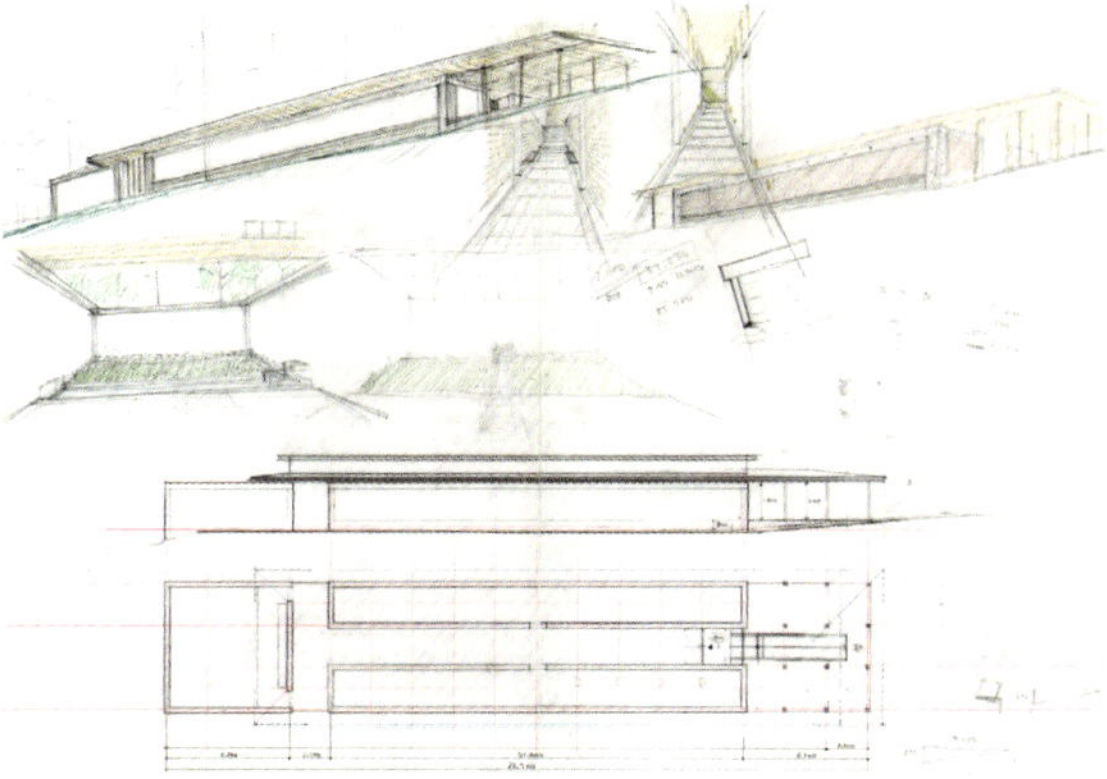

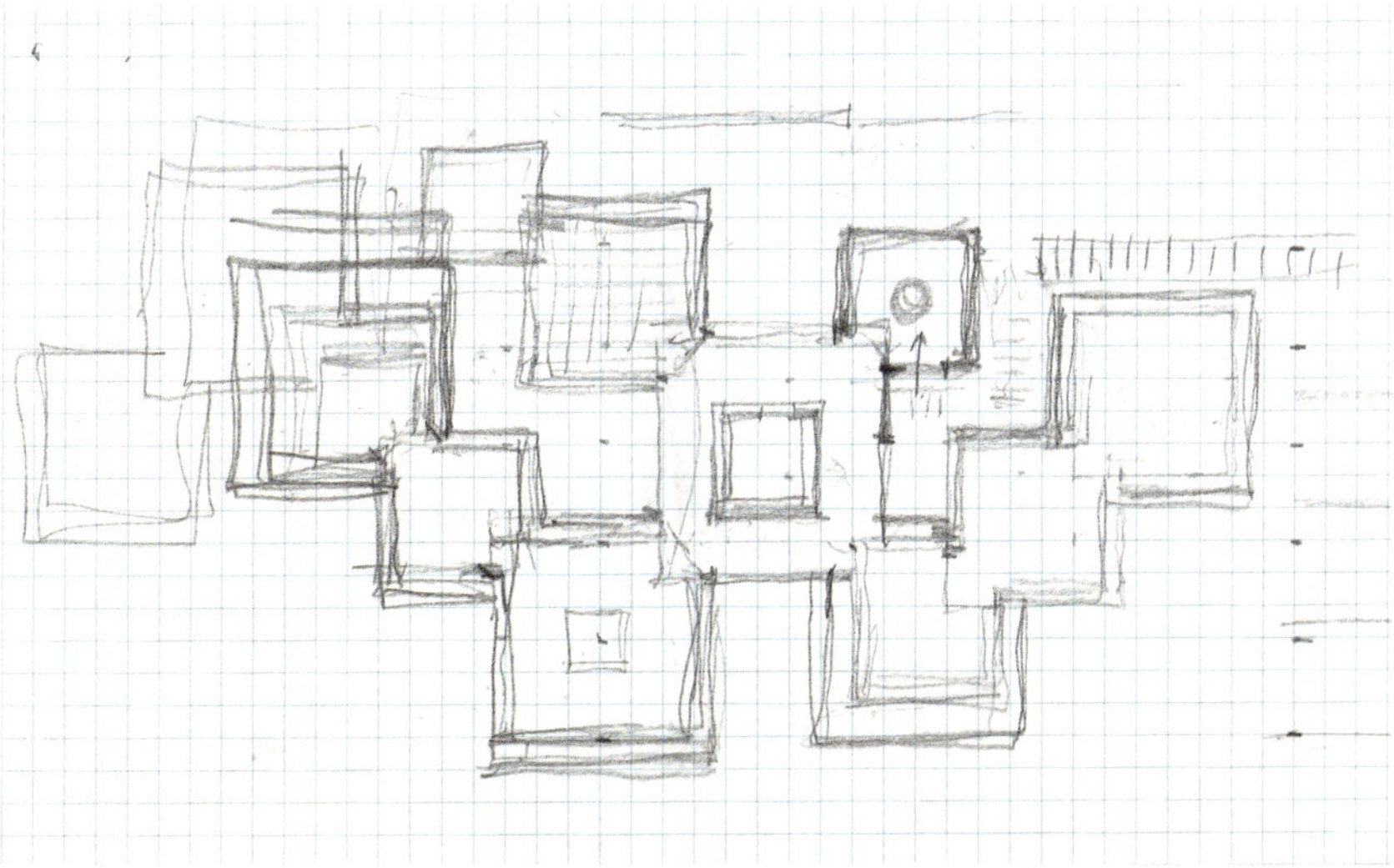

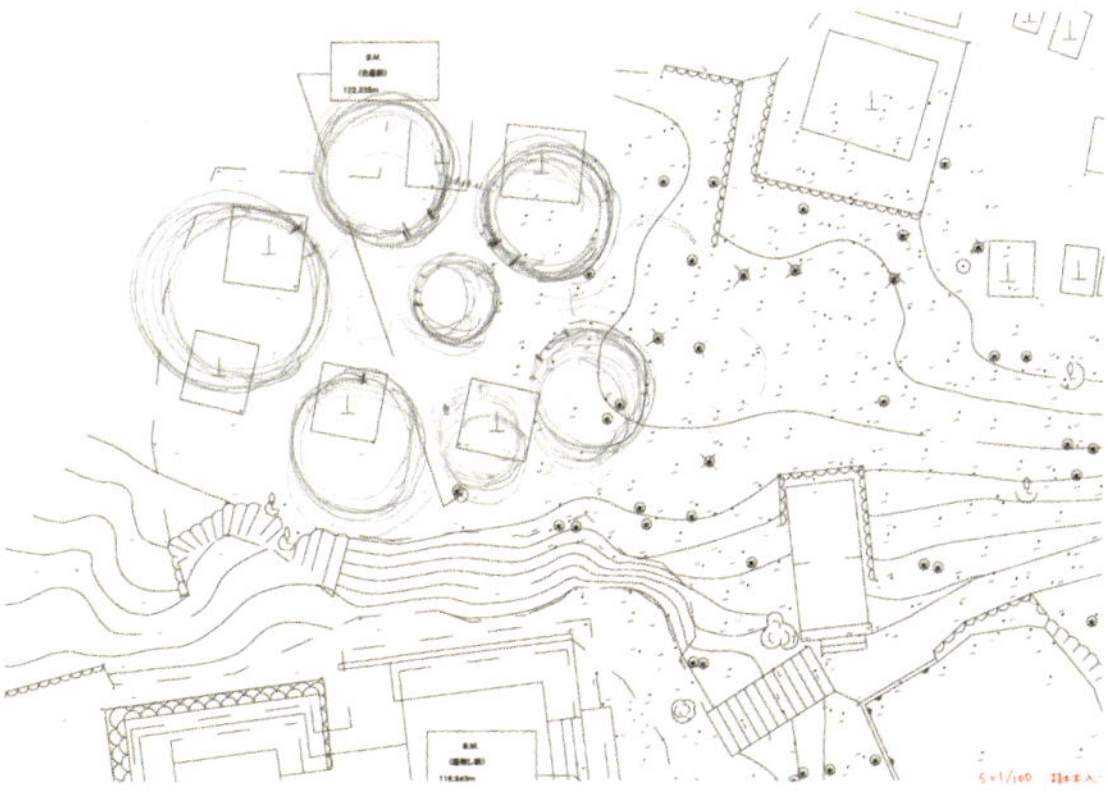

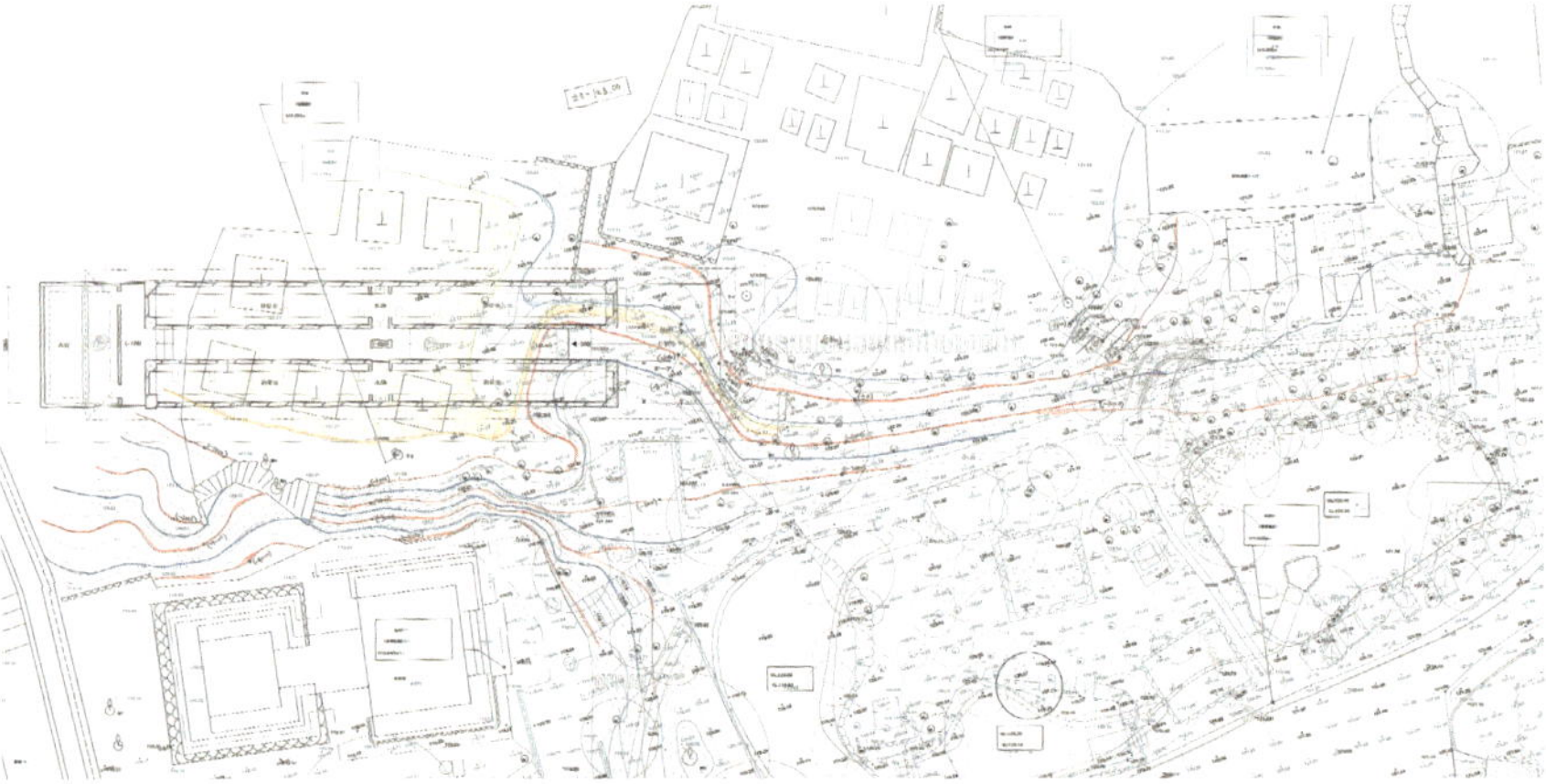

出来上がったプランが本当に成り立つのかどうかを現地では図面でも模型でも確認した。このような一直線の建物では軸線が非常に大事。その軸線を少しでも外してしまうと、この場所において不自然な建ち方になる。境内全体の中での位置や計画地の高低差などをよく調べ、注意深く、慎重に配置した。

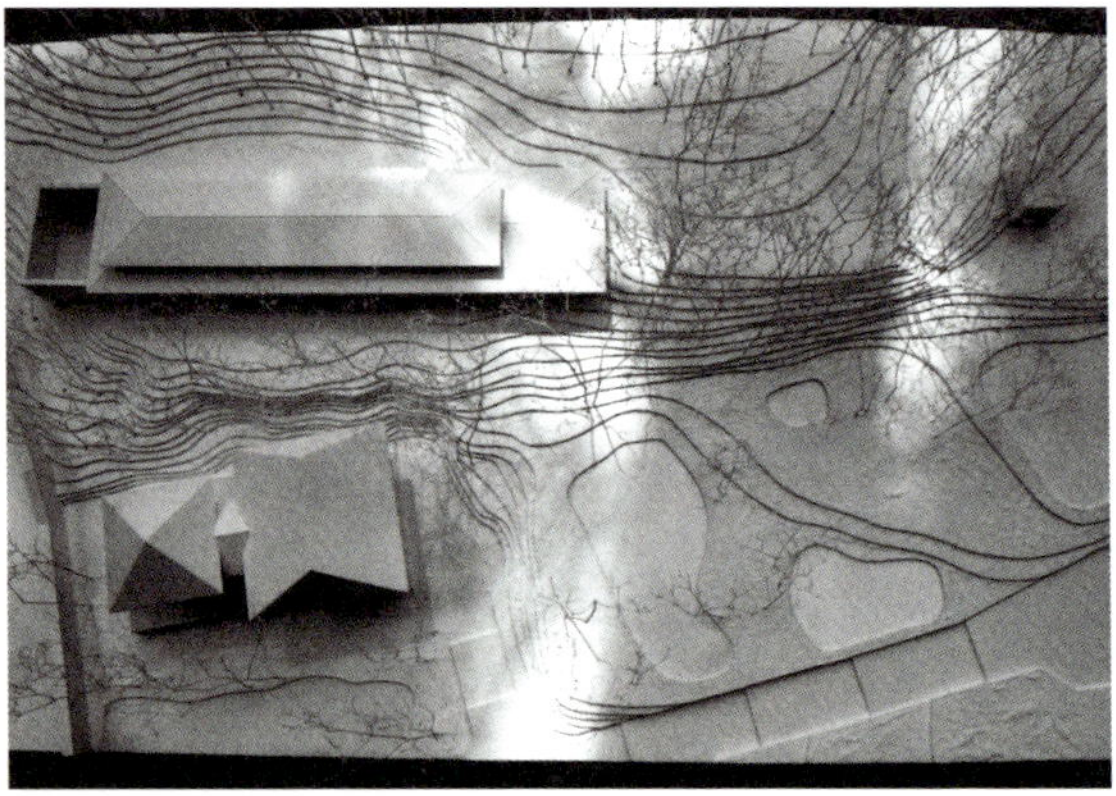

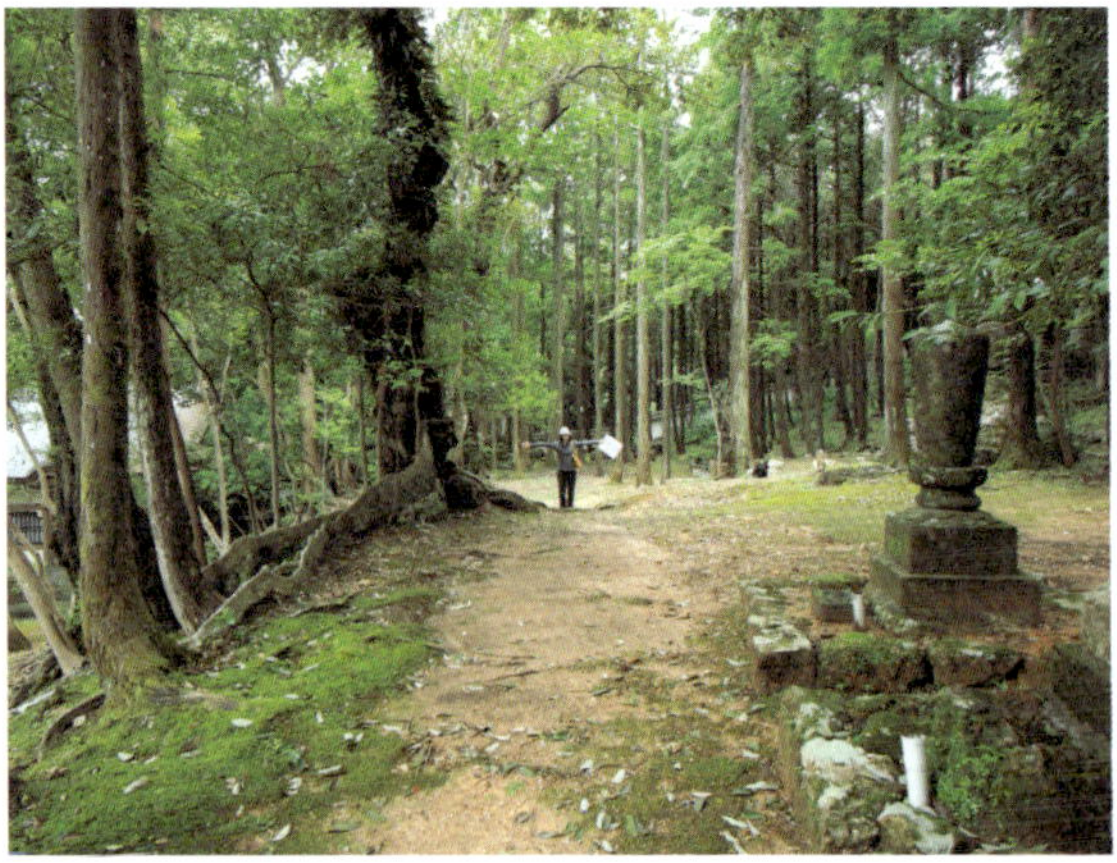

基本設計のプレゼンテーション時に描いたスケッチ。建て主にイメージを伝えると同時に、自分自身の計画に対する確認のためにも重要な過程。

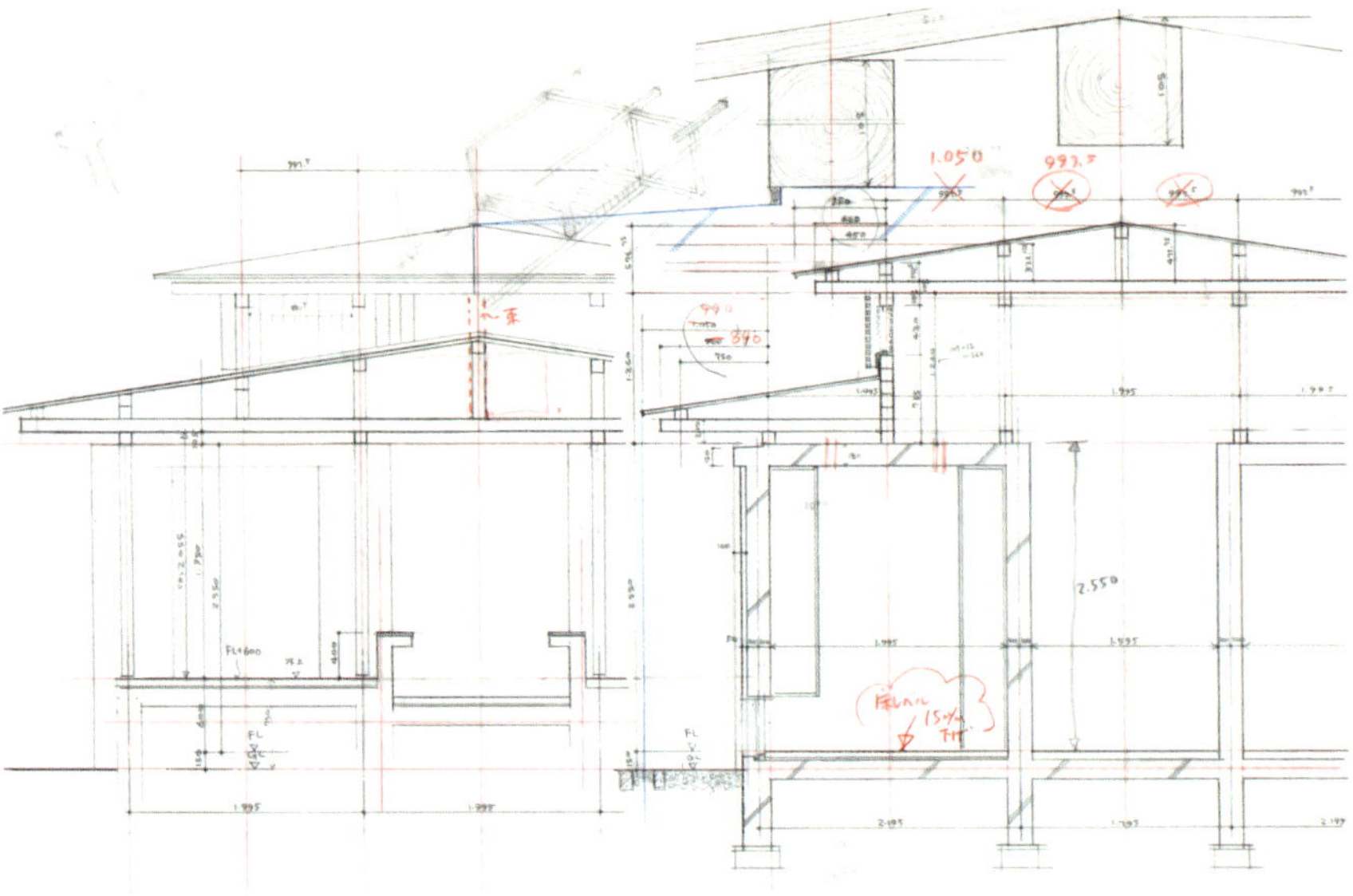

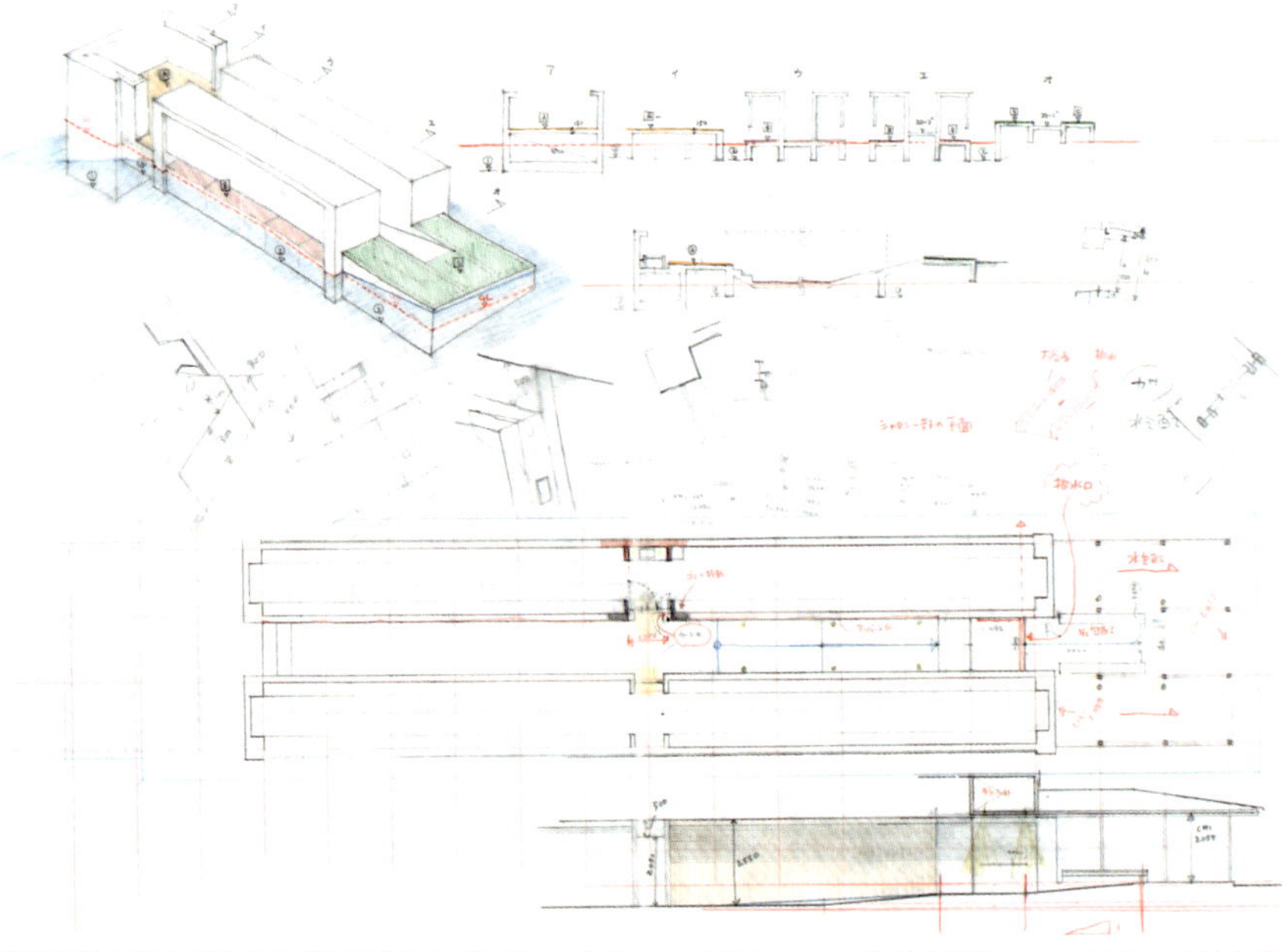

実施設計に進んだときの最初の図面。現代にふさわしい木造として、費用を抑えつつ、最大の効果を得ることを目指した。かつては木が豊富で、質もいいものが揃っていたが、現代は大きな断面の材木を入手することがなかなか難しい。そこで、最も市場に流通していて安価な105mm角の杉材だけを使い、かつ、特殊な技術を用いなくてもつくれる工法を考えた。

基礎工事の段階では土地をかなり荒らすので、最後に敷地が穏やかな姿になってゆくのか不安になる。

木造の屋根工事。木は伸びたり縮んだりするので、角材を単純に敷き並べて果たしてうまくいくのか、ゆくゆく波打ってしまうことはないか、不安もあったから、施工者とは慎重に打合せを重ねた。施工者はこちらの意図を汲んできちんと施工してくれて、今もほとんど暴れていない。木と木の間に少し隙間を設けていて、それがちょうどよかったようだ。

もともとあった獣道を利用し、その先に建物の正面が続くように配置している。大きなスダジイの根っこが行く手を阻むが、根っこは取り去ることなく、人を迂回させている。人の目的ではなく、その場所に前からある植物のありようを尊重することで、自然への敬意を表現したいと考えた。完成後に気づいたことだが、建物のこの見え方は京都大徳寺の「高桐院」（145ページ参照）に似ている。私は古建築から多大な影響を受けていて、そのプロポーションや佇まいが身体に染み付いているのだと思う。納骨堂が建つ場所はアプローチより1mほど下がっているので、建物がとても低く見える。頭を垂れて建物に潜り込むように入ってゆく。

上／建物の入り口からアプローチを見る。建物の中に入るには、ポーチからスロープでさらに下がっていく。その高低差は土地のもともとの起伏に合わせた。柱は細いが、ここの応力はすべてコンクリートの構造体に伝達される。つまり、コンクリートがなければこの構造は成り立たない。
左／下からの見上げ。コンクリート部が見えないと、建物は別の様相を見せる。

上／納骨室。棚は計750ある。
右／納骨棚も建物と同時にデザインした。納骨室同様に耐火性が求められるので、スチールでつくった。背後の文様は宝相華。一般的に納骨棚の内部は、位牌の後ろに不透明の仕切りがあり、骨壷は見えない。竹林寺では故人を身近に感じられるように、仕切りを半透明にしてバックライトを当て、後ろの骨壷がかすかに見えるようにした。
左／通路の両脇の壁には五台山で採れた土を塗っている。奥へと進んで行く間に、あたかも土に還っていくような感覚を抱く。通路正面の壁も、杉の角材を隙間なく密実に立てている。この壁の裏は水庭で、通路には水の音が響く。

右／建物の一番奥にある水庭。ここで読書する人もいるという。
左／外壁は土佐漆喰の鏡面仕上げ。目地なしで幅26mという難易度の高い仕事だったが、左官職人が意気に感じて、きれいに仕上げてくれた。今のところクラックは入っていない。

夕景。ポーチの床に設けたアッパーライトによって建物が浮かび上がる。

竹林寺納骨堂　平面図

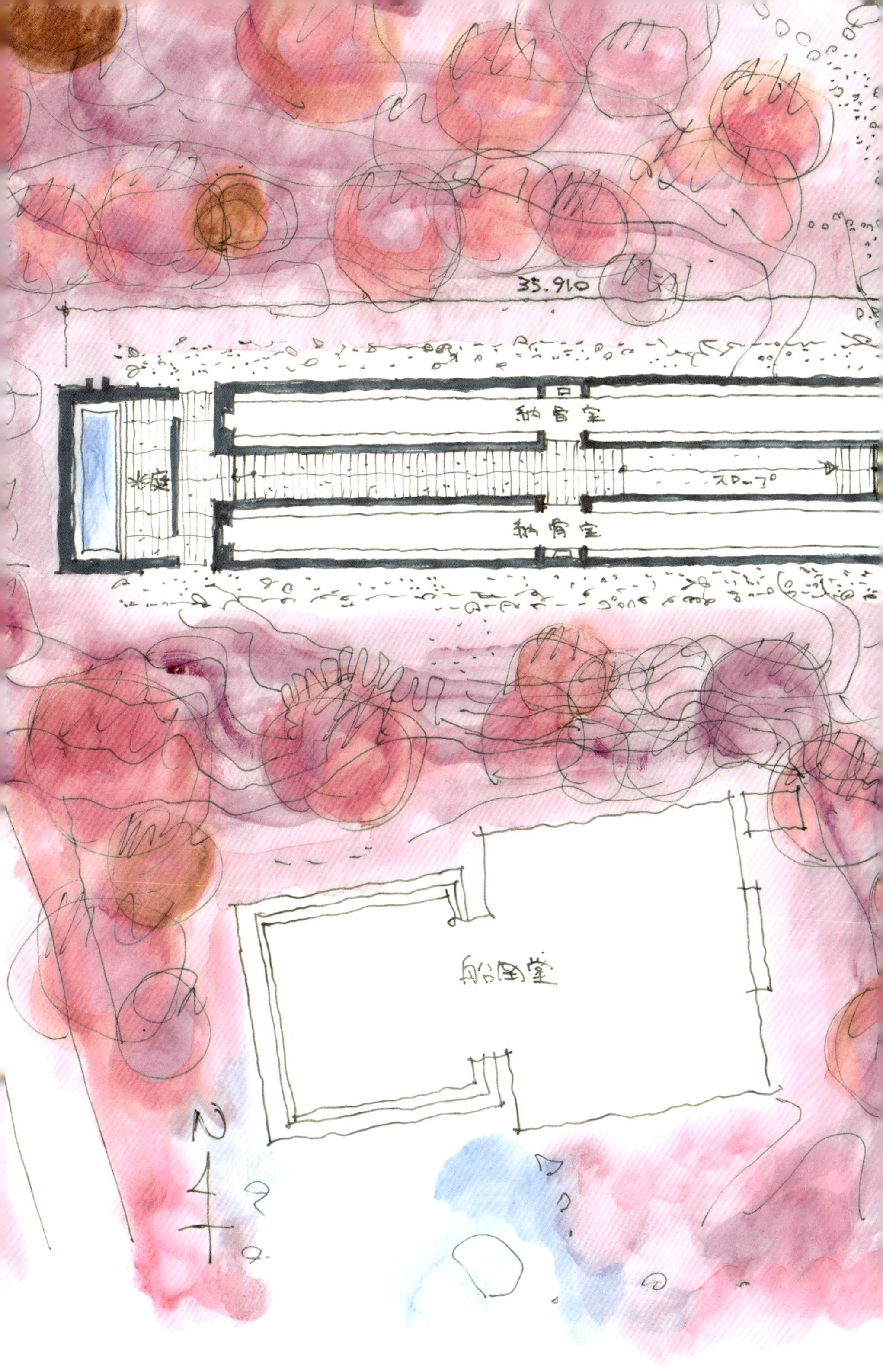

35.910
納骨室
水庭
スロープ
納骨室
船図室

人と建築と場所のつながり

「イヴェール ボスケ」「玉川田園調布共同住宅」
「KEYAKI GARDEN」「浜松の診療所」「浜松の家」「鎌倉山集会所」
「せとうちクルーズ船 guntû（ガンツウ）」「葉山ホテル（計画案）」を例に

8

近年は住宅以外の仕事も増えています。2012年に竣工した石川県加賀市の「イヴェール ボスケ」はカフェ併設の洋菓子店で、敷地は郊外ののどかな田園風景の中にあります。周囲は田畑しかなく、初めて敷地を訪れたときはここに店をつくって本当に商売が成り立つのかと心配になりました。電気やガス、水道などのインフラも整っていない問題の多い土地でしたが、建て主は大きなクルミの木とイチョウの木があり、遠くに白山を望めるこの場所をとても気に入っており、「この場所でお客さんに静かで豊かな時間を過ごしてもらいたい」という夢を話してくれました。そして私が設計したのはシンプルな方形の建物です。洋菓子店らしからぬ姿ですが、この場所には原初的で力強く、素朴な佇まいの建物がふさわしいと考えたのです。

設計というと視覚的なことに捉われがちですが、建物が出来た後、実際に使う立場になると、動きやすさや音、匂い、触感、温熱環境といった目に見えないもののほうがずっと大切になります。住宅と店舗は〝目に見えないもの〟の性格が微妙に異なり、そのイメージを広げて設計するのは難しい半面、毎回新鮮でやり甲斐があります。

このことは診療所の設計でも感じました。2013年に竣工した「浜松の診療所」は建て主である医院長の自宅（「浜松の家」）も同時につくる仕事で、ふたつの敷地は目と鼻の先にありました。そこで診療所の計画当初から、双方の形や雰囲気が呼応するような建物を目指し、目に見えないところではそれぞれの建物の機能に合わせた動線計画を重視して設計しました。

私は規模の大きな建物を設計することよりも、ある地域に小さな建物をいくつか設計し、それが点在することで線や面を形成してゆくことに、より興味をもっています。2003年に竣工した「玉川田園調布共同住宅」と2008年に竣工した「KEYAKI GARDEN」はまさにそのようなプロジェクトでした。敷地は2軒隣で、同じ通りに面して建っています。

このふたつは建て主が同じです。設計を具体的にはじめる上で難しいのは建て主の人間性や価値観、身体感覚などを正確に把握することです。同じ建て主からの依頼はそれがすでにわかっているので、自分のやるべきことが明快に見えてきます。加えて、時を経て同じ建て主と再び一緒に建物をつくれることはとても楽しく、設計者冥利に尽きます。

2015年竣工の「鎌倉山集会所」は、町内会の住民がお金を出し合って集会所を建て替えるプロジェクトで、町内会の住民が自分の家の設計者を推薦し、そのなかからコンペ形式で設計者が決まりました。私は「鎌倉山の家」（2005年）の建て主の推薦を受け、設計者に選ばれました。

この仕事を通して、住宅と公共建築とで設計に臨む姿勢に大差はないことがわかりました。一般に公共建築は不特定多数を相手にするから、住宅とは求められることやアプローチに違いがあるとされていますが、実は、住宅にはあたかも不特定多数を相手にしているようなところが公共建築よりもあるのです。

住宅の建て主も10年後、20年後の状況はわかりません。家族が増えたり減ったり、年をとって身体が動かなくなったり、趣味や隣人が変わったり。なにより365日、元気なときもあるし病めるときもある。希望に満ち溢れて前向きなときもあれば、失意のなかにいるときもあるでしょう。住宅はそのような住まい手のさまざまな心身の状況を受け入れなければなりません。応用力と想像力を駆使し、寛容な建築を設計しなければならない、とても難易度の高い仕事と言えるのではないでしょうか。そのことを公共建築の設計を通して改めて感じました。

現在、建築という枠を飛び越えて、クルーズ船の設計が進んでいます。瀬戸内海を最長1週間かけてゆっくりと航行する、いわば動く小さなホテルです。

この船は屋形船のように切妻屋根が船のデッキを覆い、軒が大きく出ています。風景を切り取るのは窓のフレームではなく屋根。軒下には長い縁側を設けており、軒先で切り取られた流れゆく景色を眺めながら飲食を楽しめます。瀬戸内の集落や海の風景との一体感を得られる、とても新鮮な船になるでしょう。

私は形式やスタイル、素材で〝和〟を表現するのではなく、日本人の身体感覚に素直に呼応し、日本人のもつ記憶や遺伝子が目覚めるような空間を追求すれば、自ずと日本を表現することになると思っています。

そんな〝日本のホテル〟を陸上でも同時に計画しています。クルーズ船、あるいは今までの住宅の設計で考えたこととはさほど変わりません。日本人の身体感覚を見つめ、日本の風土や風景を見つめ、借り物ではない、演出ではない、形式でもない、等身大でありのままの日本を表現したいと思っています。なにより日本人である自分の感覚に忠実に、自分が心から楽しいと思える設計をすることが一番大切だと思っています。

建築であれ船であれ、住宅であれ公共建築であれ、私は個人が自身の存在を肯定でき、安心して身を委ねることのできる場所、あるいは個人と個人が出会い、穏やかに向き合うことのできる場所をつくりたいと考えています。そのような場所はとても力強く、時間が経過してもずっと魅力は変わりません。

一方、さまざまな人びとの一時の希望に過度に対応し、複雑になったプログラムを解いた結果の場所や、マーケティングによって導かれたような場所は、社会状況や環境の変化によって価値や魅力が揺れ動き、実は脆弱であるように思うのです。

今、建築が人びとのたくさんの希望や欲望を背負い、複雑な役割を担っています。それに伴い、建築が本来もっていた基本的な役割と佇まいが失われてきているように感じます。そんな状況が続くであろうなかでも、私は建築が背負う重荷を少しずつ取り除いて、本来のシンプルな姿に戻してあげたいと思っています。

右／方形屋根の下地を施工しているところ。「ひねもすのたり」「屋久島メッセンジャー」（227ページ参照）に続いて3つ目となる店舗の設計。煙突のように見えるものは厨房の排気塔。

中／パティシエである建て主のアトリエともいえる厨房。予算も敷地条件も厳しい仕事だったが、建て主はとにかくここに店をつくるという強い意志をもっており、それに導かれるように設計を進めた。

左／店舗スペースから、建物の中央部にあたるホールを見る。ホールはトップライトからの光が差し込む。

冬、カフェスペースから見た外の風景。

このようになにもない所にぽつんと建っている。水道がないので井戸を掘り、その水を利用する水冷式の冷暖房を採用した。

カフェスペースはホールより少し床を高くし、眺望をよくしている。

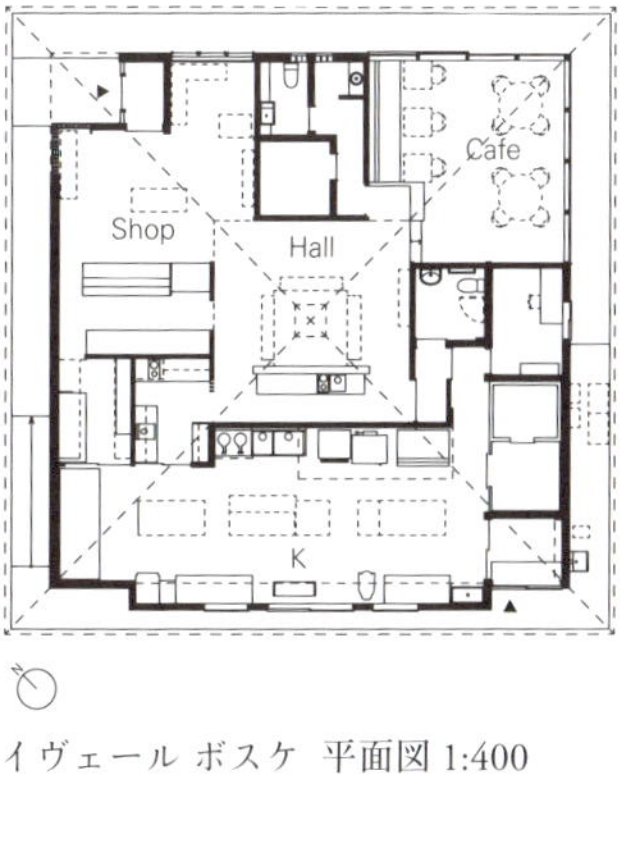

イヴェール ボスケ 平面図 1:400

カフェスペース。建物は既存の大きなクルミの木の下にある。

正面に入口のドアがあるだけの素っ気ない外観。手前は既存の大きなイチョウの木。奥の木は竣工時に植えた。

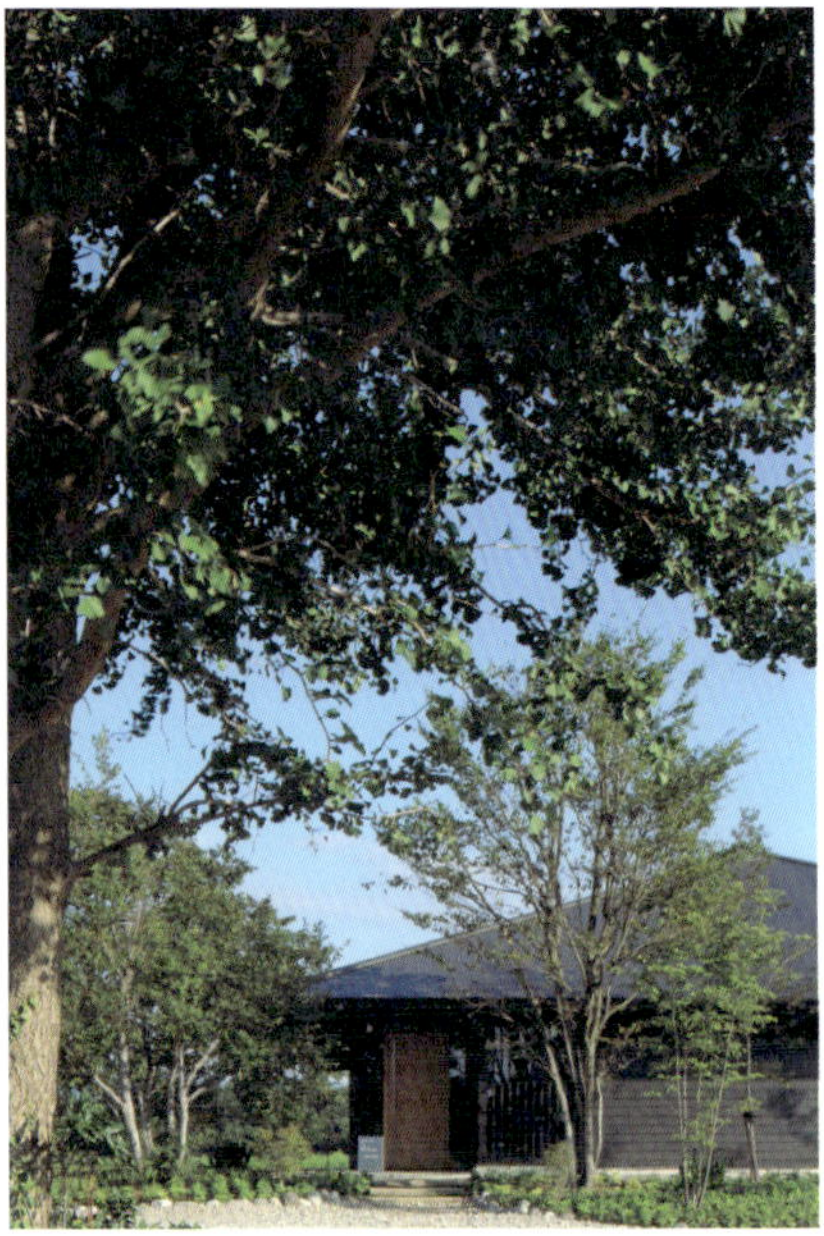

玉川田園調布共同住宅／KEYAKI GARDEN

上／写真中央の看板の手前が「玉川田園調布共同住宅」の敷地。写真左手の住宅の左隣、同じバス通り沿いに5年後、「KEYAKI GARDEN」をつくることになる。
下／「KEYAKI GARDEN」の敷地。白い建物を集合住宅に建て替える計画だった。大きなケヤキの木は町の人たちに愛されていて、その存続を皆が求めていた。

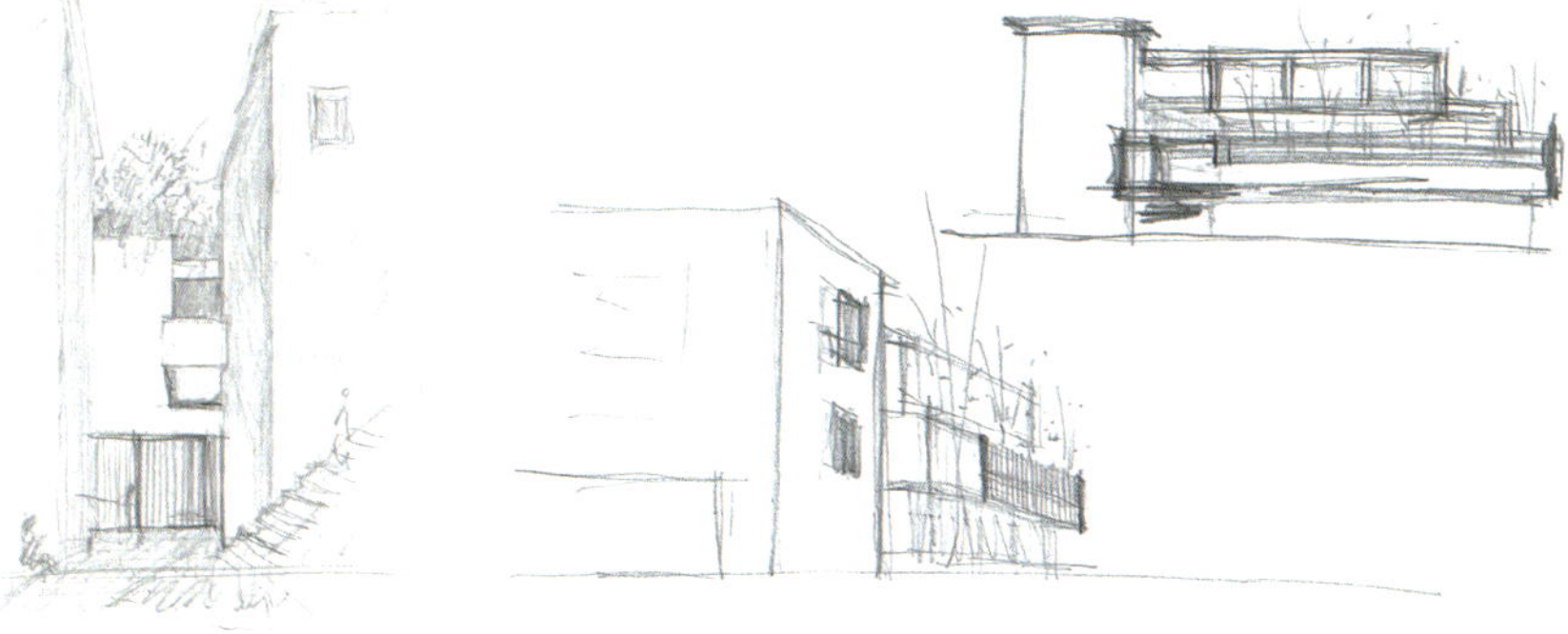

「玉川田園調布共同住宅」（左）と「KEYAKI GARDEN」（右）の設計中のスケッチ。

上／「玉川田園調布共同住宅」
の設計中のスケッチ。
下／「玉川田園調布共同住宅」
の設計初期の模型。

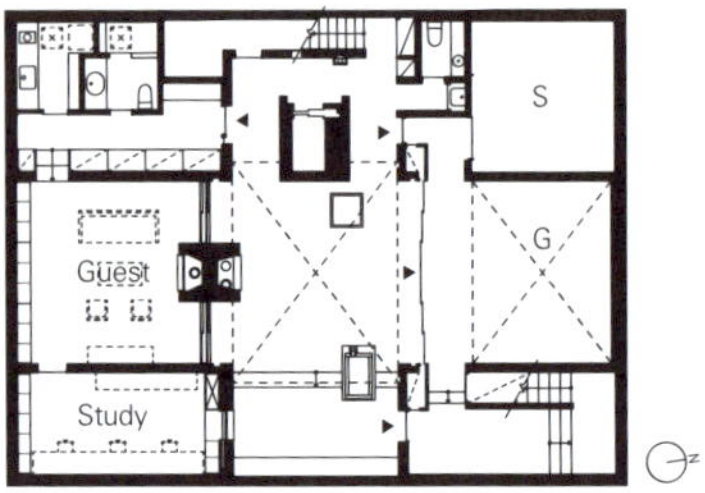

玉川田園調布共同住宅　地下１階平面図 1:400

「玉川田園調布共同住宅」は竣工時、地下１階はギャラリーとゲストルーム、１階は事務所と車庫、２階と３階は賃貸住戸だった。歳月とともに用途が変わり、現在、ギャラリーは学童保育のスペースとして、ゲストルームは事務所として使われている。

KEYAKI GARDEN 1-3階平面図 1:550

「KEYAKI GARDEN」の設計中のスケッチ。一度でも設計経験のある地域では土地勘のようなものがすでにあるので、より濃密に設計できるように思う。軽井沢や屋久島での設計は回を重ねるごとにそれを実感する。また、「御殿山の家」（210ページ参照）を設計したときも、地域がほぼ隣の「玉川上水の家」での経験が役に立った。

「KEYAKI GARDEN」は1階が店舗、2階と3階は賃貸住戸からなる集合住宅。前庭の計画は難航したが、最終的にはオープンな庭にした。一角には低い塀とベンチを設けている。普通ならこの庭は駐車場になるだろう。しかし、車よりも緑という世の中の価値観の変化を反映した。この通り沿いを右に進むと「玉川田園調布共同住宅」がある。

「KEYAKI GARDEN」のケヤキの木は、これを避けて建物をつくることが難しい場所に立っていたので道路際に移動した。建物のエントランス近くで、住人はいつも木陰を通って出入りする。木を所沢の畑に一旦移植し、建物の完成後にこの地に戻す移植費は募金でまかなった。

「玉川田園調布共同住宅」の中庭には樹木、水盤、煖炉を配置し、どの場所からも緑、水、火の存在を感じられるようにした。

中庭は地下にある。外壁のタイルは色や貼り方の試作を繰り返してつくったオリジナル。このタイルは評判がよく、近所の建物でもよく使われているのを目にする。

「KEYAKI GARDEN」の通り沿いのベンチは、バスを待つ人が気軽に座ってくれればとつくったもの。

上／「KEYAKI GARDEN」の住戸の一例。スキップフランで、階段の下の奥に見えるのが共用廊下。
左／「KEYAKI GARDEN」の共用廊下は表側に配置した。木が生長するには時間が掛かるが、この計画では初めから大きなケヤキの木があった。その存在から、木漏れ日を楽しめる気持ちのいい場所に共用廊下をつくろうという発想が生まれた。

浜松の診療所／浜松の家

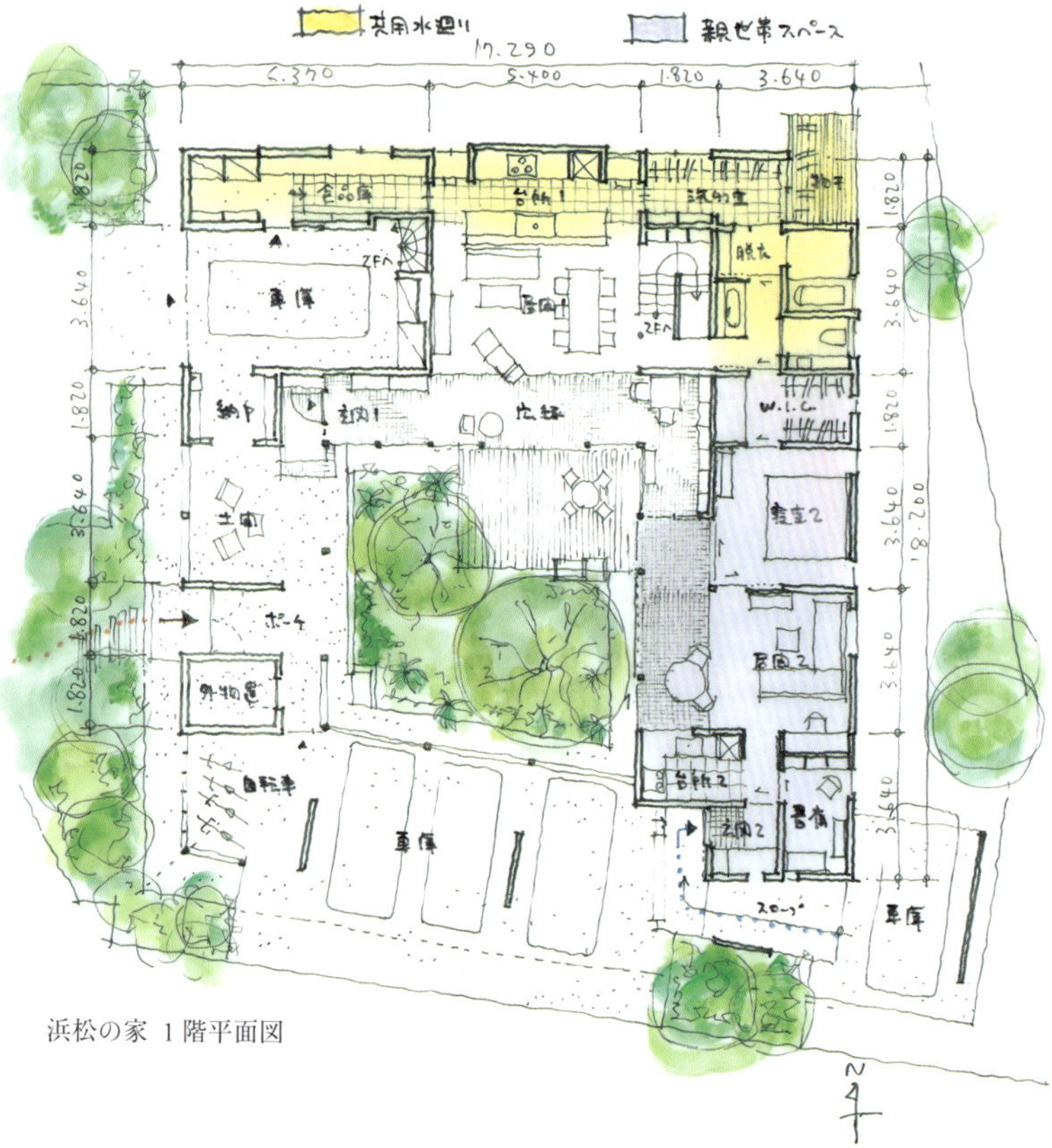

浜松の家 1階平面図

「浜松の家」全景。新しい診療所の完成後、以前の診療所を壊して建てた。二世帯三世代が暮らす。

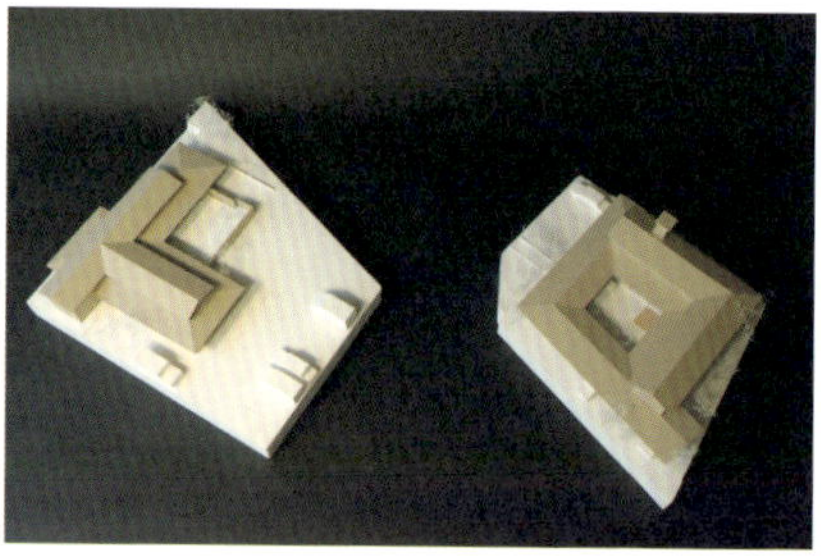

左は「浜松の診療所」、右は「浜松の家」の模型。寄棟の屋根の上に切妻の屋根が載る構成は、ふたつとも同じ。軒高や外装材も共通しているが、職場と自宅では気持ちを切り替えたいという建て主の希望から外壁の色は変えた。2棟は同じ道路に面して建つ。

「浜松の診療所」の全景。以前の診療所の近くの空き地を建て主が購入し、そこに新築した。以前の診療所は鉄筋コンクリート造だったが、新しい診療所は木造。一段高くなった切妻屋根の下は、ハイサイド・ライトをもつ吹き抜けや屋根裏収納に利用している。

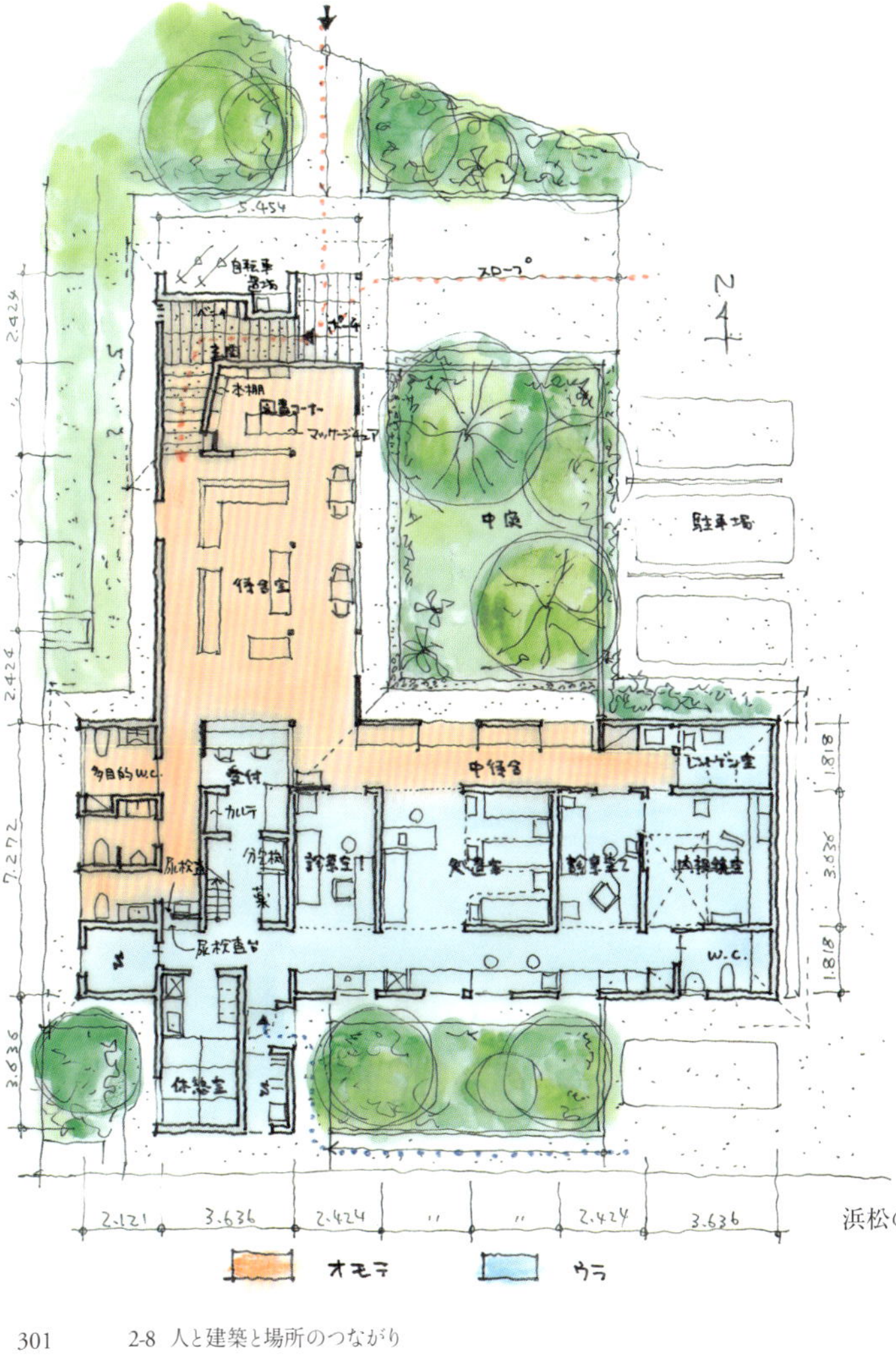

浜松の診療所 1階平面図

右／玄関を入ったところ。ここはまだ屋外で、左手に入り口がある。
左／食堂から中庭を望む。車庫の壁が道路からの視線を遮る。
下／左手は親世帯のスペース。2階には子世帯の寝室や子ども部屋などがある。

上／「浜松の診療所」の待合室。中庭を望める。
中／診療所の中待ち合いからも中庭が見える。
下／診療所の裏方を見る。左は屋根裏収納に上がる階段。その奥には受付がある。右手の廊下は診察室などにつながる裏側の動線。

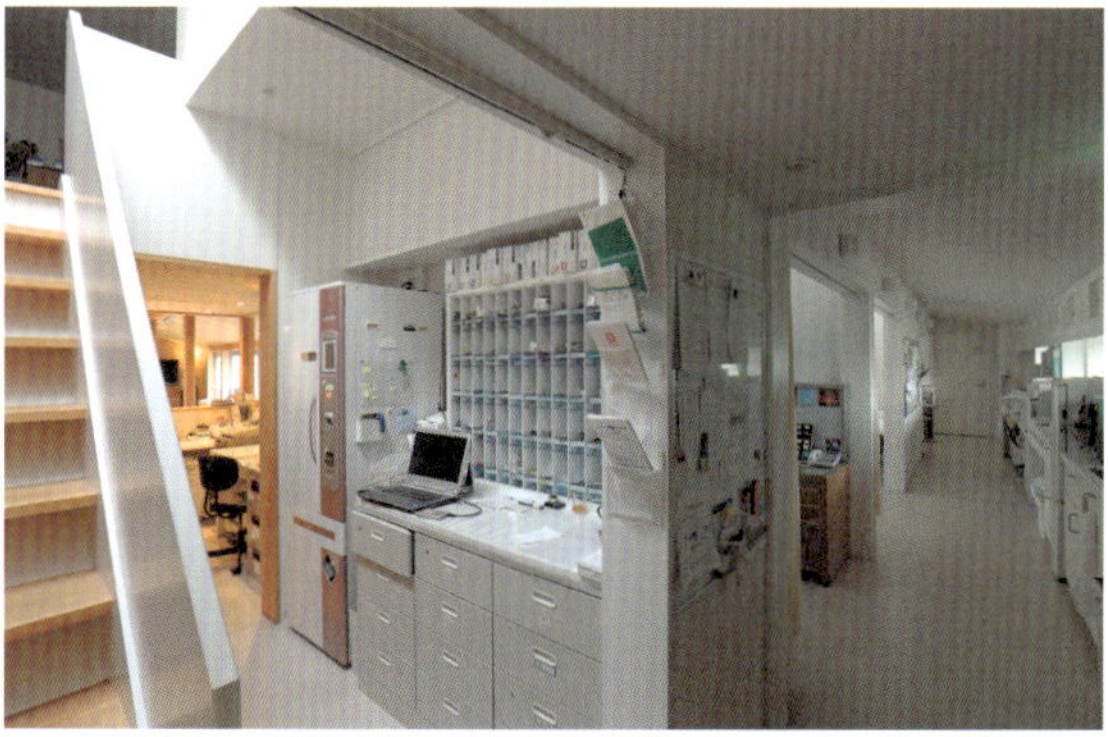

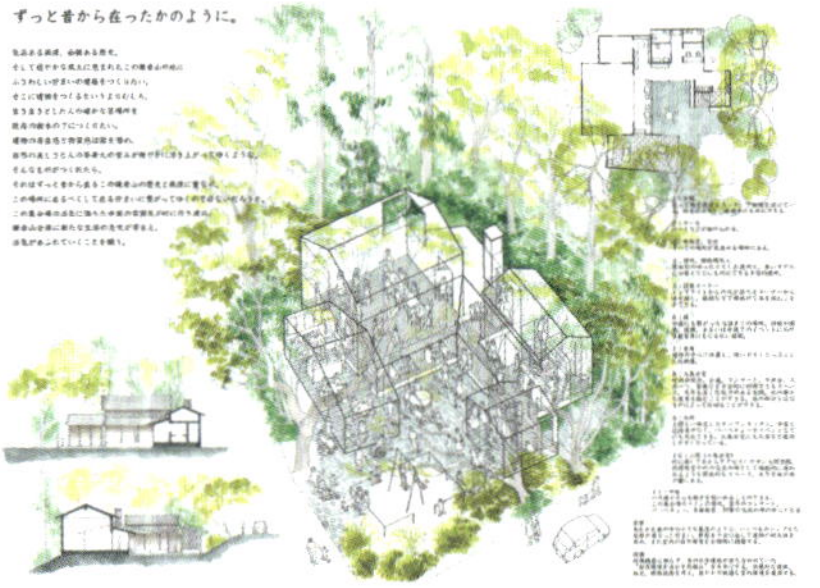

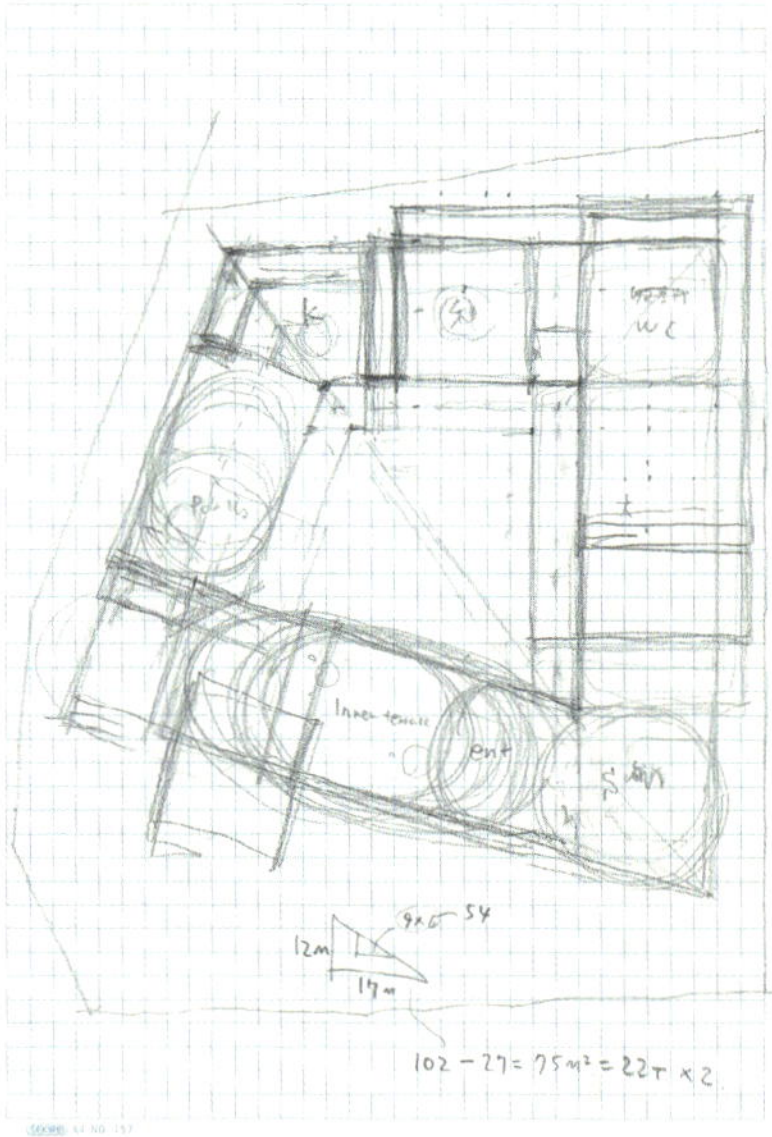

上右／桜並木の通りから少し落ち込んで、桜の木の下にひっそりと埋もれたような敷地。かつての集会所はプレハブの建物だった。
上左／コンペには計7名が参加した。コンペに参加するのは初めてだった。コンペ時の案は最終案と全く違い、中庭を囲む建物を考えていた。
下右／コンペ時の案の模型。この案で設計者に選ばれたが、その後見直すなかで納得できないところが多々出てきたので、建設委員会に案を変えさせてほしいと願い出て、新しく案をつくり直した。
下左／案をつくり直している最中のスケッチ。

鎌倉山集会所 平面図

下／最終的に完成した建物。軒が低く、左手の桜の木の下に収まるように設計した。大きな屋根から小さな屋根が飛び出しているのは、中央の部屋に光と風を届けるため。

右／日が暮れはじめ、室内の明かりを灯したときの様子。

下／歪んだ四角形に正方形が内包されたプランで、複数の場所で利用者が独立した営みを行いながら、同時にそれぞれが気配を伝え合う。引き戸を閉めれば、中央の部屋を独立させることもできる。

上／外側の四角形は歪んでいるので鈍角ができる。その場所はベンチコーナーとした。直角ではなくハの字に開いているので、座る人がリラックスできる。
下／中央の部屋から外を見る。鎌倉山町民に限らず、申し込めば誰もが気軽に利用できる。

せとうちクルーズ船 guntû（ガンツウ）

最初のプレゼンテーションで使ったスケッチ。切妻屋根の架かるクルーズ船が瀬戸内海をゆったり航行する様子をイメージして描いた。船は2017年秋に就航予定。

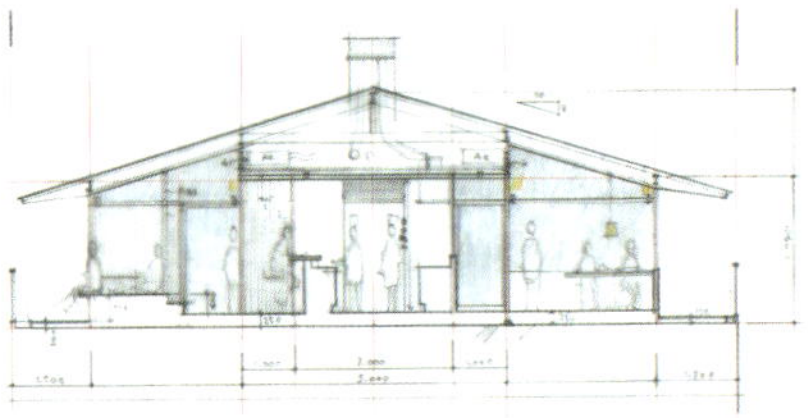

最上階の断面図。

軒下には長い縁側を設け、流れゆく景色を眺めながら飲食を楽しめる。

船首のデッキスペース。

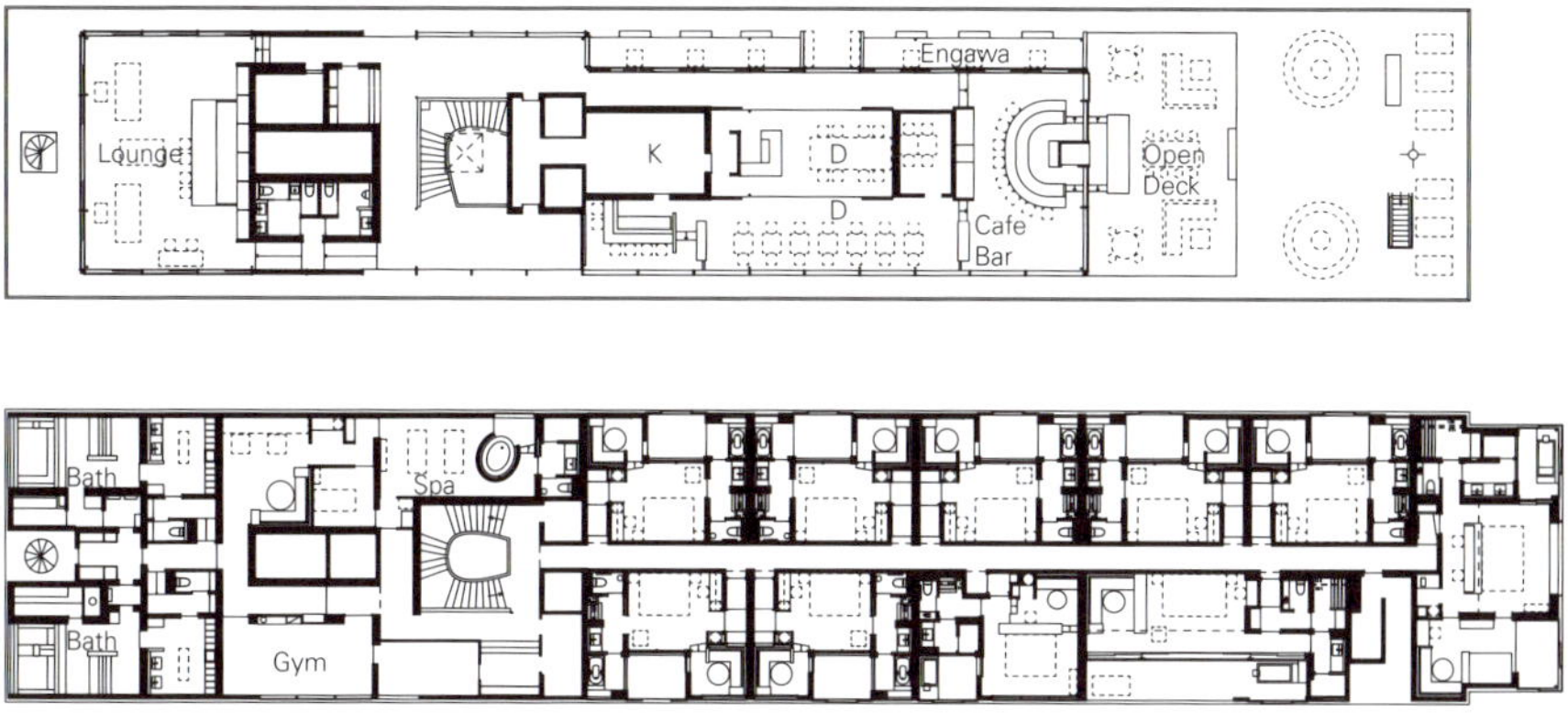

せとうちクルーズ船 guntû（ガンツウ）平面図 1:650

葉山ホテル（計画案）

葉山の風土、暮らしに根付いた空間を目指して設計したホテル。棟はふたつに分かれており、3階建ての母屋の最上階にある客室からは、レストランのある平屋の棟の瓦越しに海を眺めることができる。同時に中庭やレストラン、あるいは砂浜からの視線も遮る構成となっている。また、客室のベッドエリアは床をリビングエリアより上げ、ベッドからも海を眺められるようにしている。中庭には新たに松の木を数本植え、かつての海岸の風景を取り戻すようにと考えている。

左ページ下／海から建物を見る。切妻屋根の2棟が平行に並ぶ。

客室から瓦屋根越しに海を望む。

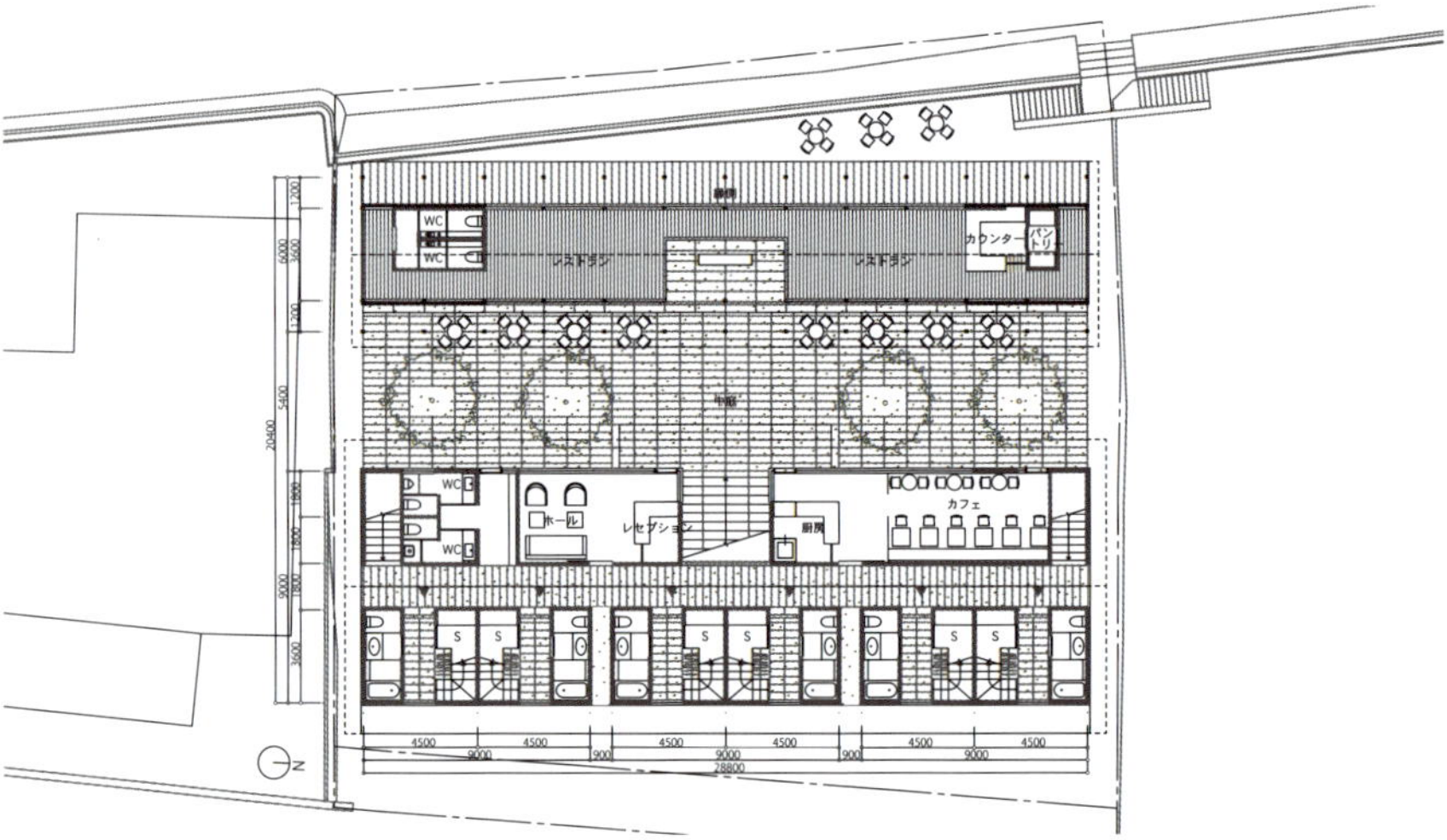

葉山ホテル（計画案）2階平面図 1:500

母屋の1階は道路レベルにあり、バックヤードとなっている。構造は鉄筋コンクリート造。2階と3階は6つの客室（メゾネット）とレセプションスペースなどがあり、そこは居住性が高く、町並みや風土に溶け込む木造とした。客室同士の遮音のため、半間の隙間（平面的な吹き抜け）を設けて解消している。その隙間は海や中庭の気配を道路に伝える役割も担う。平屋の離れは長い縁側をもつレストランで、ビジターにも開放される。季節や天候のいいときは離れの建具は開け放たれ、中庭と海が一体につながる。

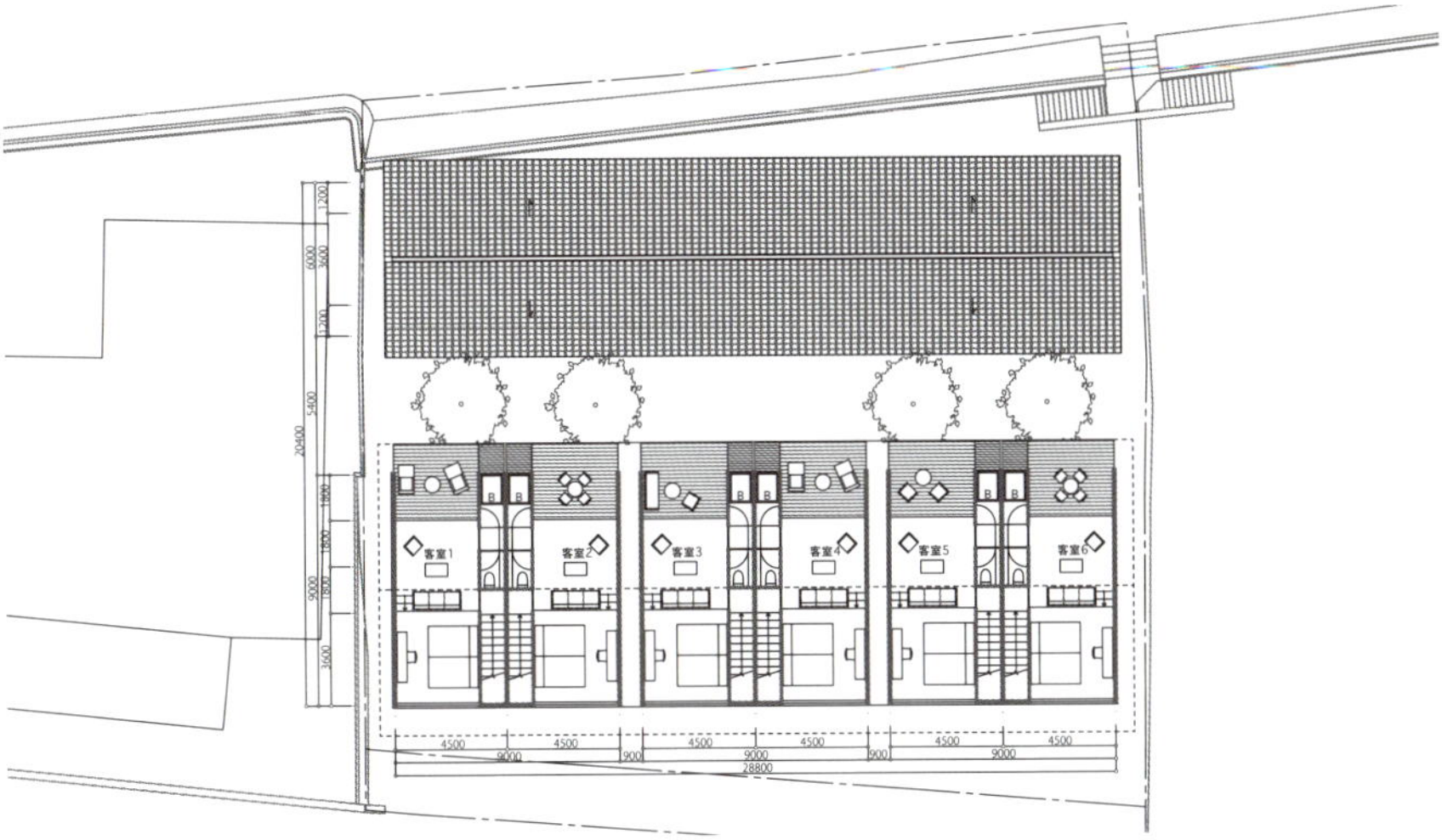

葉山ホテル（計画案）3 階平面図 1:500

葉山ホテル（計画案）断面スケッチ

あとがき

　幼少のころは横浜の總持寺《そうじじ》という曹洞宗の大本山の境内のそばで過ごしました。駅に行くのも、買い物に行くにも、病院に行くにもその広大な境内を横切って行かなくてはなりませんでした。夕方、日が暮れるとうっそうとした森、仁王像が睨む門、不気味なお経が聞こえる建物の前を通るのが恐ろしく、駆け足で走り抜けたことを思い出します。一方で天気のいい日中は明るい芝生の広場が楽しい遊び場でした。そんな楽しくもあり、恐ろしくもある畏怖の気持ちを抱く場所が日常と密接につながっていたのです。この場所が私にとっての建築の原風景を形成したのではないかと今になって思います。

　小学校に進むと、数学者である父親が好んで眺めていたギリシャ、ローマ時代の建築の写真集や図集に興味をもちました。父親からは〝architect〟というのはすばらしい能力をもった人たちなのだ、というニュアンスの言葉をよく耳にしたものです。父がそうであったように学術的・歴史的に建築を見たり、勉強していたのではなく、その醸し出す雰囲気の大きさのようなものや、〝人間〟の叡智の結晶としてのすばらしさのようなものを、体で感じるのが好きだったのだと思います。例えばなにか小さなことでくよくよしているときにそれらを眺めると、なぜ自分はそんなことで悩んでいたのか、些細なことにとらわれている自分が馬鹿馬鹿しく思えてくるのです。古く偉大な建築は自分を支えてくれる、励ましてくれる、そんなことを小さな身体で感じるようになっていったのだと思います。

　その後、鉄道好きが高じて全国を旅行するようになり、さまざまな日本の美しい風景や町並みに出合いました。当時はまだ田舎に行くと素朴な日本の風景が数多く残っていたのです。特に印象に残っているのは山陰地方の田園風景に佇む集落や家であり、建築と風土の織り成す風景に魅了されました。また、日本のどの町でも必ず寺や城がその町の象徴を担っており、改めて古い建築の価値と存在の大きさを感じることができたのは幸運でした。

小さいころから海外に行っていたことも貴重な経験でした。なかでもパリの町には大変感動したことを覚えています。古いものがここまで残っており、市民が、国民が、この町にずっと誇りをもち続けながら、しかも町が現役であるという様子を目の当たりにしたときは、この文化の奥行きと古いものへの理解の深さに圧倒されました。同時に、このころから異文化に敬意を払いながらもわれわれ日本人にできること、日本人にしかできないことはなにかを徐々に考えるようになり、そのことは今でも継続して考え続けているように思います。

こんなふうに幼少期の建築との出合いが時代を超えて在り続けている古い建物や町であったので、建築とは自分で生み出すもの、探し出すものではなくて、すでに自分のすぐそばに存在しており、自分を支え包み込んでくれるものであるという概念が自然と形成されていったのではないかと思います。自分の存在と気持ちとともにあるもの。三つ子の魂百まで。今でも私にとっての建築とはそのような存在です。

そんな自分が、いつしか自分で新しく建築を設計する仕事につきました。建築への思いは変わっていません。自分を見守ってくれる古く偉大な建築には〝敵わない〟という前向きな諦めを感じながらも、今、ここに生きている自分だけが表現できることが確かにある、という実感をもって建築を考えています。

＊竣工年順。
本書に収録した作品（★）には、所在地／用途／主体構造／敷地面積／建築面積／延床面積を付記（単位は㎡）。
☆印は訪問・見学可能な作品。

千葉県市原市／専用住宅／木造／
1,633.60 ／ 142.65 ／ 142.65
・正光寺客殿・庫裏

2011年
・善福寺の家★
東京都杉並区／専用住宅／木造／
115.08 ／ 45.90 ／ 90.54
・我孫子の家★
千葉県我孫子市／専用住宅／木造／
213.18 ／ 93.15 ／ 84.11
・屏風浦の家★
神奈川県横浜市／専用住宅／木造／
104.98 ／ 52.38 ／ 100.14
・富士見の家

2012年
・那須の家
・流山の家
・森の中のゲストハウス
・湘南のゲストハウス★
神奈川県／ゲストハウス／木造／
268.81 ／ 69.13 ／ 82.24
・イヴェール ボスケ★☆
石川県加賀市／店舗／木造／
2,082.28 ／ 228.15 ／ 208.20

2013年
・阿佐ヶ谷の書庫★
東京都杉並区／書庫／ RC造／
28.70 ／ 20.83 ／ 46.24
・竹林寺納骨堂★☆
高知県高知市／納骨堂／RC造＋
木造／4,650.92 ／209.53 ／195.84
・六郷の集会所★☆
東京都大田区／客殿／ RC造／
751.92 ／ 286.14 ／ 324.66
・浜松の診療所★
静岡県浜松市／診療所／木造／
909.68 ／ 228.29 ／ 213.73
・軽井沢のゲストハウス★
長野県北佐久郡／ゲストハウス／木造／ 1,494.37 ／ 32.40 ／ 64.80
・尾山台の家

2014年
・大泉の家★
山梨県北杜市／専用住宅／木造／
539.18 ／ 81.00 ／ 75.24
・浜松の家★
静岡県浜松市／専用住宅／木造／
633.00 ／ 302.12 ／ 361.51
・御殿山の家★
東京都武蔵野市／専用住宅／木造／
203.71 ／ 80.46 ／ 116.94
・倉敷の家★
岡山県倉敷市／専用住宅／木造／
365.48 ／ 128.80 ／ 137.37
・東伊豆のマンション(改修)
・南青山のマンション(改修)

2015年
・小さな五角形の家
・鎌倉山集会所★☆
神奈川県鎌倉市／集会所／木造／
377.25 ／ 150.68 ／ 134.72
・那珂の家(増築)★
茨城県常陸大宮市／専用住宅／木造
／ 479.01 ／ 15.71 ／ 33.03
・北青山のマンション(改修)★
東京都港区／専用住宅／ RC造／
- ／ - ／ 127.97
・牟礼の家
・荻窪の家★
東京都杉並区／専用住宅／木造／
225.05 ／ 112.39 ／ 142.96
・秦野の家
・住吉の家★
兵庫県神戸市／専用住宅／木造／
85.79 ／ 31.86 ／ 62.37

2016年
・松原の家
・下槽屋の家
・軽井沢の家Ⅲ
・里山住宅博 ヴァンガードハウス★
兵庫県神戸市／専用住宅／木造／
200.14 ／ 55.30 ／ 106.25
・高崎の家
・北杜の家★
山梨県北杜市／週末住宅／木造／
826.00 ／ 91.99 ／ 96.58
・上田の家

2017年(予定)
・せとうちクルーズ船 guntû

堀部安嗣　作品一覧

1995年
・南の家★
鹿児島県薩摩郡／週末住宅／木造／792.00／87.79／74.58
・ある町医者の記念館★☆
鹿児島県薩摩郡／記念館／RC造／484.92／81.00／76.05

1997年
・秋谷の家
・阿佐ヶ谷の家(改修)

1998年
・大宮の家
・伊豆高原の家★
静岡県伊東市／週末住宅／木造／440.00／35.59／65.60

1999年
・ひばりが丘の家

2000年
・小平の家
・屋久島の家★
鹿児島県熊毛郡／専用住宅／木造／1,472.00／136.89／156.19

2001年
・牛久のギャラリー★
茨城県牛久市／ギャラリー・住宅／木造／284.34／119.23／185.50
・目白通りの家(改修)
・鵜原の家

2002年
・軽井沢の家★
長野県北佐久郡／週末住宅／RC造＋木造／1,494.37／111.98／140.91
・つくばの家
・碑文谷の家
・表参道テラスハウス(改修)

2003年
・逗子の家★
神奈川県逗子市／専用住宅／木造／132.27／67.75／108.50
・玉川田園調布共同住宅★
東京都世田谷区／共同住宅・ギャラリー／RC造／326.42／171.32／534.04
・赤城のアトリエ
・阿佐ヶ谷の家(増築)

2004年
・八ヶ岳の家★
長野県南佐久郡／週末住宅／木造／1,125.00／93.29／152.00
・府中の家
・ひたちなかの家
・桜山の家
・由比ガ浜の家★
神奈川県鎌倉市／専用住宅／木造／158.69／50.16／98.38

2005年
・那珂の家★
茨城県常陸大宮市／専用住宅／木造479.42／82.24／70.47
・鎌倉山の家
・屋久島の家Ⅱ★
鹿児島県熊毛郡／専用住宅／木造／2,480.81／121.48／186.19
・ジュネス自由が丘(改修)

2006年
・鵠沼の家
・東山の家
・ひねもすのたり(改修)☆
・浅草の家
・調布の家

2007年
・砧の家★
東京都世田谷区／専用住宅／木造／330.57／89.72／169.66
・馬込の家
・片瀬海岸の家
・芦屋川の家★
兵庫県芦屋市／専用住宅／RC造＋木造／330.56／155.94／234.49
・荒尾の家

2008年
・青葉台の家★
神奈川県横浜市／専用住宅／RC造＋木造／517.74／161.76／406.82
・玉川学園の家
・KEYAKI GARDEN★☆
東京都世田谷区／共同住宅・店舗／RC造／495.96／290.79／738.25
・玉川上水の家
・ひたち野うしくの家

2009年
・武蔵関の家
・大美野の家★
大阪府堺市／専用住宅／木造／367.03／130.21／160.63
・北沢の家
・自由が丘の家
・信州中野の家

2010年
・軽井沢の家Ⅱ★
長野県北佐久郡／週末住宅／RC造＋木造／3,066.98／184.01／309.21
・蓼科の家★
長野県茅野市／週末住宅／木造／1,757.70／77.44／136.08
・華林荘
・屋久島メッセンジャー★☆
鹿児島県熊毛郡／店舗／RC造＋木造／331.00／99.23／59.74
・鹿嶋の研修所★
茨城県鹿嶋市／研修所／木造／2,089.46／201.45／222.46
・京都洛北の家
・市原の家★

＊本書は2016年2月から9月にかけて行われた
レクチャーの内容をもとにまとめました。

カバー絵・スケッチ・写真（下記以外）　堀部安嗣

写真
p. 057上, 057左下, 072左, 319　松本美奈子（堀部安嗣建築設計事務所）
pp. 067-077　Courtesy of the Western Pennsylvania Conservancy.（撮影：堀部安嗣）
p. 078　提供：株式会社帝国ホテル
p. 079, 080　博物館　明治村（撮影：堀部安嗣）
p. 158中　酒井禅道（堀部安嗣建築設計事務所）
p. 172右上, 175上, 176　齋藤さだむ
p. 207上　羽根建築工房
p. 229, 231, 232上, 282, 283上, 284, 285, 305, 306, 307　鈴木研一
p. 234, 235　舘 国雄（建て主）
p. 246上, 247　中田康博（バウハウスネオ）
p. 248上　あらい建設
p. 273　広瀬達郎（新潮社写真部）

編集／長井美暁、TOTO出版
編集補助・CAD図面制作／酒井禅道（堀部安嗣建築設計事務所）
編集協力／南風舎

［2章 CAD図面　凡例］

L：居間、リビング
D：食堂、ダイニング
B：寝室または個室
K：台所、キッチン
G：ギャラリー
U：家事室、ユーティリティー
S：倉庫、納戸
W.I.C.：クローゼット
Tatami：和室
Hall：ホール
Study：書斎
Guest：ゲストルーム
Cafe：カフェ
Shop：店舗
Terrace：テラス

アスプルンド設計「森の墓地」にて。

堀部 安嗣 Yasushi Horibe

［略歴］

1967年　神奈川県横浜市生まれ
1990年　筑波大学芸術専門学群環境デザインコースを卒業
1991～94年　益子アトリエにて益子義弘に師事
1994年　堀部安嗣建築設計事務所を設立
2002年　「牛久のギャラリー」で第18回吉岡賞を受賞
2007年～　京都造形芸術大学大学院教授
2016年　「竹林寺納骨堂」で日本建築学会賞（作品）を受賞

［著書］

2007年　堀部安嗣の建築　form and imagination（TOTO出版）
2014年　書庫を建てる　1万冊の本を収める狭小住宅プロジェクト（共著／新潮社）
2015年　堀部安嗣作品集　1994-2014 全建築と設計図集（平凡社）
2017年　堀部安嗣 小さな五角形の家　全図面と設計の現場（学芸出版社）

堀部安嗣

建築を気持ちで考える

2017年1月19日　初版第1刷発行
2022年3月30日　初版第5刷発行

著者／堀部安嗣

発行者／伊藤剛士
発行所／TOTO出版（TOTO株式会社）
〒107-0062 東京都港区南青山1-24-3 TOTO乃木坂ビル2F
［営業］TEL. 03-3402-7138 FAX. 03-3402-7187
［編集］TEL. 03-3497-1010
URL : https://jp.toto.com/publishing

アートディレクション／山口信博
デザイン／宮巻 麗
プリンティングディレクション／髙柳 昇
印刷・製本／株式会社東京印書館

ISBN978-4-88706-364-8